浙江省实验室工作研究项目

U0600594

制度化及智能化背景下水产实验教学中心管理与实践

江新琴　编著

中国原子能出版社
China Atomic Energy Press

图书在版编目（CIP）数据

制度化及智能化背景下水产实验教学中心管理与实践／
江新琴编著 . -- 北京：中国原子能出版社， 2019.4
ISBN 978-7-5022-9751-0

Ⅰ . ①制… Ⅱ . ①江… Ⅲ . ①高等学校－实验室－
管理 Ⅳ . ① G642.423

中国版本图书馆 CIP 数据核字（2019）第 072346 号

内容简介

近年来，我国高校实践教学快速发展，随着教学仪器设备、实验教学项目、实验经费和实验试剂耗材等的不断增加，高校对教学实验室管理的要求也越来越高。本书贯穿"制度化及智能化"的管理原则，结合水产实验教学中心的具体情况，从实验教学人员、实验仪器设备、不同类别实验室管理、环境与安全卫生等方面，对加强实验教学中心管理进行了详细论述，具有较好的系统性和可操作性，可作为高校教学实验室教学人员和管理人员的参考资料。

制度化及智能化背景下水产实验教学中心管理与实践

出版发行	中国原子能出版社（北京市海淀区阜成路 43 号　100048）
责任编辑	王　丹　高树超
装帧设计	河北优盛文化传播有限公司
责任校对	冯莲凤
责任印制	潘玉玲
印　　刷	定州启航印刷有限公司
开　　本	710 mm×1000 mm　1/16
印　　张	16.25
字　　数	307 千字
版　　次	2019 年 6 月第 1 版　　2019 年 6 月第 1 次印刷
书　　号	ISBN 978-7-5022-9751-0
定　　价	79.00 元

发行电话：010-68452845

前　言

　　随着社会经济的快速发展，科学技术日新月异，人才成了各国竞争的焦点。牢固树立提高人才培养质量在高校工作中的中心地位，着力培养信念坚定、品德优良、知识丰富、本领过硬的高素质专业人才和拔尖创新人才，是一个学校生存和发展的根本。《国家教育中长期规划纲要》指出，高校要"加强实验室、校内外实习基地、课程教材等基本建设。坚持教育教学与生产劳动、社会实践相结合。开发实践课程和活动课程，增强学生科学实验、生产实习和技能实训的成效。"实验教学是高等教育的重要环节，是进行科学研究的基础，是与社会、生产实践密切结合的保证，是高校人才培养与社会需求相符合的保障。

　　实验室是从事实验教学、科学研究、技术开发、学术交流、社会服务和人才培养的重要场所。随着实验室的快速发展，实验教学在人才培养中的地位越来越突出，并发挥着越来越大的作用。随着教育体制不断完善，高素质人才培养不断深入，实验教学日益受到重视，实验室建设不断加强。而保证实验室得以高效运行、持续发展需要相应的先进的管理体系。根据多年的积累、学习，结合具体情况，我们采用规章制度管理和计算机信息化管理相结合的管理办法。规章制度管理办法通过建立健全各种规章制度对实验室进行管理。实验室管理制度包括对实验室人员、经费、仪器设备、教学档案资料、项目、实验室开放及安全卫生等方面的管理规章制度，通过制度化管理，做到管理有章可循，有法可依，管理更加全面、客观、公正，使实验室的安全高效运行得到保障。

近年来，我国高校实践教学快速发展，随着教学仪器设备、实验教学项目、实验经费和实验试剂耗材等的不断增加，高校对教学实验室管理的要求也越来越高。本书贯穿"制度化及智能化"的管理原则，结合水产实验教学中心的具体情况，从实验教学人员、实验仪器设备、不同类别实验室管理、环境与安全卫生等方面，对加强实验教学中心管理进行了详细论述，具有较好的系统性和可操作性，可作为高校教学实验室教学人员和管理人员的参考资料。

本书在撰写的过程中参考了有关专家和学者的研究成果，在此表示诚挚的谢意。另外，由于作者经验和水平有限，书中存在不当之处敬请读者批评指正。

江新琴

2019 年 1 月

目 录

第一章 高校高科技智能化实验室概述

随着物联网、云计算、移动互联网、大数据等热门技术的兴起，智能化概念炙手可热。实验室业务的不断发展和科技水平的不断进步催生了对智能化技术的需求。实验室流程管理、数据采集、数据分析、质量体系管理、资源管理、环境监控等的信息化、网络化、数字化成为智能化实验室建设的重要内容。作为智能化与传统实验室管理整合的新模式，智能化实验室建设在提升实验室综合管理能力、提高工作质量标准、增强市场竞争力、优化资源配置等方面发挥着重要作用，必将成为未来实验室的发展趋势。

第一节 实验室的发展与面临的问题

一、实验室的定义及分类

随着科技和社会的进步，实验室的发展规模和水平不断提高，目前已发展成为规模大型化、结构综合化、系统复杂化的实验群体。实验室管理工作趋于复杂化，对功能性、规范化的要求也更高，正逐步向安全性、人性化、高科技、数字化方向发展。

广义的实验室是指人类为认识自然、改造自然，利用自然界中与人类生产、生活相关的物理、化学、生物等各种因素，经特殊实验技术，按照科学的规律进行实验活动的场所。实验室按其属性的不同可以分为不同的类型，其中按照 ISO/IEC 17025《检测和校准实验室能力的通用要求》中对实验室的基本要求将实验室分为检测实验室和校准实验室，本书中所阐述的实验室为检测实验室。

检测实验室是指从事检测工作的实验室。检测是指对给定产品按照规定程序确定的一种或多种特征、进行处理或提供服务所组成的技术操作。检测实验室作为技术机构，对给定的产品、材料、设备、生物体、物理现象、工艺过程或服务等按照规定的程序确定一种或多种特性或性能，并以检测报告或检测证书形式给出检测结果。转基因检测实验室、农药残留检测实验室等就属于这类实验室。

检测实验室的中心任务是为社会安全与经济发展提供技术保障，为产业发展提供技术服务，促进国民经济建设和社会健康发展。实验室检测工作的有效性、检测结果的准确性直接关系到产品质量。提升检测能力能够更好地发挥技术支撑保障作用，满足市场需求，增强竞争能力，这也是市场竞争和实验室自我发展的需要。

二、实验室管理及认可历程

管理就是管理者运用管理手段（人、财、物、时间、信息）达到预定目标的一种活动，除对人、财、物、信息等资源实行计划性、规范性、可控性和安全性管理外，还有对人的观念、行为制定的制度或规定，以及运行状况和效果的督察与改进，使其沿着设定的目标良性运作和发展。

实验室管理是指在实验室系统的范围内，管理者运用管理的原则、手段和方法，作用于实验室这一管理对象，使实验室达到预定工作目标或效果的活动。实验室管理学是专门研究实验室的管理活动及其基本规律、一般方法的科学。实验室管理传统上分为实验室计划管理、人员管理、仪器设备管理、经费管理、信息管理、科研管理。实验室管理原理包括系统原理、人本原理、动态原理、效益原理。随着实验室管理的发展，标准化的管理体系逐渐形成。实验室认可制度是目前最全面的、被广泛接受的实验室质量管理体系，融合质量管理和技术管理，成为现在和未来一段时期实验室管理发展的主流方向。

最早的实验室管理体系产生于20世纪40年代后期，由澳大利亚国家实验室认可协会（NATA）制定，后来又形成了三个影响较大的国际和区域性的合作组织，即国际实验室认可合作组织（ILAC）、欧洲实验室认可合作组织（EAL）、亚太实验室认可合作组织（APLAC）。目前，实验室认可的主要国际标准是ISO/IEC 17025：2005《检测和校准实验室能力的通用要求》。

二战期间，英联邦成员——澳大利亚因为缺乏一致的检测标准和手段，无法为英军提供军火。战后澳大利亚着手组建全国统一的检测体系，于1947年成立了世界上第一个实验室国家认可机构——澳大利亚国家实验室认可协会（NATA）。显然，对检测结果的相互认同会极大地简化国际贸易中产品质量的评价过程，对破除贸易技术壁垒、降低成本具有极大的商业价值，所以实验室认可得到了迅猛的发展。1967年，英国贸工部在国家物理实验室（NPL）的国家计量基准和技术力量基础上，建立了专门从事校准实验室认可工作的英国校准服务局（BCS），开始了实验室认可工作，进而影响到欧洲国家。1973 年，关贸总协定（GATT）的《贸易技术壁垒协定》（TBT 协定）中采用了实验室认可制度。1976 年，美国推出了由联邦商贸部授权的负责检测和校准实验室认可工作的国家实验室自愿认可计划（NVLAP）。同期，欧洲、大洋洲、东南亚国家也陆续建立了国家级的、统一的实验室认可制度。

与此同时，国际实验室认可组织发展起来，形成了三个影响较大的国际和区域性的合作组织，即国际实验室认可合作组织（ILAC）、欧洲实验室认可合作组织（EAL）、亚太实验室认可合作组织（APLAC）。国际实验室认可会议（International Laboratory Accreditation Conference，简称 ILAC）于 1977 年在美国倡议下成立，其成员主要是关注认可工作的专家和开展实验室认可工作的国家，1996 年从论坛转变为实体，即国际实验室认可合作组织（International Laboratory Accreditation Cooperation，仍然简称 ILAC）。1975 年，欧洲共同体和欧洲自由联盟 17 个成员国组成了西欧范围内的西欧核准合作组织（WECC）。1989 年，西欧实验室认可合作组织（WELAC）成立。1994 年 WECC 与 WELAC 合并为欧洲实验室认可合作组织（EAL）。1992 年，亚太实验室认可合作组织（APLAC）在加拿大成立，它是由环太平洋国家的实验室认可机构和主管部门组成的区域性合作组织。1995 年 4 月，中国实验室国家认可委员会（CNACL）在雅加达召开的第六次 APLAC 会议上签署了谅解备忘录，中国加入国际实验室认可合作组织。

三、实验室发展面临的问题

随着经济及社会的不断发展，各类实验室的检测技术不断提高，实验室的检验项目和数据处理量也急速增加。同时，实验室对样品数量、分析周期、分析项目、数据的准确性和工作时限等方面的要求也越来越严格。在这种情况下，原有的管理模式已经不能够适应实际需求，在实验室发展中遇到了诸多问题。

（一）实验室检测业务量激增

高度自动化的设备和快速完善的检测方法的大量出现，使实验室的功能不断加强，数据量和信息量迅速增加，这些都对实验室的管理工作提出了极高的要求。实验室检测业务量在不断攀升，从被检测的样品中获取的有价值的数据和信息也在不断地增加，实验室日常检测和管理任务也就越来越繁重。但是，受各种因素的影响，实验室人员的增长速度受到限制。这就要求实验室管理者改变实验室传统的作业与管理模式，创新实验室工作方法，提高实验室人员的工作效率，逐渐适应实验室新发展所带来的新需求。

（二）实验室信息化应用广度不够

目前，很多实验室的信息化应用还主要停留在实验室业务流程的管理上，对影响检测数据准确性的人员上岗范围设置、仪器设备检定 / 校准及时性、标准物质溯源性、技术标准有效性、环境条件符合性和人员权限保密性等因素还缺乏有效控制。这些因素导致实验室无法对检测工作相关信息进行有效分析，从而影响了信息化在实验室质量管理等方面的应用。

（三）实验室内部管理缺乏协同

实验室业务数据缺乏共享和交换，造成各部门之间协同工作效率偏低，资金浪费严重。例如，设备采购部门购置设备时缺乏实验室检测部门设备使用情况的数据，导致采购缺乏科学依据，影响了实验室资源的优化配置，造成资金投入的浪费。

（四）实验室数据利用率低下

实验室数据包括实验数据、资源数据、过程数据、管理数据等。传统的实验室数据管理主要针对实验数据及部分资源类数据。实验数据的产生依赖实验室检测业务流程，实验数据的价值仅限于特定的样品。虽然实验室检测机构掌握着海量的实验数据，但缺乏深层数据加工和风险决策，这种数据的局限性使实验室数据的潜在价值被忽视。数据战略资源地位的凸显和实验室数据采集支撑技术的成熟对开展实验室数据深度利用研究既是要求也是契机。

上述问题的出现让我们意识到目前实验室发展所面临的问题，促使我们探寻利用新技术以谋求实验室管理的全面发展。

第二节　实验室智能化发展面临的挑战

一、实验室信息化发展历程

20 世纪 60 年代，实验室智能化管理在美国诞生。实验室管理者使用基于纸质记录的管理系统控制工作流程，手工进行数据处理。局域网技术和数据接口技术的应用初步实现了检测流程控制和检测数据自动处理功能，拉开了将信息技术应用于实验室管理的序幕，大大降低了实验室管理的人力需求和运行成本，显著提高了运行效率，为实现严格、系统的管理控制要求和扁平化组织提供了可能。

20 世纪 70 年代末出现了实验室信息管理系统（LIMS），这是实现实验室规范化管理的有效工具，引发了实验室管理机制的革命。这些最早出现的 LIMS 是各个实验室或在相关的计算机软件开发商的帮助下，或利用自身的技术力量自行开发的系统，即一个实验室的 LIMS 是专门为该实验室订做的一套软件，不能被其他实验室所采用。由于这类系统功能较少，软件升级和维护困难，因此无法满足实验室不断变化的需求。随着商业化 LIMS 的普及，20 世纪 80 年代中期到 90 年代，以客户端 / 服务器结构（C/S 结构）为代表的分布式 LIMS 发展起来。但这个阶段的 LIMS 仍然有很多缺点，用户界面不友好，难以导出数据，数据库较小。20 世纪 90 年代后期，采用 Internet、Intranet 和 Web 技术的 LIMS 开始出现，统一的浏览器界面和以 Web 服务器为中心的管理体系代表了最新的计算机网络技术在 LIMS 系统中的应用。例如，StaLIMS 为 B/S 三层结构，SQLLIMS 也是 B/S 结构，也有使用 C/S 结构的，例如 Sample Manager LIMS 10，还有使用 B/S、C/S 混合结构的，例如 LabWare LIMS。后来，主流的 LIMS 使用了面向对象的数据库，如 Microsoft SQL 以及 Oracle。近年来计算机的普及和 IT 技术的爆炸性发展对 LIMS 技术起到了巨大的推动作用。如今的 LIMS 早已经不再局限于传统意义上的样品管理、人员管理、仪器管理和报告打印等简单的功能，全球化浪潮、知识经济以及各种严格的行业规范（尤其是 FDA 发布的关于电子记录和电子签名的新规范），再加上目前正在渗透到全球每个角落的 Internet 技术，把 LIMS 的应用推向了一个前所未有的高度。

2004 年，美国的 LIMS 供应商已经达到 100 多家，应用领域从传统的专业检测校准实验室、制药企业、医院扩展到同样具有实验室特点的诊所等领域，出现了系统化的产品指导手册，如 LIMSBook 和 LIMS Buyer Guide。国外对 LIMS 与质量体系认证、认可的研究也有很多，大部分产品声称自己符合优良自动化实验室规范（GALP）等多种认证。目前，国外知名的 LIMS 品牌有 Sample Manager（Thermo Fisher）、SQL LIMS（ABI）、Labware（L.I.M.S.）和 StarLIMS，在国内都有代理商。

LIMS 在国内的应用已有 20 多年的历史，目前在各行业的检测和校准实验室中得到了广泛应用，如车辆、钢铁、高校、国防科技、环保、建筑、气象、检验检疫、生化、石化、卫生、有色金属、造纸、制药等行业。国内 LIMS 来源主要有三类，即外购的成熟软件产品、与软件供应商合作开发或者订制的软件产品、自行开发基于数据库的软件。很多行业在研究本行业 LIMS 的特点，并开始设计针对自己行业的通用 LIMS。

近年来，随着大数据应用的兴起，人们对实验室数字化的理解早已超出了原有 LIMS 系统实现流程管理信息化的范畴，而是倾向于实验室管理各个环节数据的共享与分析，这对实验室的整体运行水平、管理水平，特别是管理工具数字化提出了更高的要求。

目前，基于物联网的分布式网络化管理模式为实验室数字化管理带来了全新的技术手段和管理方法。分布式网络化管理模式能够快速进行信息交换和通信，以实现智能化监控，基于大数据、云计算应用服务以及信息资源深层挖掘分析等研究，借助分布式计算和智能分析技术，对实验室质量安全信息进行数据挖掘，对安全风险进行预警；借助分布式信息存储和数据交换等技术，提升服务决策支持和预测评估能力，提高实验室的数字化、智能化水平；运用 4G 移动互联网、虚拟化等智能化手段，加强对质量安全风险信息的采集、追踪、分析、监测和处理，完善实验室质量安全风险监控体系。实验室管理已经全面进入数字化阶段，不仅仅局限于数据自动采集、处理等实验室自动化领域，而是已经能够覆盖实验室技术运作的全过程。推进实验室数字化建设，重视实验室发展战略的科学规划，有利于解决实验室管理不到位，检不了、检不出、检不准、检得慢等检测工作中的实际问题，促进实验室信息资源的全面整合和有效利用，提升实验室综合竞争力，提高实验室管理水平，为破解技术性贸易壁垒提供技术保障。

二、实验室智能化目前存在的问题及未来展望

近几年来，我国智能化建设有效推动了实验室数字化建设的步伐，产生了较大的反响。许多实验室机构或组织正在积极制订发展规划、落实资金，并且开展了很多前期准备工作，实验室智能化建设取得了较大成就，如实施 LIMS 系统的实验室数量在逐年增加，LIMS 系统对管理实验室日常业务工作起到了重要作用等。LIMS 在空前繁荣的同时存在一定的局限性。

一是智能化应用范围存在局限性。目前，部分实验室还停留在传统的纸质记录的阶段，"任务靠人盯，记录靠腿跑"，还有一些实验室以使用自己研制或购置的商业 LIMS 系统为主，只关注实验室检测业务的管理，缺乏对质量体系管理和实验室数据的充分利用。

二是智能化环境建设不完善。部分实验室物理环境，如温湿度、气体浓度、供电、动力系统、环境监测管理等还没有形成自动化监控；实验室网络建设还存在结构简单、安全系数不高等问题，给智能化管理带来了一定难度。

三是实验室缺乏对数据的全面管理。随着实验室的不断发展以及实验室智能

化管理程度的不断提高，实验室管理会产生海量数据，但是对于如何储存这些数据、如何保证其安全、如何处理和分析利用这些有价值的数据等问题，目前还缺乏更加深入的研究。

随着智能化管理理念的不断深入，现有的以信息管理为主题思想的 LIMS 将不能满足实验室未来发展的要求。随着实验室信息化道路的不断拓展、信息技术的不断发展以及相关行业标准和规范的建立，实验室除了实现专业技术的智能化，实验室的管理、运行也要实现智能化，智能化在实验室中将会扮演越来越重要的角色。

通过与国外实验室进行对比和分析得知，国内实验室与国际一流实验室的智能化水平的差距主要体现在对信息化、数字化等新技术在质量管理体系、规范业务模式、引领实验室发展方向上的重要性认识不够深刻，对实验室产生的数据资源还不能加以充分利用；实验室智能化技术标准规范体系较弱，难以适应系统集成、信息共享和业务协同的迫切需要；智能化与实验室的决策、业务、管理等方面的融合度不深，无法满足实验室跨越式的发展需求。同时，各实验室智能化的规划对影响实验室全局性、整体性的内容阐述不明确，许多实验室依据自己的理解开展信息化工作；智能化规划没有从业务的视角梳理系统边界或从组织的维度加以明确；对跨地域、跨业务领域的大型、综合型应用系统的技术架构定义不够清晰，一些需跨业务协同的智能化项目远滞后于既定规划目标。

然而，智能化所面临的问题并不是孤立的、个体的，而是相互关联、具有一定共性的，都要予以通盘考虑和协同解决。而且，由于每次规划的投入和影响面相对有限，仅从局部梳理思路和解决问题，往往治标不治本，以前的问题尚未得到妥善解决，新的问题又接踵而来，使智能化规划与具体系统实施之间始终缺乏整体架构的有效指导。

三、实验室智能化面临的挑战

智能化建设伴随着实验室复杂、动态、快速的发展进程，有其自身长期性和复杂性的发展规律，所面临的挑战也越来越大。智能化建设主要包括环境、管理和技术三个方面。

在国家科技发展的新形势以及信息化产业政策新要求的大环境下，实验室智能化所面临的挑战和任务更为艰巨。智能化建设遇到的问题具有一定的代表性，在一定程度上体现了实验室管理的时代特征。

大型实验室的组织结构较为复杂，业务领域多，管理要素细，智能化管理策略和着重点也存在差异，数字化建设在业务和管理上存在不平衡的状况。

智能技术有可能对业务不断发展和频繁变化的快速响应存在一定程度的不足，尤其是智能管理部门自身意识不到位或有所欠缺可能造成智能化对业务的影响力打折扣。

从以上实验室智能化过程中存在的问题和面临的挑战可以看出，随着新一代高科技和信息化技术的迅猛发展以及物联网的普及，实验室数据也相应地呈现出暴发式增长的趋势，这在以往是难以进行全部存储和深入分析利用的。随着数据存储技术和芯片处理能力的指数级提高，可用大数据的思想对实验室的数据进行深入挖掘、分析并加以利用。为决策支持提供全方位的服务，使其成为下一步实验室智能化的发展方向。智能化实验室的建设使实验室数字化在新的形势下继续发展成为可能。

第三节　实验室数字化技术的应用现状

一、数字化技术的由来

数字化就是将许多复杂多变的信息转变为可以度量的数字、数据，再以这些数字、数据为基础建立起适当的数字化模型，把它们转变为一系列二进制代码，引入计算机内部，基于大数据、云计算和物联网理念进行统一处理。

实验室的数字化技术源于信息的数字化。早在 20 世纪 40 年代，香农证明了采样定理，即在一定条件下，离散的序列可以完全代表一个连续函数。就实质而言，采样定理为早期的数字化技术奠定了重要基础。数字化是数字计算机的基础，若没有数字化技术，就没有当今的计算机，因为数字计算机的一切运算和功能都是用数字完成的。

数字化是多媒体技术的基础。数字、文字、图像、语音，包括虚拟现实及可视世界的各种信息等，实际上通过采样定理都可以用 0 和 1 表示，这样数字化以后的 0 和 1 就是各种信息最基本、最简单的表示。数字化是软件技术和智能技术的基础。软件中的系统软件、工具软件、应用软件等，信号处理技术中的数字滤波、编码、加密、解压缩等都是基于数字化实现的。例如，图像的数据量很大，数字化后数据可以被压缩为原来的十几分之一到几百分之一；图像受到干扰变得模糊，可以用滤波技术使其变得清晰。这些都是经过数字化处理后所得到的结果。数字化是信息社会的技术基础，数字化技术正在引发一场范围广泛的产品革命，各种家用电器设备、信息处理设备都将向数字化方向转变，现在通信网络也在向数字化方向发展。有人把信息社会的经济说成数字经济，这足以证明数字化对社会的影响有多么重大。

计算机作为人类历史上最伟大的发明之一，代替人工处理了大量重复性的工作，降低了成本，提高了生产效率，具有高效率、高可靠性的优点。以网络通信技术和多媒体技术为核心的信息技术迅猛发展，在社会的许多领域引发了深层次的变革，从而加快了人类迈向信息社会的步伐。面对信息化浪潮所提供的机遇，我国政府明确提出要信息化、工业化并重，以信息化推进工业化，实现跨越式发展。数字技术催生了数字化的发展，使所有事物都可以以数字化的形式表现，因此对事物的管理就可以转化为对数字的管理，由此衍生出"数字化管理"的概念。数字化管理是由数字技术支撑的信息化管理，将数字技术、信息技术、网络技术渗透到管理工作的各个方面，能够自动和非自动地获取与管理有关的海量数据，是一种虚拟管理模型。

二、数字化技术的应用现状

当今，数字化正在促使各国社会、经济、科技、文化发生巨大的变化。面对发达国家迅速占领数字化这一制高点的挑战，我国已经做出了自觉的积极反应，不失时机地提出国民经济数字化的紧迫任务，把开发、利用现代数字技术和信息资源作为新一轮国际竞争的战略目标。

数字基础设施建设成绩显著。经过多年努力，我国的固定和移动网络规模都已居世界第一位。目前能直接与 Internet 联网的国家级互联网有 4 个：中国公用计算机互联网（CHINANET）、中国科研和教育计算机网（CERNET）、中国科学院计算机网络（CSTNET）、中国经济信息网（CHINAGBN）。上述 4 个主干网覆盖全国所有大中城市，我们能通过这 4 个网络到达国际出入口，并利用国际 ISP 的主干线进入 Internet。

数字化稳步前进，应用信息技术改造传统产业取得积极进步，传统产业正在向信息产业和产业信息化、数字化稳步迈进。应用数字化技术使传统产业部门的组织结构、管理体系、经营模式发生了彻底性的改革，从而提高了经济效益，竞争力明显增强。国民经济各领域都涌现出一批应用效果较好的典型。

数字化的浪潮迅速扩展，以"数字化校园""数字化图书馆""数字化城市""数字化地球"等为代表的一系列"数字化工程"相继启动，其中一些已取得卓有成效的进展。"数字化工程"的启动有力地带动了信息产业的发展，促进了国民经济增长方式的转变，对推进我国国家经济和社会信息化进程具有重大而深远的意义。

随着数字化技术的进步发展，对实验室数据进行收集、采集、分析和处理的数字化管理手段应运而生，并逐渐扩展到对实验室设备、耗材、流程、人员、规范和计划等多个方面的管理。实验室虽然业务流程大同小异，但是每个行业的实验室都有其独有的特色。不同的实验室所关注的重点不同，所做的测试也不同；遵循的标准不同，对某些要素的管理要求也不同（对检测样品的处置、对人员的要求等）。所以，基于实验室管理共同点并为特定类型量身定做其需要的数字化实验室系统，便于管理人员及时、准确地了解本实验室的工作情况。

三、实验室数据的数字化管理

身处数据革命的时代，数据已经成为量化和记录世界的手段，数据量呈爆炸式的增长，数据类呈多元化的发展，数据管理方式也随之发生了巨大变革，数据治理、数据挖掘等概念和技术应运而生。实验室检测机构掌握着海量的实验数据，对这些资源加以利用，不仅能够反映实验室的检验技术能力和管理水平，还能为严把质量控制关、提高实验室管理水平、挖掘潜在的有价值的信息积累大量素材。

随着信息技术的发展，计算机应用至今，数据大小的计量单位已经从最初的 bit、Kbit、Mbit、Gbit、Tbit 扩展到现在提出的 Pbit、Ebit、Zbit，最小和最大之间相差近 10 万亿倍。2012 年全球产生的数据大约为 3 Zbit，数据量呈爆炸式增长，数据已深入我们日常生活和工作中的每一个环节、每一个方面。社会已经处于信息社会阶段，我们的身边每天都产生各种各样的数据信息，信息的数据量呈几何级增长。实验室检测业务也与各种数据关联在一起，这些数据包括实验室人员、设备、环境、实验数据等大量信息。其中，实验数据是实验室中最重要的数据信息之一。随着信息技术在实验室检测工作中的普及和应用，信息技术从最初的简单数据存储、有限的网络功能，发展到现在的大批量数据处理，具备了较完善的管理模式和管理流程，极大地改善了实验室的服务质量。在检测实验室发展的过程中，信息化管理这一系统理论为实验室的变革和发展提供了强有力的工具和解决方案，其原理是利用计算机网络技术、数据存储技术、数据处理技术对检测实验室进行全方位的管理，对在检测活动各个流程中产生的数据进行采集、存储、处理、加工，形成最终的检测报告。由于业务不断发展的需要，人们对数据的理解已经超出了原有的实验结果、报表等范畴，开始倾向于实验室各个环节数据信息的共享与分析。然而，随着实验室数据量的增加，维护这些复杂的海量数据往往要花费巨大的人力、物力和财力，且效率不高，易出差错，这就需要实验室信息化管理朝着检测数据处理信息化、自动化、智能化的方向改进，集成最新的软件、硬件技术使实验室成为一个综合性检测业务处理及办公管理平台。我们应积极探索大数据技术开发和综合应用，促进各个实验室信息孤岛互联互通，在更大范围、更深层次实现实验室数据信息的资源共享和实验室业务的协同，使大数据应用成为促进实验室工作创新发展和变革的有效手段。

（一）实验室数据分类

实验室数据主要包括业务流程数据、视频资料、音频文件、实验表格、实验设备、实验设备管理文件、实验报告、实验结果、日志文件、电子邮件、图谱文件、文本等。实验室数据可按照不同的标准进行分类。

1. 按存储格式分类

实验室数据按照数据格式分类可以分为结构化数据、半结构化数据、非结构化数据。结构化数据是指具有固定格式的数据，而非结构化数据则没有约定的格式，具有复合性、分散性的特点。复合性是指数据的形式多种多样，可以是文本、图形、影像、语音、动画等，还可以通过信息单元集成将这些数据得到复合对象。分散性是指非结构化数据可以分散存储在不同电脑上，可用不同的甚至是异构的数据库存储，只要在关系数据库中保存数据的存储位置即可。

结构化数据，一般指存储在数据库中，具有一定逻辑结构和物理结构，可以用二维表结构逻辑表达实现的数据。最为常见的是使用关系数据库表示和存储。实验室检测业务流程管理系统、财务系统、实验室试剂耗材管理系统、实验室对外委托业务管理系统等，均使用关系数据库存储和管理数据。

非结构化数据，一般指结构化数据以外的数据，这些数据不存储在数据库中，而是以各种类型的文本形式存放。非结构化数据包括视频、音频、图片、图像、文档、文本等形式，如检测设备中的影像系统、实验室检测设备生成的结果图谱文件、与实验室业务相关的音视频文件、实验室环境视频监控等。

半结构化数据是结构化的数据，但是结构变化很大。例如，Web 上的一些数据（嵌于 HTML 或 XML 标记中）具有一定的逻辑结构和物理结构，包括实验室内部人员来往邮件、HTML、各种统计报表、体系管理系统等生成的文件。

2. 按照业务环节分类

根据实验室业务工作环节的不同，所产生的数据又可以分为实验室管理数据、实验室流程数据、实验室资源数据、实验结果数据和其他实验室数据。

实验室管理数据，是指与实验室日常管理相关的数据资源，主要包括实验室信息、组织人事、资质认证、日常工作文档、体系管理文件等。其中，实验室信息数据包括实验室名称、编码、地点、资质、联系人等信息；组织人事数据包括实验人员的基本信息数据以及相关的专业、教育培训、执业资格、业务绩效等数据；资质认证数据包括检测机构、第三方检验机构、认证机构等机构名称、编码、地点、联系方式、业务范围等数据；实验室体系管理文件包含体系文件控制、标书与合同文件管理、分包文件管理、服务和供应品采购文件管理、服务客户文件管理、内部审核文件管理、管理评审文件管理、记录控制文件管理、检测方法文件管理、测量溯源性文件管理、抽样文件管理、物品处置文件管理、结果文件管理等主要工作流程的数据。

实验室流程数据，是指与实验室检测业务流程相关的数据资源，包括实验室受理业务、抽样业务、制样业务、检测业务、检测报告等主要流程中所涉及的数据。

实验室资源数据，是指（1）实验室检测设备数据，包括设备的名称、型号、所属实验室、安装地点、设备功能等；（2）实验室检测项目包括检测项目名称、代码、结论类型、评定公式及所属实验室等数据；（3）实验室试剂耗材包括供应商、试剂耗材的类型等数据。

实验结果数据是实验室数据中最为重要的部分，指的是实验室设备所产生的数据，包括设备自动生成的数据、人工判断的数据。由实验室设备或人工判断后得到的数据又称为原始数据，其中一部分可以直接利用，作为最终报告的数据依据。但大多数原始数据是不能直接利用的，这部分数据格式复杂，如图谱结果等，还有一部分数据需要经过二次计算加工处理后，生成我们所需要的结果数据。

其他实验室数据包括内部邮件、实验室环境视频监控、日常音视频文件等。

（二）数据标准化建设

1. 数据标准化的作用

随着信息化日新月异的发展，数据标准体系的研究也在同步进行。信息化体系由信息技术应用、信息资源、信息网络、信息技术和产业、信息化人才、信息化政策法规和标准规范六要素构成。其中，标准规范是六要素之一。实践证明，数字化建设必须有标准规范的支持，以确保其管理和技术上的协调一致，确保整体效果的呈现。国内外已开展标准体系的研究，包括标准体系组成及体系框架等内容，对实验室数据标准体系建设具有一定的指导意义。实验室数据标准体系的建设对于保障实验室数字化建设工作规范起到很大的作用。

在实验室数字化快速发展中，由于数据代码的混乱、缩写滥用、定义不清晰、数据输入错误、习惯用语不同、计算单位不统一、编码过时等，目前实验室仍存在着数据标准不统一的现象，影响着数据信息的互联互通及协同作业，不利于实验室工作的健康发展，所以亟待建立健全覆盖各个方面的数据标准体系。

实验室数据标准的制定应该首先关注实验室信息数据元规范的制定工作，包括实验室信息数据元的分类和编制规范、注册管理规范等。这些为实现信息资源共享、信息交换、提高实验室信息化建设水平奠定了重要的基础。

2. 数据标准体系框架

数据标准体系为业务运作和信息化建设提供所需要的技术基础，包括术语标准、数据元标准、信息分类编码标准、数据交换标准。

（1）术语标准。术语是指在专业领域中特定概念的词语指称。术语标准化实际上是一种对术语的质量控制与规范的过程，它包含着术语的使用者能够就某一个已知的术语或者尚未确定的术语在特定情景中或者在特定领域中的使用，达成权威的、公认的统一看法。为了使基础数据库信息系统的数据不产生歧义，数据的使用者必须从数据元登记系统中获得关于数据的描述从而理解数据的含义，这就要求数据必须得到充分的、唯一的描述术语标准。

（2）数据元标准。数据元是数据的基本单元，数据元标准就是对对象的属性进行一致性和精确性规范，既不允许有同名异义的数据元素，也不允许有同义异名的数据元素，以便在跨系统过程中，通过定位、获取和交换，增加其可用性和共享性。信息共享的关键要素就是数据元，数据元为数据交换和共享提供了数据层面上统一的数据交换规范。无论各系统的业务数据如何处理，只要按照数据元规范统一映射，即可确保数据语义、类型和格式的一致。因此，数据元标准化是解决数据库中基础信息的定义格式不统一的根本方法。

（3）信息分类编码标准。信息分类编码标准将信息按照一定的原则和方法进行分类，然后一一赋予代码，使每一项具体信息与代码形成唯一的对应关系，为数据记录、存取、检索提供简短、方便的符号结构，从而便于实现信息处理和信息交换，提高数据处理的效率和准确性，增强信息的保密性。信息分类编码标准可以规定基础数据库信息系统中词条的分类方法及其代码值，使相关基础信息系统中同一字段有相同的分类和代码，从而为信息的采集和分析利用提供了基础。例如，现在通用的组织机构编码，就为法人单位提供了统一的分类与代码规范，解决了直接使用单位名称可能产生的表达不准确、含义不明确、无法实现计算机自动处理等问题。

（4）数据交换标准。数据交换标准是为了实现不同系统之间的信息共享和沟通而建立的一套通用的数据文件的格式规范，以保证交换的数据在各个系统之间的准确转换，同时为各数据源中数据采集和输出提供统一的消息模式，确保采集和输出的数据得到准确表达和理解。基础数据库的数据共享和交换标准主要对技术进行约束，定义数据交换组件的模型和框架，描述数据交换文档的 XML 模式，对根结构、控制信息元素、业务数据元素、安全策略等进行详细说明。

（三）实验数据的加工处理

实验数据按照实验流程可分为实验前处理数据、检测原始数据和数据处理后的结果数据。实验结果数据形成电子数据是实验室数字化建设的一项基础性工作。过去传统实验室的做法多采用纸质单据记录数据、保存数据，这对实验室数字化建设是一个巨大的障碍。系统设计时要充分考虑数据的质量，为保证系统的建设质量和后续的数据分析，在系统建设时，数据信息的设计要避免以下数据质量问题。

一是数据来源问题，要保证数据来源渠道单一。有些属于手工填报的数据存在数据误差，数据要尽可能地实现自动传输，尽量避免人为因素，这样才能反映出数据的准确性和真实性，才能保证分析和决策的有效性和实用性。

二是数据约束不规范，数据约束是指对数据字段的长度、类型、含义及关联关系等的定义。在对源数据进行质量分析后可知，数据约束不规范的问题主要体现为代码定义的不规范、数据填写的不规范以及数据长度不规范。操作人员填写的数据项没有严格的类型约束，致使有些数据项既可以填写数字，又可以填写代码，甚至是汉字，输入体系比较混乱，导致数据产生歧义、数据类型错误，致使代码分类错乱、数据含义错误，对统计结果影响较大。

三是代码体系混乱，代码一致性原则差。代码定义不采取统一的规范，致使代码无法通用，代码语义不明确，代码使用产生歧义，并导致数据口径不一致。

四是数据重复，导致统计结果失真。数据重复上报还导致重复记录的产生，严重影响统计结果的正确性。这需要应用系统的开发设计形成规范的流程体系，并且要对数据权限进行严格的控制。

五是违背数据完整性要求。数据完整性是指存储在数据库中数据的一致性和准确性，包括数据域是否完整，每一张表中的每一行是否有一个唯一的标识符。

1.实验结果数据的应用

我们对实验室设备生成的结果数据进行采集，接下来主要是针对数据进行加工处理。

（1）实验结果数据可以直接作为结果数据使用。这类结果数据本身不需要进行加工处理，数据规范，数据结果可直接作为实验报告使用，并且在数据类型、单位、编码等方面较为统一，可以很方便地作为电子数据使用。

（2）实验结果数据可以作为中间数据使用。这类结果数据在类型、单位、编码等方面较为规范，但是并不能作为最终数据使用，需要结合其他数据才能生成最终的报告数据。例如，需要进行平行实验的结果数据、需要进行二次加工计算的数据、需要一些相关的前处理的数据，这类数据也可以很方便地作为电子数据使用。

（3）实验室结果数据需要人工判断。这类数据没有统一的数据规范，在数据类型、单位、编码等方面不统一，如一些图谱文件等，需要进行相关的判断生成最终的结果报告。

2. 实验结果数据的封装

实验结果数据作为电子数据应用，需要进行相应的封装处理，以便使数据在完整性、结构等方面符合电子数据标准规范。数据格式标准化的处理需清除实验数据中没有用处的数据内容，填写所需要的空缺的数据，对检测项目编码进行统一转换。不同厂商的设备所生成的实验结果数据格式不尽相同，有的设备以 ASCII 码存放数据，有的则以二进制码形式存放数据，有的设备往往能提供多种自定义的格式。

（四）平台数据库的建设

1. 数据库简介

数据库技术最初产生于 20 世纪 60 年代中期，根据数据模型的发展，可以划分为三个阶段：第一代的网状、层次数据库系统；第二代的关系数据库系统；第三代的以面向对象模型为主要特征的数据库系统。

在这个数字化信息爆炸的时代，新的过程与工程型、主动规则型、高性能与非规范超大型等现代应用不断涌现，而且随着现代化建设的发展，它们还会继续快速地扩张。这些应用已经并将继续对数据库技术提出新的要求和挑战，从而促使现代数据库技术的产生与发展，出现了面向对象数据模型、实时数据库、内存数据库、主动数据库、时态数据库、信息集成等现代数据库技术。

目前常用的数据库主要包括 ORACLE、SQ1 SERVER、MYSQL、IBMDB2 等。

2. 平台数据库设计要求

实验室数字化建设的一个重要目的是将实验室的各种数据信息进行数字化，即将这些数据与其对应的标准格式的内容保存在计算机中，以便以后进行查询、统计、报告和分析等。数据库的设计要考虑到将各种数据有机地关联起来，要反映出数据的因果属性。用户通过数据管理平台系统访问后台数据库，数据库将这些数据以用户所希望的格式呈现出来，例如实验室各种工作的流程记录、各种结果数据、统计报表和分析图形等。数据库系统比数据文件的功能强大，因为数据库中的数据组织程度更高。相关的数据分布在一些结构或记录中，数据库可以定义这些结构和记录之间的关系。

组织数据库数据的方法有很多种，而关系数据库是最为高效的一种。关系数据库是建立在关系模型基础上的数据库，借助于集合代数等数学概念和方法处理数据库中的数据。现实世界中的各种实体以及实体之间的各种联系均用关系模型表示。关系模型是由埃德加·科德于1970年首先提出的，并配合"科德十二定律"。如今此模型虽然受到一些批评，但它仍旧是数据存储的传统标准。标准数据查询语言SQL就是一种基于关系数据库的语言，这种语言执行对关系数据库中数据的检索和操作。关系模型由关系数据结构、关系操作集合、关系完整性约束三部分组成。在关系数据库中，数据被收集在"表"中，"表"描述了具有特定意义的某类对象。将实验室信息数字化后形成的大量数据进行管理就表述为对这些数据的管理，这些数据之间的关系即为各种信息之间的关系。因此，通过建立关系数据库可实现对这些数据的管理。

实验室数据管理平台数据库包括各种实验室信息，在关系数据库中，也需要通过多个"表"表示。需要指出的是，除各种数值、字符外，其他如文档、图片等数据信息亦可以用对应的数据格式保存在数据库中。数据库还需指定各种条件表示各种数据之间的关系，而且要保证数据完整性。数据库内的数据首先要指定数据的唯一性，即编码、代号等，明确数据的合理格式（数值、字符、大写、数据类型、日期等），限制数据值的范围（价格非负等）。数据库的表与表之间也需要通过各种关系建立关联。对实验室各种数据信息进行合理的数据库设计是建设高水平的实验室数据管理平台的基础。

3. 平台数据库的选择

IBMDB2数据库整体物理运行环境投入比较大，MYSQL数据库不适合大数据量的处理。Oracle采用的是并行服务器模式，而SybaseSQLServer采用的是虚拟服务器模式，它没有将一个查询分解成多个子查询，并在不同的CPU上同时执行这些子查询。在对称多处理方面，Oracle的性能优于Sybase的性能。业务量往往在系统运行后不断提高，如果数据库数量达到GB以上时，我们在提高系统的性能方面可以从两方面入手，一是提高单台服务器的性能，二是增加服务器数目。基于此，如果我们提高单台服务器的性能，选择Onade数据库较好，因为它能在对称多CPU的系统上并行处理。相反，由于Sybase的导航服务器使网上的所有用户都注册到导航服务器并通过导航服务提出数据访问请求，导航服务器则将用户的请求分解，然后自动导向由它所控制的多台SQLServer，从而在分散数据的基础上提供并行处理能力。这些都是在其他条件和环境相同的情况下进行比较的，这样才有可比性。在数据的分布更新方面，Oracle采用的是基于服务器的自动的2PC（两阶段提交），而Sybase采用的则是基于客户机DB-Library或CT-Library的可编程的2PC。

因此，我们必须根据需要选择数据库。考虑到实验室数据量大，并发操作比较多，实时性要求高，建议后台可考虑采用 Oracle 数据库。Oracle 服务器由 Oracle 数据库和 Oracle 实例组成。Oracle 实例由系统全局区内存结构和用于管理数据库的后台进程组成。所以，在选择实验室数据管理平台的数据库时，主数据库从 Oracle 和 SQLServer 中选择。系统设计人员可以根据整体数据管理平台的数据量和投资成本灵活选择。

（五）实验数据管理平台的设计

在实验室检测过程中，由设备产生的数据并不一定是最终的检测结果，往往还需要进行进一步的计算，由实验人员分析判定有效后方可作为检测结果提供给客户。过去实验数据的计算分析都是实验人员手动完成并且记录在纸质单据上存档的，所以在实验室数字化建设工作中，数据处理与分析的数字化、自动化是一项非常重要的工作。任何实际工作建立数字化系统都必须首先从实际业务需求出发，脱离业务需要，再好的系统也没有实际价值。实验室数据处理工作由于各自实验室的工作性质、工作特点的不同会有很大的差异，下面我们仅就通用的实验数据流程介绍实验数据管理的数字化建设，其他的实验数据处理方式与其主干流程一样，只是在具体细节内容上有所差异。

1. 平台设计原则

实验室数据管理平台在设计上以检测业务流程为主线，充分考虑业务中心"一站式"窗口应用和串并联的后台服务要求，为行政中心提供强大、灵活、稳定、安全的实验室信息综合管理平台。在技术实现上坚持以下原则。

（1）灵活性。实验室标准、检测方法、检测项目等不断更新，而且不断地会有新的业务部门或业务类型加入，要求系统具有高度的灵活性，能够进行检测业务流程初始化，能适应业务扩展或变更的需求。

（2）可扩展性。系统能够在数据、业务、服务三个级别上扩展，能够满足未来业务发展的需要。

（3）先进性。系统以自定义标签的形式通过 excel、word 类型文档读取数据并形成报告。

（4）开放性。系统全面遵循各种国际标准，尤其是 XML 标准，能够与现有系统进行完美的衔接与交互操作。

（5）可组装性。系统的模块之间属于松耦合的，多数模块可以根据用户的需求进行组合拼装。

（6）兼容性。系统会预留数据接口，能与企业门户、财务软件等系统进行数据交互，方便用户进行系统的整合及系统间数据的交互。

（7）安全性。系统从数据、应用、网络等方面充分保证了安全性。系统提供了分级的权限管理，不同的用户只能访问应属的数据，对用户的验证采用加密的手段，对数据库采用严格的保护措施。同时，数据库会有定期的备份，服务器采用了集群技术保证高度的可用性。

2. 平台设计要求

实验室数据库的实现需要相应的实验室网络平台，这是数据库的物理基础。在此基础上，还需要开发合适的数据库管理系统，确定数据库的存储方式、访问模式以及安全措施，并建立方便易用的客户端或浏览器端操作界面。

C/S 模式主要由客户应用程序（client）、服务器管理程序（server）和中间件三个部件组成。客户应用程序是系统中用户与数据进行交互的部件。服务器管理程序负责有效地管理系统资源，如管理一个信息数据库，其主要工作是当多个客户并发地请求服务器上的相同资源时，对这些资源进行最优化管理。中间件负责联结客户应用程序与服务器管理程序，协同完成作业，以满足用户查询管理数据的要求。B/S模式是一种以 Web 技术为基础的新型的 MIS 系统平台模式。把传统 C/S 模式中的服务器部分分解为一个数据服务器与一个或多个应用服务器（Web 服务器），从而构成一个三层结构的客户服务器体系。第一层客户机是用户与整个系统的接口。客户的应用程序精简到一个通用的浏览器软件。浏览器将 HTML 代码转化成图文并茂的网页。网页还具备一定的交互功能，允许用户在网页提供的申请表上输入信息提交给后台，并提出处理请求。这个后台就是第二层的 Web 服务器。第二层 Web 服务器将启动相应的进程响应这一请求，并动态生成一串 HTML 代码，其中嵌入处理的结果，返回给客户机的浏览器。如果客户机提交的请求包括数据的存取，Web 服务器还需与数据库服务器协同完成这些处理工作。第三层数据库服务器的任务类似于C/S 模式，负责协调不同的 Web 服务器发出的 SQL 请求，管理数据库，将系统的所有子功能分类，决定哪些子功能适合采用 C/S，哪些适合采用 B/S。

实验室数据库将同时为实验室内部管理以及开放式查询提供服务，因此需要建立 C/S 模式的管理系统以及 B/S 模式的网络浏览系统。完整的实验数据的数字化管理应该包括实验室检测数据的采集、处理、管理等的数字化要求，对将要以此为基础开发的软件系统所需实现的功能、性能及其业务操作配合进行分析。

（1）实验室数据管理平台应不依赖于任何实验室系统，可以独立运行，并可以与其他 LiMS 系统进行数据交互。

（2）按业务规则区分实验类型，如委托检测实验数据、科研实验数据、质控实验数据及其他自由实验数据。实验室数据管理平台应满足这几类实验数据管理处理需求，既符合实验室开展业务需要，又能满足其他实验室应用要求。

（3）实验室数据处理过程中，有些实验数据量很大，有些实验数据量不大，并且不同检测项目操作步骤不能保证一致。系统应在实现功能需求基础上，尽可能多地考虑用户之前的使用习惯，保证操作易用性。

（4）每个流程节点的权限配置至少包括以下两个属性：角色、机构（部门），或通过查询解决。

（5）每个流程节点都应保存操作人、流程开始时间、流程结束时间等信息。

（6）电子报告、实验记录与样品号绑定。

（7）在每个流程节点中，每个用户均可在同一页面中查看自身的未处理/已处理状态数据。

（8）用户可对所有未处理数据进行归档处理，归档数据可不进行后续流程操作。

（9）样品复验和重复录入数据。

（10）数据审核。

（11）界面功能要丰富，尽可能地单页面操作，避免频繁的页面跳转。

（12）要求操作简单、方便、人性化、批量进行，具备良好的用户体验，在需要对样品进行批量操作时可选用条码扫描枪进行样品条形码标签扫描操作。

（13）用户登录后第一个所见页面为"我的任务"，对用户名下所有的功能模块及此功能下有多少条待办信息进行展示，点击某一个功能后进入具体页面。

（14）每条数据都应记录是从哪台设备（按设备编号）产生的，每个环节的操作人、操作时间。

（15）查询条件应支持模糊查询。

第四节　数字化实验室的顶层设计内容

一、数字化实验室简介及特点

（一）数字化实验室简介

由于经济的腾飞，各类实验室快速发展，高度专业化、系统化、自动化、智能化、空间跨距大以及多学科交叉成为其发展趋势。信息技术和数字技术的发展促进了实验室未来发展的数字化。数字化实验室除了自身专业技术的数字化外，实验室的管理、运行也都将是数字化的。在这样的背景下，实验室如何迎接数字化所提出的新挑战，如何充分利用新技术所提供的巨大潜力构建新型的实验室管理模式，已成为亟待考虑和解决的问题。

数字化实验室建设应遵从 ISO/IEC 17025：2005《检测和校准实验室能力的通用要求》规范，采用先进的分析测试技术、自动化技术、计算机技术、网络技术、数据分析技术及管理学方法，以实现对实验室各种资源和活动进行全面数字化管理的目的，是对传统实验室管理模式的一场数字化革命。数字化实验室以实验室样品分析数据的采集、录入、处理、检查、判定、存储、传输、共享、报告发布以及业务工作流程管理为核心，将实验室的人员、材料、设备、技术、方法、资料档案等资源有机结合起来，组成一个全面、规范的管理体系，为实现数据自动采集、网上调度、实验信息安全共享、人员量化考核及实验室整体管理水平提高等各方面提供技术支持。

（二）数字化实验室特点

1. 信息资源共享

数字化实验室以 ISO/IEC 17025：2005 管理体系为依托，利用信息技术、网络技术实现实验室信息资源整合共享，充分有效地开发和利用实验室信息资源。实验室可以获得充分、及时的信息，增强对市场的反应能力，加强信息交流和业务协作，消除信息割据，提高实验室工作效率，提升实验室管理水平和服务质量。

2. 全程无纸化

数字化实验室管理实行全程无纸化，使实验室人员彻底告别繁杂的纸质单据，提高工作效率，降低出错的概率。通过建立安全可靠的检测信息数据库，尽可能对实验室的每个环节进行全方位的实时信息跟踪，全面提升实验室的检测水平和规范化管理能力。数字化实验室不仅对样品生命周期中产生的数据进行收集、整理和监控，还对整个生命周期过程中的质量活动数据进行管理和控制，并且把所有影响实验结果的各项实验室要素都进行无纸化管理。

3. 采集自动化

数字化实验室通过某种装置和技术实时采集数据、记录数据，实现实验过程数据自动记录以及数据记录的结构化、自动化，达到加快分析速度，提高样品处理量，提高数据处理效率，节省人工经费的目的。数据的测量、采集和处理都是在系统内部完成，避免了传统实验仪器人工读数时人为造成的各种测量误差，将各个"孤岛型"仪器设备连接成统一的实验数据管理平台，使实验结果更精确、可靠。

4. 分析智能化

数字化实验室综合全方位的实验室数据，利用大数据的技术和理念进行统计分析和数据挖掘，并在此基础上进行风险预警，为领导决策提供深度的数据支持及信息资源服务，实现对海量实验室数据信息的智能分析处理，促进实验室风险监管从"消极、被动、事后弥补"模式向"积极、主动、事前预防"模式的转变，提高了实验室的市场竞争力。

二、数字化顶层设计目的与意义

"顶层设计"一词最早源自系统工程学的概念，代表的是一种系统论思想和全局观念。顶层设计的主要特征包括：①顶层决定性，顶层设计是自高端向低端展开的设计方法，核心理念与目标都源自顶层，因此顶层决定底层，高端决定低端；②整体关联性，顶层设计强调设计对象内部要素之间围绕核心理念和顶层目标所形成的关联、匹配与有机衔接；③实际可操作性，设计的基本要求是表述简洁明确，设计方法具备实践可行性。因此，顶层设计方法应是可实施、可操作的。

实验室数字化顶层设计的目的是从实验室工作的全局审视实验室数字化的自身定位，将数字化涉及的各方面要素作为一个整体进行统筹考虑，通过规范数据和业务应用系统模式实现资源共享、业务协同、决策分析目标，满足实验室质量管理体系的要求。为达到上述目的，需要通过顶层设计对实验室业务和管理进行综合分析，构造实验室信息资源共享与业务和管理协同的规范框架，明确实验室业务功能与管理要素、环境资源及其他基础支撑体系间的相互关系，形成指导与协调实验室信息资源建设、业务系统建设和质量管理运行的技术架构与软件产品。

实验室数字化顶层设计贯穿管理到业务、业务到信息的全过程。首先，数字化顶层设计支撑实验室的发展，加强包括业务之间、业务与管理之间、系统之间的协同性，解决业务管理与信息化的融合度不高、系统集成度低和数据资源有效利用度不足等问题；其次，数字化顶层设计把控数字化建设方向，提升数字化建设合理性，解决应用边界不清晰、管控依据不足和技术平台不够统一等问题；最后，数字化顶层设计促进实验室管理能力的提升，通过质量管理体系建立持续性的管理机制，保障实验室数字化建设稳定、长效的发展。

三、数字化实验室的顶层设计

（一）顶层设计的原则

数字化实验室建设的顶层设计需要遵循下列原则。

1. 统筹管理

数字化实验室顶层设计需要在实验室现有信息化现状的基础上，从全局整体推进角度进行规划设计，既要勾画数字化实验室发展蓝图，又要对数字化项目的实施提出指导要求。因此，顶层设计需要对目标研究、项目实施和相关资源进行统筹管理，同时需要对顶层设计工作中的组织管理、技术管理等方面进行统筹协调。

2. 服务导向和业务驱动

数字化实验室顶层设计应以数据管理为核心，以业务服务为导向，以业务流程为驱动，围绕实验室内部管理用户和外部委托客户的应用服务需求，制定能够实现服务按需定制的整体架构目标。实验室内部管理主要着眼于规范实验室正常运行、提高综合管理能力，实现一线人员的业务协同，并为管理和决策层提供有力的决策辅助支持；实验室外部委托客户主要着眼于提供准确、及时、便捷的综合信息服务，从而提高实验室的社会影响力和竞争力。

3. 系统关联、突出重点

数字化实验室顶层设计应充分考虑各子系统间的关联、匹配与有机衔接，同时要突出重点，以数字化实验室系统和基础设施的体系架构为核心，进行业务层、网络层、数据层、应用层和服务门户的横向整合。信息资源整合、统一协同管理、业务流程运行等方面要充分结合现有的先进理念和技术进行重点研究，有针对性地提出发展目标和措施建议，并与前期和正在开展的信息化研究项目进行有效的衔接。

（二）顶层设计的总体框架

数字化实验室顶层设计的总体框架描述数字化实验室体系的总体组成结构，包括"一种方法""一个模型"和"一套体系"。

1. 一种方法

一种方法即顶层设计研究方法。

2. 一个模型

一个模型即信息系统和基础设施的架构模型。数字化实验室系统架构模型主要描述数字化实验室系统的总体架构，并从业务、管理、系统、数据、集成等维度分别描述数字化实验室系统的业务功能架构、体系管理架构、系统划分架构、数据架构和集成架构，从而形成数字化实验室系统目标架构的全视角和全视图。

数字化实验室基础设施架构模型主要描述承载数字化实验室系统的数据通信网络和硬件服务器等基础安全保障的目标架构，从而形成基础设施目标的架构全貌。

3. 一套体系

一套体系即质量管理体系。数字化实验室体系主要涵盖"一个模型"所对应的各种业务、技术标准和建设规范框架，以及质量管理体系的内容组成要求，用于指导数字化实验室系统和基础设施设计建设所需的详细标准和规范的具体制订和完善。

（三）顶层设计的内容

数字化实验室建设的顶层设计主要包括三个部分的内容，即数字资源规划、信息技术规划以及基础环境保障规划。

数字资源规划主要是根据实验室业务分析而提出的，其过程表现为：根据业务划分职能域，对职能域逐个进行业务分析，产生各职能域的业务模型、功能模型、数据模型，然后根据各职能域产生全域功能模型、数据模型。同时，分析管理模式与用户行为，产生全域用户与权限模型。

信息技术规划是根据实验室当前信息化现状和存在的问题，提出的数字化实施的应用架构、数据架构、技术架构规划等关键技术内容。

在制订了数字资源规划和信息技术规划方案的基础上，还要制订基础环境保障规划。基础环境保障规划是对网络、服务器架构、存储与备份、机房设计以及信息安全保障进行规划和安排，以保障信息化建设的正常开展以及系统的安全、正常运转。

1. 数字资源规划

以下将以检测实验室的数字资源规划为例，探讨顶层设计是如何具体执行的。检测实验室在进行数字资源规划时，主要按照以下步骤进行。

（1）划分职能域。划分职能域不仅需要研究实验室的发展规划以及在未来发展规划的基础上制订的信息化发展规划，还要研究并整理实验室各部门的职责和业务，从而产生全域业务模型，划分职能域。

通常，一个实验室的主要业务包括业务受理、抽制样、检测、报告等几大部分，还建有检测标准、检测能力、人员机构、试剂耗材、实验室环境以及体系管理在内的支撑保障体系。根据实验室的发展规划以及上述业务活动，将实验室的业务划分为若干个职能域。值得一提的是，这里说的职能域完全按照信息划分，与部门并不是一一对应的，但各个部门在职能域里面都能够找到自己的位置。不管机构发生什么变化，只要这是一个检测实验室，就都有这些职能。

（2）职能域业务分析。职能域业务分析就是对职能域逐个进行业务分析，产生本职能域的业务模型、功能模型、数据模型。如何对职能域逐个进行业务分析呢？

第一步，按"业务活动""角色""时序"三个元素整理业务流程，进行业务梳理，建立业务模型。比如，合同评审域中常见的业务流程是业务受理，即申请人提出申请—受理部门接受申请—系统评估，判断是否满足条件，如果需要进行人工评审，然后发送评审人员进行评审—采用外包或自己检测的方式—形成委托申请单……将过程用流程图的方式展现出来，就是整理业务流程。

第二步，进行数据流分析。比如，人员资质管理业务就是对实验室员工的信息管理，而员工在实验室的活动，与实验室人员招聘、培训、资质认定、离退休等相关。其中，在岗人员管理最重要，信息的来源非常清楚。其工作信息来源于业务域，财务信息来源于财务域，科研信息来源于科研域。

第三步，数据流还需要按用户、功能、数据三个要素进行描述，并进行"数字化"的可行性分析。但是，并不是所有的业务都能够数字化，所以还要分析哪些业务可以数字化，哪些业务不可以数字化，将不可以数字化的业务剔除出去。最后，通过对可数字化的业务进行抽象与演绎，建立相应的各职能域的功能模型和数据模型，形成一个又一个系统。数据模型要分析某个职能域与其外部域的信息的关联，它要用到哪些域的信息，以该职能域为核心，将它与外部域的信息交换关系表现出来。这样，业务活动产生了什么样的数据，业务活动与数据有什么关系，就能够产生各职能域的主题数据库。

第四步，综合分析各职能域分析结果，产生全域功能模型、数据模型。在完成各职能域的业务模型、功能模型和数据模型后，汇总各职能域的功能模型，通过分解、归类、合并，生成全域功能模型；汇总各职能域数据模型，分析各职能域主题数据库之间的关系，以形成全域数据模型。全域功能模型通常用不同的颜色区别平台、系统、子系统和功能模块，并揭示它们之间的关系。这种区别越明显、越细致，意味着全域功能模型越成功。

分析管理模式与用户行为，产生全域用户与权限模型：分析机构设置、人员岗位、用户角色、用户定义与授权关系。

由于用户与机构息息相关，从机构就可以分析出人员的岗位，而确定了岗位就确定了角色，角色确定后就能进行相应的授权。

2. 信息化技术规划

信息化技术规划包含应用架构、数据架构、技术架构和其他关键技术。

（1）应用架构。数字化实验室应用架构以数据通信网（根据实际情况可分为实验室内网和实验室外网）为出发点，以应用架构的相关技术为依托，充分考虑应用的部署和应用系统的技术架构。针对实验室信息化现状，结合物联网新技术，数字化实验室应用系统架构建设应该遵循业务驱动、务求实效、统筹规划、分级指导，充分借鉴、有效融合，易于维护、扩展方便的原则。

数字化实验室应用架构建设依托技术架构、数据架构、安全保障体系以及数字化实验室质量管理体系和标准规范体系等支撑，实现实验室体系管理系统、实验室业务系统、数据自动采集系统、数据分析挖掘系统、基础数据管理系统等之间的协同应用。

（2）数据架构。为形成自动采集、准确可靠、高效共享的实验室数据资源环境，促进实验室信息资源的共享和服务，数字化实验室系统数据架构建设应遵循简单化、模块化、规范化、集成化、管理科学化的原则。

数据架构是 IT 架构的核心，数据是数字化实验室系统管理的重要资源。数据架构实施方案设计首先要考虑数据架构对当前业务的支持，实现数据共享和集中。

数字化实验室数据架构建设包括三个方面：①数据资源管理，从业务到管理，对各上下层级进行梳理，进一步完善数据内容；②数据资源划分，确定数据资源划分界限、类别和数据库结构；③数据部署，对应系统部署内容，确定各系统之间数据资源部署情况。通过以上三个方面实现数字化实验室数据的集中化管理。

数据标准化是数据架构的基础工作，也是数字化实验室建设的基础性工作，更是直接影响数字化成败的重要因素。只有管好数据、用好数据，保证数据的唯一性、完整性、准确性、及时性，才能使系统真正发挥应有的作用。

（3）技术架构。技术架构的建设是数字化实验室的基础部分和重要环节，必须遵循先进性、高性能、安全性、高可用性、可扩展性、可管理性的建设原则和技术要求，确保系统建设的经济、实用、安全、可靠。

技术架构是承载数字化实验室应用架构和数据架构的基础，是应用与数据之间的桥梁。技术架构搭建在基础硬件和软件设施之上。基于服务总线技术组件进行构建，实现实验室管理中各类要素信息全面实时的采集，对数据进行统一整合与集中管理，是数字化实验室系统的核心。

（4）其他关键技术。其他关键技术涉及中间件、虚拟化、流程引擎、规则引擎等技术内容，因篇幅关系本文不再一一展开说明，读者可查询相关的详细资料进行阅读和学习。

3.基础保障规划

基础保障规划包含网络建设、物理环境、数据安全等保障内容，在此不做赘述。

四、数字化实验室的建设内容与目标

数字化实验室建设以实验室为中心，将实验室的业务流程、环境、人员、设备、标物标液、化学试剂、标准方法、图书资料、文件记录、科研管理、项目管理、客户管理等影响分析数据的因素有机结合起来，采用先进的计算机网络技术、数据库技术和标准化的实验室管理思想，组成一个全面、规范的管理体系，为实现检测数据网上调度、检测数据自动采集、快速分布、信息共享、检测报告无纸化、质量管理体系顺利实施、成本严格控制、人员量化考核、实验室管理水平整体提高等方面提供技术支持，是连接实验室、质管部门及客户的信息平台。数字化实验室建设引入先进的数理统计技术，如方差分析、相关和回归分析、显著性检验、累积和控制图、抽样检验等，协助职能部门发现和控制影响产品质量的关键因素。

鉴于数字化顶层设计实施的复杂性和不确定性，要想做好该项工作，需做到以下几点：①加强组织领导和认识资源保障基础工作的重要性，项目开始前做好动员，统一认识，做好实验室业务的梳理；②数据建模是关键，在收集巨量信息的基础上，从不同的关注视角，以便于沟通的共同语言，自顶向下，分层次、分领域地进行数据建模；③和实验室组织架构的结合，注意层级、范围及关联性；④项目组织架构和能力的培养，需高层的重视以及各业务部门、管理人员的全程参与，要建立大项目管理组织机构和机制；⑤形成的成果需阶段性评估和持续更新。

数字化顶层设计的开展由数字化发展阶段所决定。为满足未来发展的需要，数字化实验室有必要通过开展顶层设计梳理业务与数字化之间的逻辑关系，避免信息化项目的重复建设以及信息孤岛的产生，以业务驱动数字化、以数字化引领业务，充分发挥数字化在实验室中的支撑和引领作用，更加有效地指导实验室的数字化建设，实现科学、高效和可持续发展。

数字化实验室建设目标包括以下几方面。

（一）改进质量管理手段

改进质量管理手段包括提高检测数据的综合利用率、提高检测数据的时效性、挖掘检测数据的潜在价值。

（二）规范实验室内部管理

在实验室内部，根据实验室业务及质量管理流程，实现样品登记申请、任务分配，检测数据的快速采集、审核、处理、统计、查询，直至报告自动生成，最后将有用的信息传递给用户。

将人员、设备、试剂、方法、环境、文件等影响实验室质量的诸多要素有机结合起来，进行全面管理和控制，形成人、机、料、法、环、测、抽样的闭环控制。整体内部管理体系遵循 ISO 9000 及实验室评审国际标准 ISO/IEC 17025：

2005，全面提升实验室的分析水平和规范化管理。

（三）设备数据的自动采集

通过对设备数据的自动采集，提高实验室的自动化能力，提高工作效率，同时确保数据的真实有效和可溯源。

（四）实现检测数据大范围共享

实验室信息管理系统的主要管理对象是实验室，它既是实验室的信息集成，又支持其他管理系统对检测数据的快速访问，提供外部数据接口，使本系统可以与外部系统进行数据交换以实现系统间的无缝连接。

（五）支持实验室大数据的分析和应用

通过数字化实验室的建设，实验室会逐步积累越来越多的检测数据，经过数据统计分析，建立相关的数学模型，发挥出它的最大效能，进一步提高实验室的管理水平。

（六）提升客户对服务的满意度

通过对数字化实验室的建设，满足质量管理体系中对客户服务要素的要求。建立相应的客户关系基础数据库，实现迅速响应、及时反馈、持续改进，形成良好的、服务于客户的高效快捷体系。

第二章 高校实验室安全管理规章制度

实验室是学校开展教学、科研活动的重要基地。为确保实验室安全，防止人员伤亡和财产损失事故的发生，保证教学、科研活动的正常进行，各大高校应认真贯彻落实国家有关安全规定，提出确保安全的具体要求，落实各项安全防范措施，制订事故应急预案，定期组织突发事故模拟演练，经常对教职工和学生进行安全教育。

第一节 高校实验室综合管理制度

一、同济大学实验室安全管理工作规定

为了保障校园及师生安全，确保学校教学、科研等工作的正常进行，根据国家有关政策法规精神及学校实验室安全工作实际，特制定同济大学实验室安全管理工作规定。

第一条 本规定中的"实验室"是指同济大学全校范围内开展教学、科研工作的各类实验场所，包括各类公共实验室（含教学实验室、国家及省部级重点实验室等）、教师科研实验室及其他校内实验室等。

第二条 学校实行实验室安全工作分级、分类管理制度。

校、院（系、所、中心）实验室及进入实验室工作的师生员工各负其责，责任到人，通过加强各职能部处、各院系的协同管理，对各实验室实行安全责任全覆盖。

第三条 按照实验室实际情况，根据涉及的安全责任属性和范围不同，将全校实验室分为四类：

第一类为含有危险化学品、放射源及其他重点安全设施的实验室，包括材料、

环境、化学、生命、医学、物理等实验室;

第二类为含有特种设备、放射装置等设施的实验室，包括海洋、机械能源、汽车、交通等实验室;

第三类为除第一、第二类外的普通理工科实验室;

第四类为人文社科类实验室。

第四条 各实验室必须认真贯彻"安全第一、预防为主"的方针，根据各实验室的具体情况，制定相应的安全管理规定、操作规程及应急预案，并应在醒目位置上墙公示。

第五条 各院（系、所、中心）正职领导是所在单位实验室的第一安全责任人，并明确单位分管领导为单位的安全责任人，院（系）其他领导负有关心和重视本单位实验室安全工作的相关责任。

第六条 单位第一安全责任人和单位分管的安全责任人主要责任包括：负责落实本单位实验室安全管理相关规定，建立本单位实验室安全管理队伍和责任体系;制定本单位实验室安全相关管理制度、应急预案及工作计划，并组织实施;定期、不定期组织实验室安全检查，及时消除安全隐患。各院（系、所、中心）落实至少一名正式教职工为专（兼）职实验室安全管理员（简称安全员）。安全员负责协助院系具体落实实验室安全相关规章制度、做好日常安全检查、实验室人员（包括学生）安全教育、实验室安全相关信息报送、实验室安全事故应急演练及应急处理等日常工作。

第七条 教学、科研公共实验室的主任或教师课题组实验室的责任教授为所在实验室安全管理的直接责任人，对所在实验室安全管理工作全面负责。各实验室应设专职或兼职的实验室安全管理员，负责所在实验室的日常安全管理工作，实验室安全管理员必须经过培训，具备一定的安全知识和应急处置技能。进入实验室学习或工作的师生员工为实验室安全的具体责任人。

第八条 全面签署实验室安全协议。

院（系、所、中心）正职领导代表所在学院与学校签订《实验室安全责任书》;实验室主任或教师课题组责任教授代表所使用实验室与院（系、所、中心）签订《实验室安全责任书》;进入实验室工作的师生员工与实验室主任或教师课题组责任教授所在实验室签订《实验室安全责任书》。确保实验室安全责任逐级落实到位。

第九条 学校实行实验室安全检查与督导制度。

学校建立并不断完善实验室安全检查和督导制度。学校实验室与设备管理处、保卫处等部门代表学校组织实验室安全专家督导组，采取定期与不定期相结合的方式，对全校各类实验室进行安全检查和督导。国家法定节假日前和每学期放假前，各院（系、所、中心）应进行例行的安全检查，平时按照实验室安全管理规定要求进行定期和不定期检查，并做好记录。实验室安全员或任课老师须在实验前、后对实验室进行安全检查并做好记录后，才能开始或结束实验。

第十条　各院（系、所、中心）应建立实验室安全管理检查台账（《同济大学院（系）实验室安全检查表》）制度，记录每次检查情况。对发现的问题和隐患进行梳理，分清责任并积极整改；每次检查结束后，各学院（系、所、中心）须将检查结果形成简要报告，报送实验室与设备管理处备案。各实验室若发现安全隐患，要及时采取措施进行整改。发现严重安全隐患或一时无法解决的安全隐患，须向所在学院（系、所、中心）、实验室与设备管理处、保卫处报告，并配合学校采取措施积极整改。对发现的安全隐患，任何单位和个人不得隐瞒不报或拖延上报。

第十一条　实验室安全检查及督导方式。

针对本办法第三条所述各类实验室，实验室与设备管理处、保卫处等将组织实验室安全专家督导组，定期进行实地安全检查和督导，学校负责安全工作的领导及有关职能部门将定期、不定期进行抽查，并对《同济大学院（系）实验室安全检查表》进行抽查和核对，把检查结果作为考核及奖惩的重要依据。

对第一类实验室，设置专职安全员，由实验室与设备管理处核算工作量，专职安全员每周按照《同济大学院（系）实验室安全检查表》至少进行一次检查并记录；每间实验室应设置安全管理员，每天按照《同济大学实验室安全检查自查表》进行检查并记录。

第二类实验室设置专职（兼职）安全员，每周按照《同济大学院（系）实验室安全检查表》进行一次检查并记录，每间实验室设置安全管理员，每天按照《同济大学实验室安全检查自查表》进行检查并记录。

第三类实验室设置兼职安全员，每两周按照《同济大学院（系）实验室安全检查表》至少进行一次检查并记录，每间实验室设置安全管理员，每周按照《同济大学实验室安全检查自查表》进行检查并记录。

第四类实验室设置兼职安全员，每两周按照《同济大学院（系）实验室安全检查表》进行一次检查并记录。

第十二条　学校实行实验室安全教育培训及考试制度。本科新生、研究生新生在入学报到时，需要按照规定完成实验室安全教育培训，并考试合格；学校把实验室安全教育培训纳入对新进教师、新聘研究生导师、博士后、留学生、进修生及其他来校交流人员进行培训的重要内容。对于有较高安全要求的实验室，相应院系应组织针对本专业实验室的安全培训和考试，经考核通过者可进入实验室工作。本科学生做教学实验时，须有教师或实验室技术人员在场指导。每学期的第一次实验课，或研究生进入科研实验室前，必须进行安全教育。毕业论文或研究生进行单独实验应由导师批准，并在实验前进行必要的安全教育。

对进入实验室工作的师生员工要落实和加强"防火、防盗、防毒、防爆"等安全教育，对有可能导致危险发生的实验，实验室应发放安全操作规范告知书，进入实验室人员应认真仔细阅读，并签字确认，实验室安排人员监护并落实安全防范措施。

第十三条　严格执行同济大学危险化学品安全管理办法。

各实验室确因需要而使用易制毒、易制爆、剧毒和危险化学品时，要严格按照相关规定进行采购、使用、保管和处置，同时要有可靠的防范措施，并应建立危险品台账管理制度，做好详细记录备查。

各有关实验室应严格按照规定要求使用和处置易燃、易爆、自燃、氧化、过氧化、有毒和腐蚀等危险化学品。严禁烟火，不准吸烟或动用明火。要做好防火、防盗、防爆、防毒、防腐蚀的工作。需要少量存储易燃、易爆物品的，必须符合安全存放的要求（具体应参照国家《危险化学品安全管理条例》），在实验室人口处醒目位置安放危险实验室警示牌，在存放危险品容器上张贴相应的危险品标签。

实验室安全员应加强危险化学品的安全管理和日常检查，并对进入实验室的教师和学生进行培训，使教师和学生能够严格按照规定采购、使用、存储和处置危险化学品。

第十四条　实验室的特种设备（压力容器、行车等）使用应严格遵守国家、上海市及同济大学实验室特种设备安全管理的有关规定，严格做好验收、年检等工作，并指定专人持证上岗，确保使用安全。对上岗人员必须按规定进行培训，并经考核合格后持有合格的上岗证，方能上岗操作，严禁无证上岗操作。实验室需建立特种设备运行档案，确保安全实验。

第十五条　实验室放射性物品的使用及保存必须符合国家及上海市有关法律、法规的规定（具体应参照《中华人民共和国放射性污染防治法》），严格执行放射性辐射的安全保护制度。

第十六条　严格按照规定处置实验室废弃物。

实验室在实验中产生的各种有毒有害废弃物未经处理不得任意排放、丢弃，各实验室应指定专人按照废弃物处理的有关规范集中收集封存并妥善保管，实验室与设备管理处负责联系有关部门定期上门回收处理。

第十七条　加大实验室安全建设投入，加强信息化管理及有关安全防范措施。

学校、院系应加强对实验室安全建设的投入，加强实验室安全的信息化建设，建立并推广与校园卡一卡通关联的实验室门禁制度。重要的实验室，除要有物防、技防措施外，还应有人防措施，要设置专人值班制度。对值班人员要加强责任心的教育，对因责任心不强而造成被盗等事故的，要追究领导和值班人员的责任。

第十八条　实验室必须按规定配齐对口、专业的消防器材。

消防器材要放在明显和便于取用的位置，周围不得堆放杂物，注意经常检查、及时更换并建立记录制度。严禁将消防器材移作他用，并保持消防通道畅通、整洁。

实验结束前清理好实验台、各种器材、工具、资料，切断电源，熄灭火源，关好门窗和水龙头，对易燃物品、纸屑等杂物，必须清扫干净，消除隐患。

实验室严禁使用电炉等电加热取暖设备。因教学、科研工作必须使用电炉等设备时，要经安全员同意，注意安全。停电或停用后要及时切断电源。用电设备周围不得堆放杂物，电源线不得有任何裸露、破损，要随时加强检查，发现问题及时处理。

第十九条　实验室如发生安全事故，必须按照学校突发事件应急预案管理办法进行处置，在事故发生后及时将情况上报所属院（系）、保卫处和实验室与设备管理处。

第二十条　实验室安全管理的考核和奖惩。

学校将对各院系的实验室安全工作进行定期考核，对实验室安全管理工作优秀的单位和个人，学校将予以表彰，并根据考核结果每年给予一定量的业绩补贴作为奖励。

对于管理不到位，并导致实验室安全事故者，将按照有关规定追究责任人的责任。

对整改不力的，将根据情况作出分类处理：

对于安全督导发现实验室安全隐患，责令整改未能按期完成的，将给予黄牌警告。

对于两次责令整改未能加以重视，并发现仍然存在严重隐患的，将停止实验室使用，直至整改完成，验收合格后方可再次启用。

对于长期存在安全隐患，且整改不力，两次责令整改无效的教师科研实验室，将通报批评，由科研院、研究生院暂停该实验室负责人的科研项目申请资格和研究生招生资格，直至整改合格；并根据造成的实际后果，由实验室与设备管理处将调查结果报有关部门或委员会，按照有关法规和规章追究责任人的相应责任。

第二十一条　本规定由实验室与设备管理处负责解释，经校长办公会批准，自印发之日起实施，原《同济大学实验室安全工作规定》（同实〔2010〕047号）同时废除。

二、西南交通大学实验室安全责任追究办法

第一章 总则

第一条 为进一步加强我校实验室安全管理，有效预防实验室安全事故发生，保障人身和财产安全，促进教学科研正常开展，依据国家相关法律法规，以及《高等学校实验室工作规程》《西南交通大学实验室安全管理办法》等文件精神，制订本办法。

第二条 学校安全生产工作领导小组主要负责学校安全生产工作的组织领导和统筹协调，落实上级主管部门有关安全生产工作的要求，研究决定涉及学校安全生产相关的重大问题，协调处理需要学校层面解决的安全隐患，研究提出对安全事故责任人、相关人员、相关部门的责任追究意见。

第三条 学校实验室安全工作按照"安全第一、预防为主"的工作方针，坚持"一岗四责""谁使用、谁负责，谁主管、谁负责"原则，逐级建立实验室安全责任体系，确定各级、各个实验室的安全责任人，履行实验室安全工作职责。因未履职尽责或因管理不当等工作失误而造成实验室安全事故的，依据本办法对事故责任人和相关人员追究相应责任。

第二章 责任追究范围

第四条 实验室安全工作责任追究种类。

1.针对人员

（1）书面检查。

（2）诫勉谈话。

（3）通报批评。

（4）取消评优评奖、升职升级资格。

（5）责令经济赔偿。

（6）行政处分。

（7）移送司法机关。

2.针对二级单位

相关单位年度工作考核"一票否决"。

以上责任追究的种类可以单独使用，也可以合并使用。需要给予党纪处分的按照有关规定执行。

第五条 实验室安全工作责任追究对象。

1. 相关人员

（1）直接责任人（含学生）。

（2）实验室负责人、研究生导师、实验指导教师、科研团队负责人。

（3）二级教学科研单位第一负责人、二级教学科研单位第一负责人根据工作需要指定的实验室安全分管领导。

（4）职能部门负责人和管理人员。

（5）校级责任领导。

2. 相关单位

（1）发生事故的二级教学科研单位；

（2）负有监管不力、失职渎职等责任的职能部门。

第六条 实验室安全事故分级。

（1）一般实验室安全事故：导致学校或他人财产损失 1 万元（含）至 2 万元（含），或人员轻伤，或消防车进入校园。

（2）较大实验室安全事故：导致学校或他人财产损失 2 万元至 10 万元（含），或有人员重伤，或有毒有害试剂、病原体、放射源等管理不善造成 5 人（含）以下急性中毒、致病。

（3）重大实验室安全事故：导致学校或他人财产损失 10 万元以上，或 2 人（含）以上重伤，或有毒有害试剂、病原体、放射源等管理不善造成 5 人以上急性中毒、致病，或人员死亡。

第三章 人员责任追究

第七条 二级教学科研单位的相关人员有以下行为（表2-1）之一、未造成严重后果的，视职责履行情况和情节轻重给予以下处分。

表 2-1　责任追究对象及种类

责任追究对象	责任追究种类
直接责任人（含学生）	通报批评、警告
实验室负责人	书面检查、通报批评
研究生导师、实验指导教师、科研团队负责人	书面检查、通报批评
二级教学科研单位第一负责人	书面检查、诫勉谈话、通报批评
实验室安全分管领导	书面检查、诫勉谈话、通报批评

（1）违反或指使他人违反国家法律法规和学校实验室安全规章制度，冒险作业。

（2）未履行安全职责，或发现安全隐患未及时采取整改措施并上报，或接到相关报告后未采取有效措施，或未经许可擅自启用被封实验室。

（3）发生造成财产损失或人身伤害的实验室安全事故后隐瞒不报，或不如实反映事故情况，或未及时将事故报告上级领导和有关职能部门。

（4）不服从、不配合政府部门、学校职能部门、本单位的实验室安全管理和检查等工作。

（5）未进行实验室安全设施、特种设备的定期检修和维护。

（6）未严格执行危险化学品和易制毒化学品管理规定。

（7）未根据政府部门、学校职能部门、本单位的要求及时排查、消除安全隐患，或未组织、督促、协助消除安全隐患。

（8）未开展实验室安全教育培训，未严格落实实验室安全准入制度。

第八条　二级教学科研单位的相关人员有以下行为之一的，视职责履行情况和情节轻重给予以下处分，见表2-2。

表2-2　实验室安全事故责任追究种类与对象

责任追究种类 / 责任追究对象	一般实验室安全事故	较大实验室安全事故	重大实验室安全事故
直接责任人（含学生）	教职工处以警告、记过；学生处以警告、严重警告、记过。同时取消一年内（从宣布处分之日起开始计算，下同）各类评奖评优、升职升级资格	教职工处以警告、记过，降级、撤职、开除；学生处以警告、严重警告、记过、留校察看、开除学籍。同时取消其两年内各类评奖评优、升职升级资格	教职工处以开除；学生处以开除学籍
实验室负责人	通报批评、警告，同时取消其一年内各类评奖评优、升职升级资格	警告、记过、降级、撤职，同时取消其两年内各类评奖评优、升职升级资格	降级、撤职，同时取消其三年内各类评奖评优、升职升级资格

责任追究种类 责任追究对象	一般实验室安全事故	较大实验室安全事故	重大实验室安全事故
研究生导师、实验指导教师、科研团队负责人	通报批评、警告，同时取消其一年内各类评奖评优、升职升级资格	警告、记过、降级、撤职，同时取消其两年内各类评奖评优、升职升级资格	降级、撤职，同时取消其三年内各类评奖评优、升职升级资格，暂停研究生招生资格或指导学生实验资格三年
二级教学科研单位第一负责人	通报批评、警告，同时取消其一年内各类评奖评优、升职升级资格	警告、记过、降级、撤职，同时取消其两年内各类评奖评优、升职升级资格	降级、撤职，同时取消其三年内各类评奖评优、升职升级资格
实验室安全分管领导	书面检查、诫勉谈话、通报批评，同时取消其一年内各类评奖评优、升职升级资格	警告、记过、降级、撤职，同时取消其两年内各类评奖评优、升职升级资格	降级、撤职，同时取消其三年内各类评奖评优、升职升级资格

（1）违反国家法律法规和学校实验室安全规章制度、违规操作、玩忽职守、失职渎职、管理不到位等原因，造成实验室安全事故。

（2）未履行安全职责或发现安全隐患未及时采取整改措施并上报，或接到相关报告后未采取有效措施，造成安全事故。

（3）未进行实验室安全设施、特种设备的定期检修和维护，造成安全事故。

（4）未严格执行危险化学品和易制毒化学品管理规定，造成安全事故。

第九条　相关职能部门负责人和管理人员有以下行为之一，导致实验室发生本办法所定义的较大及以上安全事故或事故后果扩大的，视职责履行情况和情节轻重给予书面检查、诫勉谈话、通报批评、警告、记过、降级、撤职等处分。

（1）接到上级部门、学校有关通知或文件后，未及时发布或通知相关单位，致使发生较大及以上实验室安全事故或事故后果扩大。

（2）接到二级教学科研单位提交的实验室安全隐患报告后，在本部门工作职责范围内未及时解决，或未及时通知其他职能部门处理，致使发生较大及以上实验室安全事故或事故后果扩大。

（3）未认真履行实验室安全的相关职责或违反有关规定，监管不力、失职渎职，致使发生较大及以上实验室安全事故或事故后果扩大。

第四章 二级教学科研单位和职能部门责任追究

第十条 发生本办法所定义的一般及以上实验室安全事故的二级教学科研单位，当年年度工作考核实行"一票否决"制度。

（1）发生一般实验室安全事故，当年本单位实验室工作考核的实验室安全分值为零。

（2）发生较大实验室安全事故，当年本单位实验室工作考核分值为零，二级教学科研单位年度工作考核结论最高为二等，且不得参评任何单项考核奖励。

（3）发生重大实验室安全事故，当年本单位年度工作考核结论直接降为最低等，且不得参评任何单项考核奖励。

（4）一年内第二次发生实验室安全事故，按本条追究方式升档处罚，即一般事故按较大事故、较大事故按重大事故处理。发生第三次及更多实验室安全事故，由学校安全生产工作领导小组按照从严从重的原则提出处理建议。

第十一条 对本办法所定义的较大及以上实验室安全事故或事故后果扩大负有主要责任的职能部门，当年部门工作考核实行"一票否决"制度。

（1）对较大实验室安全事故负有主要责任，当年部门年度工作考核结论降为二等，且不得参评进步奖、奉献奖等单项考核奖励。

（2）对重大实验室安全事故负有主要责任，当年部门年度工作考核结论直接降为最低等，且不得参评进步奖、奉献奖等单项考核奖励。

第五章 其他责任追究

第十二条 责令经济赔偿的，二级教学科研单位、相关责任人、职能部门的赔偿额度按下文中责任追究程序执行。

第十三条 校级领导因领导不力、管理失职致使实验室发生严重安全事故或事故后果扩大的，按上级部门的意见或决定进行处理。

第十四条 涉密实验室发生泄密事故的，按照国家法律法规追究责任。

第十五条 以上行为触犯法律的，依法移送司法机关追究责任。

第六章 责任追究权限和程序

第十六条 对学校发生的实验室安全事故，发现一起查处一起。资产与实验室管理处会同其他相关职能部门进行初步调查，提出对相关责任人和责任单位的处理建议以及责令经济赔偿额度建议，由学校安全生产工作领导小组办公室复核后提交学校安全生产工作领导小组研究，按程序报学校审批。学校安全生产工作中的渎职和腐败行为由学校监察处负责牵头查处。

第十七条 需移送司法机关追究法律责任的，按法律规定程序处理。

第十八条 对校级领导干部的责任追究权限与程序，按上级部门的相关规定执行。

第十九条 由于科学研究实验的实践性、未知性和探索性，实验人员已事先向二级教学科研单位第一负责人提出书面申请（申请中需对该实验的操作步骤、应急预案、防护措施等做出说明）并获批同意，同时有证据表明实验人员已按申请书认真、细致、规范地采取了安全防护措施，但仍然发生无人员伤亡的事故，相关人员可以提出减免责任追究的申请。减免责任追究仅限于获得书面同意的科学研究实验项目或活动，不适用于教学类或服务类的实验项目或活动。

第二十条 教职工或学生对所受行政处分不服的，可在收到处分决定后 10 个工作日内向学校提起申诉。

第七章 附则

第二十一条 本办法未尽事项按国家有关法律法规执行。本办法条款与国家法律法规相抵触者，按国家法律法规执行。

第二十二条 本办法自发布之日起施行，由资产与实验室管理处负责解释。

三、北京化工大学实验室安全、环保管理奖惩制度

第一章 总则

第一条 为认真贯彻"安全第一，预防为主"的方针，强化学校各级领导和教职员工的安全责任，预防和减少各类安全事故的发生，保障学校和师生员工的人身财产安全，确保学校教学科研活动的正常开展，维护学校的安全稳定，根据《中华人民共和国行政处罚法》（中华人民共和国主席令〔2005〕第 63 号）、《生产安全事故报告和调查处理条例》（国务院令〔2007〕493 号）、《〈生产安全事故报告和调查处理条例〉罚款处罚暂行规定》（安监局令〔2007〕第 12 号）、《环境行政处罚办法》（环保部令〔2010〕第 8 号）等相关法律、法规，结合我校实验室安全管理实际，特制定本制度。

第二条 本制度适用于全体学院（系）、独立研究院、直属单位（下称二级单位）的教职员工、博士后、各类聘用人员以及在校学生，其中学生按照指导教师负责制承担相应责任。

第三条 学校实验室安全环保工作贯彻"以人为本、安全第一、预防为主、综合治理"的方针，坚持"谁使用、谁负责，谁主管、谁负责"原则，逐级建立实验室安全责任体系，确定各级、各个实验室房间的安全责任人，履行实验室安全工作职责。因职责或管理不当等工作失误造成实验室安全事故的，依据本办法对

事故责任人和相关人员追究相应责任。

第二章　责任追究的类别及适用

第四条　实验室安全责任追究类别。

（1）书面检查。

（2）通报批评。

（3）诫勉谈话。

（4）经济赔偿。

（5）年度绩效考核不合格。

（6）行政处分。

（7）取消评奖评优。

（8）移送司法机关。

以上责任追究的种类可以单独使用，也可以合并使用。需要给予组织处理及党纪处分的按照有关规定执行。

第五条　实验室安全责任追究对象。

（1）直接责任人。

（2）实验室领用人、项目负责人、安全员。

（3）二级单位的主要领导和安全管理负责人。

（4）职能部门负责人和管理人员。

（5）校级责任领导。

第六条　实验室安全责任追究范围。

1. 安全管理责任

有下列行为，但并未造成经济或人身伤害等后果的属实验室安全管理责任。

（1）违反国家法律法规、学校和本单位实验室安全管理规定，或者指使、强令他人违反国家法律法规、学校和本单位实验室安全管理规定冒险作业的。

（2）不服从、不配合政府部门、学校职能部门、本单位、校实验室安全督查等日常安全管理和检查的。

（3）未按相关规定进行实验室安全设施定期检修和维护的。

（4）未根据政府部门或学校管理部门和二级单位管理要求及时排查、消除安全隐患的，或未组织、督促、协助消除安全隐患的。

2. 一般安全事故责任

因违反国家各级部门和学校有关规定、操作失误、玩忽职守、失职渎职、管理不到位等发生安全事故，给学校或他人财产造成损失（5万元以下）或有人员受轻微伤的，属于一般安全事故责任。

3. 重大安全事故责任

违反国家各级部门和学校有关规定、操作失误、玩忽职守、失职渎职、管理不到位等致使实验室发生严重安全事故，给学校、他人财产造成重大损失（高于5万低于20万元），或有人员受轻伤的。

4. 特大安全事故责任

违反国家各级部门和学校有关规定、操作失误、玩忽职守、失职渎职、管理不到位等致使实验室发生极其严重的安全事故，给学校、他人财产造成特大损失（20万元以上），或有人员重伤、死亡的。

第七条 实验室安全责任或安全事故处罚办法。

1. 有安全管理责任的

给予直接责任人书面检查、诫勉谈话或通报批评；视职责履行情况和情节轻重，也可给予实验室领用人、项目负责人、安全员书面检查、诫勉谈话或通报批评。

2. 发生一般安全责任事故的

给予直接责任人通报批评、经济赔偿、警告或记过处分；给予实验室领用人、项目负责人和安全员书面检查、通报批评、警告或记过处分；实验室应立即停用整改，经学院组织验收合格后方可使用；给予二级单位相关负责人诫勉谈话、通报批评。

3. 发生重大安全责任事故的

给予直接责任人通报批评、经济赔偿、年度绩效考核不合格，以及记过、记大过、降级甚至撤职等行政处分；给予实验室领用人、项目负责人和安全员书面检查、通报批评，以及记过、记大过或降级的行政处分。同时，视履职情况及情节轻重给予年度绩效考核不合格等处罚；实验室应立即停用整改，经国资处组织验收合格后方可使用；给予二级单位相关负责人书面检查、诫勉谈话、通报批评，同时视履职情况及情节轻重给予警告、记过、记大过或降级的行政处分，同时取消该二级单位当年各类评奖评优资格。

4. 发生特大安全责任事故的

给予直接责任人通报批评、经济赔偿、两年绩效考核不合格，以及警告、记过、降级、撤职、留用察看或开除的行政处分；给予实验室领用人、项目负责人和安全员通报批评、年度绩效考核不合格，以及警告、记过、降级或撤职的行政处分；取消该实验室两年内各类评奖评优资格；实验室应立即封门停用整改，经"实验室技术安全、环保管理领导小组"验收合格后方可使用；给予二级单位相关负责人警告、记过、记大过、降级或撤职等处分，同时取消该二级单位年度各类评奖评优资格。

第八条 与实验室安全工作相关的职能部门负责人和管理人员有以下导致发生实验室严重安全事故，造成人员伤亡或给学校、他人财产造成重大损失行为之一的，视职责履行情况和情节给予直接责任人和职能部门负责人书面检查、诫勉谈话、通报批评、警告、记过、记大过、降级或撤职等处分，并取消其一年内各类评奖评优资格，同时取消该职能部门一年内各类评奖评优资格。

（1）接到上级部门、学校有关通知和文件后，未及时发布或通知相关单位，致使事故发生的。

（2）接到二级单位提交的属于本部门工作职责的实验室安全隐患专题书面报告后，没有客观原因未及时帮助解决，致使事故发生的。

（3）未及时履行实验室安全的相关职责或违反有关规定，致使事故发生的。

第九条 对于校级领导责任，因领导不力、管理失职、渎职而致使实验室发生严重安全事故的，按上级有关部门的相关规定进行处理。

第十条 以上行为涉嫌犯罪的，依法移送司法机关追究刑事责任。

第三章 责任追究组织机构和程序

第十一条 学校成立的"实验室技术安全、环保管理领导小组"（下称领导小组）负责学校实验室安全事故的责任认定、经济损失数额和赔偿比例的认定工作。

第十二条 对存在安全管理责任的，由领导小组依据本制度提出对相关责任人的处理意见；发生安全责任事故的，需由领导小组牵头组成事故调查组，根据对事故调查情况撰写调查报告，提出对相关责任人的处理意见。

第十三条 责任追究种类为书面检查、通报批评、经济赔偿的，由领导小组认定责任后直接书面通知相关部门和单位执行。

责任追究种类为诫勉谈话、取消评奖评优资格的，由领导小组认定责任后，提请学校人事、组织部门和相关单位决定执行。

责任追究种类为行政处分的，由领导小组认定责任后提出处理建议，被追究责任人为教职工的，由人事处按《北京化工大学教职工行政纪律处分暂行规定》执行；为学生的，由学工办按《北京化工大学学生纪律处分规定》执行。

责任追究为移送司法机关的，按法律规定程序处理。

第十四条 凡发生各类安全事故未及时上报，或谎报、瞒报、漏报的，一经查实，从重处理。凡发生各类安全事故主动查处和纠正、有效避免损失、认真整改、成效明显的，从轻处理。

第十五条 教师或学生如对所受行政处分不服，可向"教职工行政纪律处分申诉委员会"或"学生申诉处理委员会"等有关组织提起申诉。

第二节　高校实验室突发事件应急预案

一、浙江大学突发实验动物事件应急预案

（一）总则

1. 编制目的

贯彻落实"以人为本、预防为主"的方针，有效预防、及时控制和消除突发实验动物事件造成的危害，指导和规范实验室生物安全工作，及时妥善处置突发实验动物事件，保障师生身体健康，维护校园安全稳定和正常秩序。

2. 编制依据

根据《中华人民共和国动物防疫法》《病原微生物实验室生物安全管理条例》《浙江省实验动物管理办法》《浙江省病原微生物实验室生物安全事件应急处置工作预案》《浙江大学突发公共事件总体应急预案》《浙江大学实验室生物安全管理办法》《浙江大学实验动物管理办法》等法律法规及规定，制定本预案。

3. 工作原则

（1）以人为本、安全第一

实验动物事件发生后，应在避免事件扩大的前提下，首要开展人员抢救的应急处置行动，同时确保救援人员自身的安全防护。

（2）预防为主、防救结合

坚持应急与预防工作相结合，加强实验室生物安全工作，提高防范意识，及时消除安全隐患，做到早发现、早报告、早控制。

（3）分级负责、快速响应

在学校统一领导下，根据突发实验动物事件的范围、性质和危害程度实行分级负责，学校各有关部门、院系、直属单位（以下统称"各有关单位"）按照本预案的规定，在职责范围内做好突发实验动物事件的应急处置工作。

4. 实施范围

适用于全校范围内从事实验动物饲育、动物实验、实验动物尸体处置等场所中的突发实验动物事件的应对工作。医学院各附属医院、浙江大学城市学院、浙江大学宁波理工学院、舟山校区等可根据实际情况参照执行或另行编制预案。

（二）突发实验动物事件等级划分

根据事件发生的实验室场所，涉及传染病病型、动物例数、流行范围和趋势以及危害程度，从重到轻将突发实验动物事件依次划分为特别重大事件（Ⅰ级）、重大事件（Ⅱ级）和一般事件（Ⅲ级）三级。

1. 特别重大事件（Ⅰ级）

（1）相关的实验技术人员或工作人员因接触实验动物后被确诊感染一类、二类病原微生物（各类病原微生物以农业部发布的《动物病原微生物分类名录》为准）有关的人畜共患传染病。

（2）发生患有或疑似患有人畜共患传染病的动物丢失事件。

（3）发生在学校的，经浙江省卫生或农业部门认定的其他实验动物有关的特别重大实验室安全事件。

2. 重大事件（Ⅱ级）

（1）相关的实验技术人员或工作人员确诊感染三类病原微生物有关的人畜共患传染病。

（2）实验动物发生一类、二类病原微生物有关的人畜共患传染病，并有扩散趋势。

（3）在实验场所内发生1例以上动物烈性传染病。

（4）发生患有或疑似患有动物烈性传染病的动物丢失事件。

（5）发生在学校的，经浙江省卫生或农业部门认定的其他与实验动物有关的重大实验室安全事件。

3. 一般事件（Ⅲ级）

（1）相关的实验技术人员或工作人员确诊感染四类病原微生物有关的人畜共患传染病。

（2）实验动物发生四类病原微生物有关的人畜共患传染病，并有扩散趋势。

（3）在实验场所内发生一般动物传染病。

（4）发生患有或疑似患有一般动物传染病的动物丢失事件。

（5）发生在学校的，经浙江省卫生或农业部门认定的其他与实验动物有关的一般实验室安全事件。

（三）组织体系与工作职责

1. 组织体系

（1）Ⅰ级事件应急处置工作组

发生Ⅰ级突发事件，学校启动该级突发公共事件应急响应，由学校突发公共事件应急处置指挥中心（以下简称"Ⅰ级处置组"）统一领导和指挥全校该级突发事件的应急处置工作。

主要职责：及时前往事发现场，组织和指挥Ⅰ级事件应急处置工作。

（2）Ⅱ级事件应急处置工作组

发生Ⅱ级事件，由学校突发公共事件应急处置指挥中心组织成立突发实验动物事件应急处置工作组（以下简称"Ⅱ级处置组"）并启动Ⅱ级应急响应，开展应急处置工作。

组长：校实验室技术安全工作委员会主任。

副组长：党委办公室、校长办公室、实验室与设备管理处、安全保卫处等主要负责人。

成员：党委宣传部、人事处、本科生院、研究生院、科学技术研究院、计划财务处、房地产管理处、基本建设处、后勤管理处、各校区管委会、校医院、后勤集团、事发单位等有关负责人。

办公室：实验室与设备管理处。

主要职责：及时前往事发现场，指挥并负责对Ⅱ级事件的处置工作；配合畜牧兽医管理部门、卫生部门、公安部门做好Ⅱ级突发实验动物事件的处置工作。

（3）Ⅲ级事件应急处置工作组

发生Ⅲ级事件，由校实验室技术安全工作委员会下设的生物安全管理工作小组作为应急处置工作组（以下简称"Ⅲ级应急处置组"），启动Ⅲ级应急响应，开展应急处置工作。

组长：实验室与设备管理处主要负责人。

副组长：传染病诊治国家重点实验室、动物科学学院、实验室与设备管理处、安全保卫处等有关负责人。

成员：校医院、生物医学工程与仪器科学学院、生命科学学院、生物系统工程与食品科学学院、环境与资源学院、农业生物技术学院、医学院、药学院等有关负责人。

办公室：实验室与设备管理处。

主要职责：及时前往事发地现场，指挥并负责Ⅲ级事件的应急处置工作；配合畜牧兽医管理部门、卫生部门、公安部门做好Ⅲ级突发实验动物的处理工作。

（4）应急处置专家组

应急处置专家组由学校实验室技术安全工作委员会生物安全领域专家组成，需要时可召集校内外的相关专家，主要负责突发实验动物事件应急预测、预警和处置咨询工作，向各级应急处置组提供应急决策依据和建议等。

2.有关单位工作职责

（1）党委办公室、校长办公室：发生Ⅰ级事件时，负责协调各成员单位的抢险救援工作；接受政府部门的指令和调动，协调落实上级有关部门和学校关于事件抢险救援的指示，及时向学校领导和上级有关部门报告事件和抢险救援进展情况；发生Ⅱ、Ⅲ级事件时，协助做好相关工作，并在事件确认后2～4小时内酌情向教育部、事发地人民政府和教育部门及有关单位报送事件处置情况。

（2）党委宣传部：负责做好宣传工作，向外界通报事件情况；开展网络舆情监管、预警，进行正确的舆论引导。

（3）实验室与设备管理处：在事件确认后2小时内酌情向事发地农业部门报送事件情况、请求支援；负责组织专家为现场指挥救援工作提供技术咨询；负责或配合做好事件的调查及应急救援工作的总结和学校报送信息。

（4）安全保卫处：组织应急机动队伍，执行处置突发实验动物事件的应急任务，负责布置事件现场的安全警戒、疏散人员、治安巡逻；在事件确认后2小时内酌情向公安部门报送事件情况、请求支援；协助公安机关做好患病或疑似患病动物丢失事件的调查取证工作等。

（5）校医院：组织防控、救治和转移现场人员；组织医疗救护队，及时救护受伤人员；对确诊感染及疑似感染人员进行隔离、医学观察或治疗，并对在相应潜伏期内进出实验室及密切接触感染者的人员进行医学观察；超出校区院救治能力的，通过绿色通道，及时请上级医院指导救护或转送病人；负责在事件确认后2小时内向事发地卫生部门（含疾病预防与控制中心）报送事件情况、请求支援。

（6）涉及实验动物工作的各有关单位：根据事件中本单位的涉及情况，做好应急救援设施和物资准备工作；协助开展现场封控、保护和救援行动；根据预案确认事件等级，负责及时向学校有关部门报告突发实验动物事件的相关情况，配合做好各级突发实验动物事件的应急处置。

（四）预测和预警

1.实验动物监控

涉及实验动物工作的各有关单位要对实验动物进行监控和风险分析，对可能引发突发实验动物事件的情况进行监控和分析，切实做到"早发现、早报告、早处置"。实验室与设备管理处、安全保卫处要加强安全监管和巡查工作。

2.预警行动

各级突发实验动物事件应急处置组确认可能导致突发实验动物事件的情况后，要及时研究确定应对方案，通知有关部门、单位采取相应行动预防事件发生；

当需要支援时，请求上级支持并按照预案进行应急预警等级的发布。预警信息包括应急预警级别、起始时间、可能影响范围、警示事项、应采取的措施和发布单位等。

（五）应急处置

1. 分级响应

各级事件的应急响应分别由相应的各级应急处置组发布，并组织实施应急处置工作。

2. 信息报送

事发单位应在封锁现场、积极组织现场应急工作的同时，及时报告。各级事件需报告实验室与设备管理处、安全保卫处，其中Ⅰ级事件还需加报党委办公室、校长办公室。出现人员伤害时，需同时报告校医院，请求支援。

报告内容包括事件发生的时间、地点，发病的动物种类，动物来源、临床症状、发病数量、死亡数量，人员感染情况，已采取的控制措施，报告单位名称和个人姓名及联系方式等。

3. 应急响应

（1）突发实验动物事件时，应立即启动预案，对发生人畜共患传染病、动物传染病事件，事发单位应立即关闭发生事件的实验场所，并对周围已经污染或可能污染的环境进行封闭、隔离，组织专业人员对相关场所、设施、物品、废弃物等进行消毒，核实在相应潜伏期内进出实验室人员及密切接触感染者人员名单，配合有关部门做好感染者救治及现场调查和处置工作，提供实验室布局、设施、设备、实验人员等情况。

（2）对患病或疑似患病动物丢失事件，事发单位应采取临时应急措施，控制好现场。学校各有关单位要认真配合公安、卫生等部门进行调查、控制扩散等工作。

（3）实验动物处置

①在突发事件中涉及一类、二类动物病原微生物的实验动物要进行全面扑杀。

②对在突发事件中涉及三类、四类动物病原微生物的实验动物经检测后可酌情扑杀。

4. 应急力量保障

校内各使用饲养实验动物的有资质单位应根据本单位的实际情况，做好经费及其他保障，落实应急救援设施和应急物资配备工作，以应对突发实验动物事件的处理。

（1）应急设施包括防护、洗消、排污和抢险救援器材，救治设备，采样、取证、检验、鉴定和监测设备。

（2）装备物资包括手套、防护装、实验用鞋、口罩、帽子、面罩、应急药品、疫苗等防护和急救用品；生物安全柜、高压蒸汽灭菌锅、一次性接种环、螺口瓶、样本及废弃物运送容器、运输工具等安全设备。

5. 应急处理联系电话（略）

6. 应急结束

事件得以控制并将可能导致次生、衍生事件的隐患消除后，经卫生、畜牧兽医等上级有关部门确认许可，各级应急处置组分级发布应急结束指令。

（六）后期处置

1. 善后处理

各级应急处置组应妥善处理相应善后工作。善后工作主要包括事件中伤亡人员的抚恤、补偿、补助和相应的心理干预及司法援助，紧急调拨物资的处理和补偿，环境污染清理，有关教学、科研、生活等设施的恢复重建，有关单位和个人向保险机构的理赔等。

2. 调查评估与查处

校内各有关单位要对突发实验动物事件的起因、性质、影响、责任、经验教训和善后工作等做出调查评估并形成完整的总结材料，向学校党委和行政报告，交实验室与设备管理处归档。校纪委办公室、监察处要根据突发实验动物事件的性质，对有关责任人进行查处。

（七）责任追究

突发实验动物事件实行处置问责制，对迟报、谎报、瞒报或漏报突发实验动物事件重要情况，或在处置突发实验动物事件中有其他失职、渎职行为的，根据其性质和造成后果的严重程度，依法依规给予处理，构成犯罪的，移送司法机关依法追究其刑事责任。

（八）附则

1. 本预案由实验室与设备管理处负责解释。

2. 本预案未尽事项，按国家有关法律法规执行。

3. 本预案自发布之日起施行，《浙江大学实验动物突发事件应急处理预案》（党委发〔2010〕69 号）同时废止。

二、浙江大学突发辐射事件应急预案

（一）总则

1. 编制目的

贯彻落实"以人为本、安全第一、预防为主"的方针，有效预防、及时控制和消除突发辐射事件的危害，指导和规范辐射安全管理工作，及时妥善处置辐射事件，迅速有序地开展处置救援工作，将事件损失控制到最低水平，保障师生身体健康，维护校园正常秩序和安全稳定。

2. 编制依据

根据《放射性同位素与射线装置安全和防护条例》《放射事故管理规定》《浙江省突发辐射环境污染事件应急预案》《浙江大学突发公共事件总体应急预案》《浙江大学辐射安全与防护管理办法》《浙江大学实验室安全管理办法》等有关法律法规及规定，制定本预案。

3. 工作原则

（1）以人为本，安全第一

将保障师生的人身安全和身体健康放在首位，采取必要的预防和避险措施，切实加强对师生的安全防护，预防和减少突发辐射事件的发生，最大限度地降低事件造成的损失。

（2）统一领导，分级负责

在学校的统一领导下，实行分级负责。学校各有关部门、院系、直属单位（以下统称"各有关单位"）按照职责和权限，负责突发辐射事件的应急处置工作。

（3）快速响应，果断处置

事发单位是事件应急救援的第一响应者，一旦发生辐射事件，要以最快的速度、最大的效能，有序地实施自救，快速、及时启动分级应急响应。在应急处置工作中，应贯彻"先控制后消除、救人第一"的原则，在避免事件扩大的前提下，首要开展抢救人员的应急处置行动，同时做好救援人员的自身安全防护，通过学校及时向政府各有关部门报告，请求支援。

（4）预防为主，防救结合

按照"安全第一、预防为主、综合治理"的方针，坚持事件应急与预防工作相结合。加强辐射安全管理，做好辐射事件预防、预测、预警和预报工作；积极开展培训教育，组织应急演练，做到常备不懈；加大宣传力度，提高师生员工的安全意识，做好救援物资和技术力量储备工作。

4.实施范围

本预案适用于全校从事辐射实验场所中的突发辐射事件的应对,医学院各附属医院、浙江大学城市学院、浙江大学宁波理工学院、舟山校区等,可根据实际情况参照执行或另行编制预案。

(二)突发辐射事件等级划分

根据辐射事件的性质、严重程度、可控性和影响范围等因素,从重到轻将辐射事件分为特别重大事件(Ⅰ级)、重大事件(Ⅱ级)、较大事件(Ⅲ级)和一般事件(Ⅳ级)等四个等级。

(1)特别重大事件(Ⅰ级):Ⅰ类、Ⅱ类放射源(各类放射源定义具体参见生态环境部发布的《关于发布放射源分类办法的公告》,下同)丢失、被盗、失控造成大范围严重辐射污染后果,或者放射性同素和射线装置失控导致1人(含)以上急性死亡或者5人以上患急性重度放射病、局部器官残疾。

(2)重大事件(Ⅱ级):Ⅰ类、Ⅱ类放射源丢失、被盗、失控,或者放射性同位素和射线装置失控导致4~5人患急性重度放射病、局部器官残疾。

(3)较大事件(Ⅲ级):Ⅲ类、Ⅳ类、Ⅴ类放射源丢失、被盗、失控,或者放射性同位素和射线装置失控导致1~3人患急性重度放射病、局部器官残疾。

(4)一般事件(Ⅳ级):放射性同位素和射线装置失控导致人员受到超过年剂量限值的照射,但未导致人员患急性重度放射病、局部器官残疾。

(三)组织体系与工作职责

1.组织体系

(1)Ⅰ级事件应急处置工作组

发生Ⅰ级事件,学校启动该级突发公共事件应急响应,由学校突发公共事件应急处置指挥中心(以下简称"Ⅰ级处置组")统一领导和指挥全校该级事件的应急处置工作。

主要职责:及时前往事发现场,组织和指挥Ⅰ级事件应急处置工作。

(2)Ⅱ级事件应急处置工作组

发生Ⅱ级事件,由学校突发公共事件应急处置指挥中心组织成立突发辐射事件应急处置工作组(以下简称"Ⅱ级处置组"),启动Ⅱ级应急响应,开展应急处置工作。

组长:校实验室技术安全工作委员会主任。

副组长：党委办公室、校长办公室、安全保卫处、实验室与设备管理处等主要负责人。

成员：党委宣传部、人事处、本科生院、研究生院、科学技术研究院、计划财务处、房地产管理处、基本建设处、后勤管理处、各校区管委会、校医院、后勤集团、事发单位等有关负责人。

办公室：实验室与设备管理处。

主要职责：及时前往事发现场，指挥并负责Ⅱ级事件的应急处置，并配合环保部门、公安部门、卫生部门做好突发辐射事件的有关应对工作。

（3）Ⅲ级事件应急处置工作组

发生Ⅲ级事件，由校实验室技术安全工作委员会下设的校辐射安全管理工作小组作为应急处置工作组（以下简称"Ⅲ级应急处置组"）启动Ⅲ级应急响应，开展应急处置工作。

组长：实验室与设备管理处主要负责人。

副组长：原子核农业科学研究所、实验室与设备管理处、安全保卫处等有关负责人。

成员：校医院、物理学系、生命科学学院、环境与资源学院、医学院等有关负责人。

办公室：实验室与设备管理处。

主要职责：及时前往事发现场，指挥并负责Ⅲ级事件的应急处置工作。

（4）Ⅳ级事件应急处置工作组

发生Ⅳ级事件，由涉及辐射事件的校内相关单位成立应急处置工作组（以下简称"Ⅳ级应急处置组"）启动应急响应，开展应急处置工作。

组长：事发单位党政主要负责人。

主要职责：组织开展现场封控、保护和救援行动，负责Ⅳ级事件的应急处置工作。

（5）应急处置专家组

应急处置专家组由校实验室技术安全工作委员会辐射安全领域专家组成，需要时可召集校内外的相关专家，负责突发辐射事件应急预测、预警和处置中的咨询工作，并向各级应急处置组提供应急处置决策依据和建议等。

2.学校各有关单位相应工作职责

（1）党委办公室、校长办公室：发生Ⅰ级事件时，协调各成员单位的抢险救援工作；接受政府部门的指令和调动，协调落实上级有关部门和学校领导关于事件抢险救援的指示，及时向学校领导和上级有关部门报告事件和抢险救援进展情况。发生Ⅱ、Ⅲ级事件时，协助做好相关工作，并在Ⅲ级（含）以上事件确认后2~4小时内，酌情向教育部、事发地人民政府和教育部门及有关单位报送事件处置情况。

（2）党委宣传部：发生Ⅲ级（含）以上事件时，负责做好宣传工作，向外界及时通报事件情况；开展网络舆情监管、预警，进行正确的舆论引导。

（3）实验室与设备管理处：负责在Ⅲ级（含）以上事件确认后2小时内酌情向环保部门报送事件情况、请求支援；负责组织应急处置专家，为现场指挥救援工作提供技术咨询；负责联系有资质的专业单位进行监测、治污等处理工作；负责或配合做好事件的调查及应急救援工作的总结和向学校报送信息。

（4）安全保卫处：组织应急机动队伍，执行处置突发辐射事件的应急任务；负责布置事发现场的安全警戒、疏散人员、治安巡逻，保持校园内救援通道的畅通；负责在Ⅲ级（含）以上事件确认后2小时内，酌情向公安部门报送事件情况，请求支援；负责与公安部门联系，协助公安机关做好突发事件的调查取证工作，参与做好事件的应急救援总结工作。

（5）后勤管理处：做好应急所需的交通、水电等保障工作。

（6）校医院：负责在事发现场附近的安全区域内设立临时医疗救护点，及时调配医务人员、医疗器械和急救药品；负责会同应急处置专家组隔离可能受污染或照射的人员；实施现场救治及统计伤亡人员情况，联系并将受伤人员尽快送辐射事件特约医院（学院附属第一医院）做进一步治疗；负责在Ⅲ级（含）以上事件确认后2小时内酌情向卫生部门报送事件信息、请求支援。

（7）各涉辐单位：根据事件中本单位的涉辐情况，做好经费及其他保障，落实应急救援设施和应急物资配备工作；负责本单位内Ⅳ级事件的应急处置工作；配合做好本单位Ⅰ、Ⅱ、Ⅲ级事件的应急处置工作。

（四）预测和预警

1. 放射源监控

各涉辐单位对放射源进行监控和风险分析，对可能引发辐射事件的情况进行监控和分析，切实做到"早发现、早报告、早处置"。实验室与设备管理处、安全保卫处要加强实验室安全监管和巡查工作。

2. 预警行动

各级应急处置组确认可能导致突发辐射事件的情况后，要及时研究确定应对方案，通知有关部门、单位采取相应行动预防事件发生；当需要支援时，请求上级支持并按照本预案规定进行应急预警等级的发布。预警信息包括应急预警级别、起始时间、可能影响范围、警示事项、应采取的措施和发布单位等。

（五）应急响应办法与程序

1. 分级响应

（1）应急响应

各级事件应急响应分别由相应的各级应急处置组发布，并组织实施。

①事发单位应封锁保护好现场，控制污染范围，切断射线装置的电源，积极组织现场应急工作。同时，立即报告本单位主管负责人、实验室与设备管理处和安全保卫处，其中Ⅰ级事件还需报告党委办公室、校长办公室。学校各有关单位根据本预案的事件报告程序，相应报告有关部门，并配合做好相关处置工作。

②对可能受到放射性核素污染或者放射损伤的人员，校医院会同核辐射专家采取暂时隔离等应急救援措施，同时将有关人员立即送医学院附属第一医院进行检查和治疗。

③对可能受到放射性核素污染的场所，由实验室与设备管理处联系具有资质的专业单位进行监测和治污处理。

（2）应急处理联系电话（略）

2. 信息报送

事发单位应根据本预案判定事件等级，及时报告或报备，Ⅰ级、Ⅱ级和Ⅲ级事件需报告实验室与设备管理处、安全保卫处，其中Ⅰ级事件还需加报党委办公室和校长办公室；Ⅳ级事件由事发单位处置完成后，向实验室与设备管理处、安全保卫处报备。出现人员受伤时，同时报告校医院，请求支援。

报告内容包括事件发生的时间、地点，涉及放射源（同位素、射线装置）类别、名称和数量，涉及伤亡或被照射人员情况，已采取的控制措施，报告单位名称、个人姓名及联系方式等。

3. 应急结束

事件得以控制并将可能导致次生、衍生事件的隐患消除后，各级应急处置组分级发布应急结束指令。其中Ⅰ、Ⅱ、Ⅲ级应急状态终止，需经公安、环保、卫生等有关部门确认许可。

4. 善后处理

各级应急处置组应妥善处理相应善后工作。善后工作主要包括事件中伤亡人员的抚恤、补偿、补助和相应的心理干预及司法援助，紧急调拨物资的处理和补偿，环境污染清理，有关教学、科研、生活等设施的恢复重建，有关单位和个人向保险机构的理赔等。

5.调查评估与查处

校内各有关单位要对突发辐射事件的起因、性质、影响、责任、经验教训和善后工作等做出调查评估并形成完整的总结材料，向学校党委和行政报告，交实验室与设备管理处归档。校纪委办公室、监察处根据突发辐射事件的性质，对有关责任人进行查处。

（六）责任追究

1.参加执行本预案的有关人员必须认真履行职责，严格服从命令、听从指挥、坚守岗位，严禁支持或参与任何不利于事态处理的活动。

2.实行突发辐射事件处置问责制，对迟报、谎报、瞒报或漏报突发辐射事件重要情况，或在处置突发辐射事件中有其他失职、渎职行为的，根据其性质和造成后果的严重程度，依法依规给予处理，构成犯罪的，移送司法机关依法追究其刑事责任。

（七）附则

1.本预案由实验室与设备管理处负责解释。

2.本预案未尽事项，按国家有关法律法规执行。

3.本预案发布之日起施行，《浙江大学辐射事件应急预案》（浙大党办〔2007〕28号）同时废止。

三、华南理工大学实验室危险化学品事件应急处置方案

为加强对学校危险化学品事件的有效控制，最大限度地降低事件危害程度，保障师生的生命、财产安全，根据《中华人民共和国安全生产法》《危险化学品安全管理条例》等法律法规和《教育系统事故灾难类突发公共事件应急预案》等文件要求，结合学校实际情况，特制定本应急处置方案。

（一）应急处置的一般原则

在应急处置工作中，贯彻"以人为本，安全第一；统一领导，分级负责；快速响应，果断处置；预防为主，防救结合；单位自救与社会救援相结合"的原则。

（二）事件类别及处置措施

危险化学品事件主要有危险化学品（含易制毒品、易制爆品）丢失或被盗、

泄漏、中毒、火灾（爆炸）几大类，针对事件不同类型，采取不同的处置措施。

1.危险化学品丢失或被盗事件处置措施

在实验室发现化学品丢失或被盗，工作人员应保护、封锁现场，立即报告本单位主管领导、保卫处和实验室与设备管理处，学校职能部门得知情况后向相关校领导汇报，并在确定丢失原因和地点后积极查找。必要时，报告政府有关部门，请求支援。

2.危险化学品泄漏事件处置措施

在化学品的储存和使用过程中，盛装化学品的容器可能会发生一些意外的破裂、洒漏等事件，造成危险化学品的外漏，应采取简单、有效的措施消除或减少泄漏危险。

（1）疏散与隔离。化学品在储存和使用过程中一旦发生泄漏，首先疏散无关人员，隔离泄漏污染区。如果易燃易爆化学品大量泄漏，事件区应立即切断电源、严禁烟火、设置警戒线，并及时拨打"119"报警，请求专业消防人员救援。

（2）泄漏源控制与处理。救援人员必须配备必要的个人防护器具进入泄漏现场进行处理，尽可能通过关闭阀门、停止实验、堵漏、吸附等方法进行泄漏源控制。注意不要直接接触泄漏物。

①围堤堵截。如果化学品为液体，泄漏到地面上时会四处蔓延扩散，难以收集处理，需要筑堤堵截或者引流到安全地点。

②稀释与覆盖。可用消防用水向有害物蒸汽云喷射雾状水，加速气体向高空扩散。也可以在现场施放大量水蒸气或氮气，破坏可燃物燃烧条件。对于液体泄漏，为降低物料向大气中的蒸发速度，可用泡沫或其他掩盖物品覆盖外泄的物料，在其表面形成覆盖层，抑制其蒸发。

③收集。当泄漏量小时，可用沙子、吸附材料、中和材料、吸收棉等吸收、中和；当泄漏量大时，可选择用隔膜泵将泄漏出的物料抽入容器内或槽车内。

④废弃。将收集的泄漏物包装好交由有资质的废物处理公司进行处理，用消防水冲洗剩下的少量物料。

（3）危险化学品中毒事件处置措施。化学品急性中毒事件多因意外事件引起，其特点是病情发生急骤、病状严重、变化迅速，必须及时抢救。

①救护者做好个人防护。急性中毒发生时毒物多由呼吸道和皮肤侵入体内，因此救护者在进入毒区抢救之前，应佩戴好防毒面具、氧气呼吸器、防护服和可燃气体报警仪等防护用品和应急器具。

②尽快切断毒物源。救护人员进入事件现场后，除对中毒者进行抢救外，同时应采取果断措施（关闭管道阀门、堵塞泄漏的设备等）切断毒源，防止毒物继

续外溢。对于已经扩散出来的有毒气体或蒸气应立即启动通风设施抽排或开启门、窗等，降低有毒物质在空气中的含量，为抢救工作创造有利条件。

③尽快转移病人，阻止毒物继续侵入人体。首先将病人转移到安全地带，解开领扣，使呼吸通畅，让病人呼吸新鲜空气；脱去污染衣服，并彻底清洗污染的皮肤和毛发，注意保暖。

④现场施救。针对不同的中毒事件，采取相应的措施进行现场应急救援。对于呼吸困难或呼吸停止者，应立即进行人工呼吸；心脏骤停者应立即进行胸外心脏按压（图2-1）；眼部溅入毒物，应立即用大量清水冲洗。

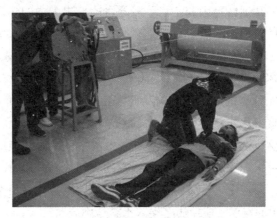

图2-1　胸外心脏按压

⑤及时解毒并促进毒物排出。毒物经口引起的急性中毒，若毒物无腐蚀性，应立即用催吐或洗胃等方法清除毒物。对于某些毒物亦可使其变为不溶的物质以防止其吸收，如氯化钡、碳酸钡中毒，可口服硫酸钠，使胃肠道尚未吸收的钡盐成为硫酸钡沉淀而防止吸收。氨、铬酸盐、铜盐、汞盐、羧酸类、醛类、脂类中毒时，可给中毒者喝牛奶、生鸡蛋等缓解剂。

烷烃、苯、石油醚中毒时，可给中毒者喝一汤匙液状石蜡和一杯含硫酸镁或硫酸钠的水。一氧化碳中毒应立即吸入氧气，以缓解机体缺氧并促进毒物排出。

⑥送医院治疗。经过初步急救，速送医院继续治疗。

（4）危险化学品火灾事件处置措施。实验室广泛使用危险化学品和易燃易爆物质等，一旦发生起火，很有可能引发爆炸，危险性、破坏性极大，因此，在保证救援人员安全的前提下，要遵循"先控制、后消灭，救人先于救火，先重点后一般"的原则。

①易燃液体火灾的扑救。扑救时首先应切断火势蔓延的途径，控制燃烧范围。对小面积（一般在50 m²以内）液体火灾，一般用雾状水、泡沫、干粉、二氧化

碳等灭火。大面积液体火灾则必须根据其相对密度、水溶性和燃烧面积大小，选择正确的灭火剂扑救。对于比水轻又不溶于水的液体（汽油、苯等），用普通蛋白泡沫或轻水泡沫灭火。对于比水重又不溶于水的液体（二硫化碳等），可用水扑救，水能覆盖在液面上灭火。具有水溶性的液体（醇类、酮类等），最好用抗溶性泡沫扑救。

②毒害品和腐蚀品火灾的扑救。灭火人员必须穿防护服，佩戴防护面具。一般情况下采取全身防护，对有特殊要求的物品火灾，应使用专用防护服。扑救时应尽量使用低压水流或雾状水，避免腐蚀品、毒害品溅出。酸类或碱类腐蚀品最好调制相应的中和剂稀释中和。浓硫酸遇水能放出大量的热，会导致液体沸腾飞溅，需特别注意防护。浓硫酸数量不多时，可用大量低压水快速扑救；如果浓硫酸量很大，应先用二氧化碳、干粉等灭火，再把着火物品与浓硫酸分开。

③易燃固体、易燃物品火灾的扑救。易燃固体、易燃物品一般可用水或泡沫扑救，相对其他种类的化学危险物品而言比较容易扑救，但也有少数易燃固体、自燃物品的扑救方法比较特殊，如二硝基苯甲醚、二硝基萘、黄磷等。这类能升华的易燃固体受热产生易燃蒸气，在扑救过程中应不时向燃烧区域上空及周围喷射雾状水，并用水浇灭燃烧区域及其周围的一切火源。遇黄磷火灾时，用低压水或雾状水扑救，用泥土、沙袋等筑堤拦截黄磷熔融液体并用雾状水冷却，对磷块和冷却后已固化的黄磷，应用钳子夹入水容器中。

④遇湿易燃物品火灾的扑救。遇湿易燃物品能与水发生化学反应，产生可燃气体和热量，即使没有明火也可自动着火或爆炸，如金属钾、钠以及三乙基铝（液态）等。因此，这类物品应放在远离水源、热源的固定在墙体上的铁柜中进行保存。当实验室内这类物品达到一定数量时，禁止用水、泡沫、酸碱灭火器等湿性灭火剂扑救，应用干粉、二氧化碳等扑救。固体遇湿易燃物品应用水泥、干沙、干粉、硅藻土和蛭石等覆盖。

⑤爆炸物品的扑救。迅速判断和查明再次发生爆炸的可能性和危险性，紧紧抓住爆炸后和再次发生爆炸之前的有利时机。采取一切可能的措施，全力制止再次爆炸的发生。当灭火人员发现有发生再次爆炸的危险时，应迅速撤至安全地带，来不及撤退时，应就地卧倒。

（三）附则

其他危险化学品引发的事件请根据其性质采取相应的措施进行处置。

第三节　高校实验室生物安全管理规定

一、江南大学实验动物管理办法

第一章　总则

第一条　为加强我校实验动物管理，保证实验动物和动物实验的质量及生物安全，根据《实验动物管理条例》（中华人民共和国国家科学技术委员会令第2号）、《实验动物质量管理办法》（国科发财字〔1997〕593号）、《江苏省实验动物管理办法》（江苏省人民政府令第45号）等法律、法规和标准，结合我校实际，制定本办法。

第二条　本办法适用于我校从事与实验动物有关工作的各单位和在本校进行的动物实验。

第三条　本办法所称实验动物，是指经人工饲养、繁育，对其携带的微生物及寄生虫实行控制，遗传背景明确或来源清楚，应用于科学研究、教学、生产和检定，以及其他科学实验的动物。

第四条　我校执行国家实验动物使用许可制度，实验动物的质量监控执行国家标准；国家尚未制定标准的，执行行业标准；国家、行业均未制定标准的，执行地方标准。

第五条　我校实验动物的管理工作应加强规划，统一管理，合理分工，资源共享。从事动物实验工作的单位和个人应维护动物福利，保障生物安全，防止环境污染。

第六条　学校设立实验动物管理与动物福利伦理委员会（以下简称动管会），由分管校领导、有关职能部门、实验单位负责人和专家组成，负责统一管理学校的实验动物工作，具体包括监督管理实验动物及其相关产品的质量，组织相关从业人员的岗位培训，维护动物福利，保障生物安全，防止环境污染，对动物实验进行伦理审查等。动管会办公室设在实验室与设备管理处。

第二章　实验动物的使用

第七条　使用实验动物从事教学、科研工作的单位需提前向动管会办公室提交使用计划，并按照使用许可证准许的范围，使用合格的实验动物。实验动物应来源于学校实验动物中心或国家认可的实验动物生产单位，并具备实验动物合格证。

第八条　动物实验设计要按照替代、减少和优化的原则进行，并使用正确的方法处理实验动物。

第九条 动物实验环境设施要符合相应实验动物的等级标准，使用合格的饲料、笼具、垫料等用品；涉及放射性和感染性等有特殊要求的实验，应按照有关规定执行。

第十条 我校所有的实验动物必须在学校实验动物中心内进行集中饲养，相关动物实验也必须在实验动物中心内进行，其他任何实验室均不得饲养实验动物或进行动物实验。

第十一条 进行动物实验应根据实验目的使用相应等级标准的实验动物及饲料、用品、用具。不同品种、不同等级或互有干扰的动物实验不得在同一实验间进行。

第十二条 不同品种、品系、性别和等级的实验动物不得在同一笼具内混合装运。

第十三条 应按照实验动物生产许可证和实验动物使用许可证的许可范围进行相关产品的保种、繁育、生产。

第十四条 实验动物的进口与出口，以及使用野生动物，必须按照国家有关规定办理相应手续。

第三章 实验动物生物安全管理

第十五条 开展实验动物相关工作，实行许可证制度，许可证包括实验动物生产许可证、实验动物使用许可证、实验动物从业人员上岗证、动物实验技术人员资格认可证等。

第十六条 从事实验动物饲育和动物实验的单位必须建立相关的管理制度及操作规程，加强安全管理，防止发生实验动物安全事故。

第十七条 实验动物必须来源于具有实验动物生产许可证的单位，并附有动物质量合格证明书。不得向无实验动物生产许可证的单位或个人购买实验动物。

第十八条 从国内其他单位引入的实验动物必须附有饲养单位签发的质量合格证书和当地政府相关部门出具的运输检疫报告，经隔离检疫合格后，方可接收；从国外进口实验动物，必须按照《中华人民共和国进出境动植物检疫法》相关规定进行；不得从疫区引进动物。

引进野生动物应当遵守《中华人民共和国野生动物保护法》。由引进单位在原地进行检疫，确认无人畜共患病，并取得当地卫生防疫部门的证明后方可引进。

第十九条 动物实验必须在具有实验动物使用许可证的设施中进行。确有教学和科研工作特殊要求的，必须向动管会提出申请，经审批许可后，方可在规定地点、规定时限内进行饲养和实验。

第二十条 禁止进行高致病性病原微生物的动物实验。欲从事涉及低致病性病原微生物动物实验的，须通过实验室与设备管理处向农业主管部门备案。

第二十一条 凡用于病原体感染、化学有毒物质或放射性实验的实验动物，必须在特殊的设施内进行饲养，并按照生物安全等级和相关规定分类管理。

第二十二条 对必须进行预防接种的实验动物，应当根据实验要求或《家畜家禽防疫条例》有关规定，进行预防接种。

第二十三条 落实实验室设施及环境的清洁卫生和消毒灭菌制度，控制设施内的物品、空气等，使其达到洁净或无菌程度。防止昆虫、野鼠等动物进入实验室，防止实验室动物外逃，严防疾病传入动物饲养设施，杜绝人畜共患病的发生。

第二十四条 实验动物饲育工作部门必须根据遗传学、微生物学、营养学以及饲育环境方面的国家标准和要求，定期对实验动物进行质量检测，各项操作和监控过程的数据应有完整、准确的记录，并建立统计汇报制度。

第二十五条 从事实验动物工作的人员必须树立疾病预防及控制意识，定期进行健康检查，平时不得与家养动物接触。对患有传染性疾病或其他不适宜从事实验动物工作的人员，应及时调换其工作岗位。

第二十六条 实验动物设施内产生的废弃物经无害化处理后方可排出，任何单位和个人不得随意丢弃实验后死亡或正常死亡的动物尸体。实验动物尸体必须先就地进行无害化处理，再包装好贴上标签后自行送至实验动物中心暂存，随后送有资质的公司进行处理。

第二十七条 从事基因修饰实验动物研究、饲育和应用等工作；必须严格遵照国家《基因工程安全管理办法》等有关规定。

第二十八条 实验动物异常死亡，应及时查明原因，妥善处理，并做好记录。

第二十九条 发生实验动物突发事件时，启动《江南大学实验室安全事故应急处理方案》，将事故危害降到最低水平。

第四章 实验动物的防疫

第三十条 从事动物实验的单位和个人应按照国家和江苏省的有关规定做好实验动物的防疫免疫工作，防止病情疫情的发生和蔓延。

第三十一条 从事动物实验的单位和个人应在实验动物患病死亡时，及时查明原因，妥善处理，并记录在案。

第三十二条 从事动物实验的单位和个人必须对实验动物尸体和废弃物进行无害化处理，不得随意丢弃。

第三十三条 实验动物发生疫情时，应当按照国家和江苏省有关规定进行处理。

第五章 从事实验动物工作的单位和人员

第三十四条 我校从事动物实验及相关研究的单位应当具备以下条件：

（一）完善的实验动物质量管理制度和标准操作规程；

（二）符合国家标准的实验动物相关设施及实验动物饲料、垫料和饮水等；

（三）相应的防护措施，保证从业人员的健康与安全，组织从业人员每年进行身体检查，及时调整健康状况不宜从事实验动物工作的人员。

第三十五条 我校从事动物实验及相关研究的工作人员应遵守实验动物的各项管理规定，须经过实验动物专业培训并取得江苏省实验动物从业人员岗位证书。未经培训或考核不合格的，不得上岗。

第六章 附则

第三十六条 对违反国家、省、市相关法规或本办法的行为，依照相关规定追究当事人责任。

第三十七条 本办法自二〇一二年十月一日起施行，由实验室与设备管理处负责解释。

二、武汉大学实验室生物安全管理规定

第一章 总则

第一条 为加强学校实验室生物安全管理，保证学校教学、科研等工作的顺利进行，保障从事实验室生物安全工作人员和公众的健康和安全，保护环境，根据《病原微生物实验室生物安全管理条例》（中华人民共和国国务院令第424号）、《实验室生物安全通用要求》（GB 19489—2008）、《病原微生物实验室生物安全环境管理办法》（国家环境保护总局令第32号）以及《实验动物管理条例》（中华人民共和国国家科学技术委员会令第2号）等有关规定，特制定本办法。

第二条 本校的实验室及其相关实验活动的生物安全管理适用于本规定。

本规定中所称病原微生物是指能够使人或者动物致病的危险度为一、二级的微生物，分类参照《人间传染的病原微生物名录》。

本规定中所称实验活动是指从事与病原微生物菌（毒）种、样本有关的研究、教学、检测、诊断等活动。

第三条 本规定所涉及的实验活动仅限安全防护二级及以下的实验室进行，危险度为三、四级的病原微生物的实验活动应在获得国家相关部门认证的相应的实验室中进行。

第二章 实验室生物安全管理体制与职责

第四条 在校实验室技术安全管理小组领导下，由职能部门领导和相关专家组

成武汉大学生物安全管理专家委员会，负责学校实验室生物安全的宏观管理、监督和技术指导。

第五条 涉及生物安全的院（系）应成立本单位实验室安全管理工作小组，负责落实管理人员，以及全院实验室生物安全的运行和规范管理。

第六条 实验室负责人为所在实验室生物安全第一责任人，负有生物安全实验室的日常运行、检查和维护实验设施与设备、控制实验室感染等职责。

第三章 生物安全实验室的建设与管理

第七条 凡从事以下实验活动的实验室必须建立生物安全实验室：

凡从事的教学、科研实验活动中涉及的病原微生物、实验动物等符合《人间传染的病原微生物名录》相关规定的；

凡从事的教学、科研实验项目中所使用的重组 DNA 技术涉及人类病毒基因重组、植物基因重组、基因敲除或缺失动物等的；

凡从事的教学、科研实验项目中需从医学病原体体液、器官或组织中取样、检测等的。

第八条 新建、改建、扩建一、二级生物安全实验室，应在建设前 30 内经院（系）实验室安全管理工作小组同意后，向实验室与设备管理处提交武汉大学生物安全实验室备案申请表及生物安全实验室体系文件，经校实验室技术安全管理领导小组审核通过，在生物安全实验室建成 30 内由实验室与设备管理处统一向区、市卫生行政主管部门提交备案申请。

第九条 各生物安全实验室应每年定期对从事实验活动的教职人员及相关学生进行培训，保证其掌握实验技术规范、操作规程、病原微生物安全防护知识和实际操作技能，并进行考核，经考核合格后方可上岗。建立并保存人员培训和考核记录档案。每年的培训档案应报实验室与设备管理处备案。

第十条 二级以上生物安全实验室的公共区域应张贴生物安全标志、实验室操作规程、应急处置预案、废弃物管理制度、实验室人员生物安全行为规范等规章制度以及实验室安全责任人姓名、联系电话、应急小组成员联系电话等。实验室操作区域应张贴生物危险标识、化学危险品标识、医用生物废弃物标识。

第十一条 生物安全实验室必须建立实验档案，包括实验室安全记录、工作日志、实验原始记录、菌种转移和保藏记录、设备条件监控及检测记录、消毒记录、事故记录、人员培训记录、员工健康档案等。实验室从事高致病性病原微生物教学、科研工作的相关实验档案保存期不得少于 20 年。

第四章 病原微生物的管理

第十二条 病原微生物的采集和运输应符合《病原微生物实验室生物安全管理

条例》的规定，经实验室负责人和生物安全管理工作小组审批备案后方可进行。

第十三条　病原微生物菌（毒）种和样本的保管应制定严格的安全保管制度，做好病原微生物菌（毒）种和样本进出、储存、领用记录，建立档案制度，并指定专人负责，做到"双人双锁、双人领用"。对高致病性病原微生物菌（毒）种和样本应设专库或者专柜单独储存，分类管理、安全存放、随时监控，并有采购、使用和销毁记录等，严防丢失或被盗。

第五章　实验动物的管理

第十四条　使用实验动物及相关产品进行科研、检定、检验的实验室应当按照实验动物使用许可证许可的范围，使用合格的实验动物。从国外引入实验动物的，应当持供应方提供的动物种系名称、遗传背景、质量状况及生物学特性等有关资料，依照《中华人民共和国进出境动植物检疫法》规定办理相关手续。

第十五条　从事动物实验应当根据应用目的选用相应等级要求的实验动物，同一间实验室不得同时进行不同品种、不同等级或互有干扰的动物实验。

第十六条　凡开展病原体感染、化学染毒和放射性动物实验的研究人员和实验室应当遵守国家生物安全等级等相关规定，防止安全事故的发生。对直接从事实验动物的教师和学生采取安全防护措施，定期组织与传染病有关的健康检查，调整不适宜承担实验动物工作的人员。

第十七条　从事实验动物基因修饰研究工作的实验室和个人应当严格执行国家有关基因工程安全管理方面的规定，对其从事的工作进行生物安全性评价，经批准后方可开展工作。

第十八条　未获得省科学技术行政部门颁发的实验动物生产许可证的实验室不得进行实验动物的饲养和育种。

第十九条　从事实验动物工作的实验室和个人应当关爱实验动物，维护动物福利，不得戏弄、虐待实验动物。在符合科学原则的前提下，尽量减少动物使用量，减轻被处置动物的痛苦。鼓励开展动物实验替代方法的研究与应用。

第二十条　不再使用的实验动物活体、尸体及废弃物、废水、废气等应当按照《武汉大学实验废弃物处置管理办法》的规定执行。

第六章　重组 DNA 技术的管理

第二十一条　使用或构建遗传修饰生物的实验室应由相关负责人向院（系）医学伦理委员会、生物安全领导小组申报，进行风险评估和伦理审查。针对研究项目对人类、社会、生态等可能带来的风险收益比进行评估分析，并对实验室工作的危险度进行评估。该类实验活动应在具备一级或以上生物安全实验室进行操作。研究项目负责人有责任将研究中产生的不良结果及其处理意见及时报告本单位伦理委员会、生物安全管理领导小组。

第二十二条 开展人类病毒的重组体（包括对病毒的基因缺失、插入、突变等修饰以及将病毒作为外源基因的表达载体）的科研活动应严格遵守《人间传染的病原微生物名录》相关要求，严禁两个不同病原体之间进行完整基因组的重组。

第二十三条 转基因动物和"基因敲除"动物应当在适合外源性基因产物特性的防护水平下进行操作。实验室应采取一切防护措施，确保受体转基因和"基因敲除"动物的实验安全。

第二十四条 表达动物或人源性基因的转基因植物应当严格限制在实验室设施以内。这种转基因植物应当在与所表达的基因产物特性相应的生物安全水平下操作。

第七章 生物安全实验室设备设施管理

第二十五条 一级生物安全实验室可选择配备生物安全柜，二级及以上生物安全实验室必须配备生物安全柜。

根据下列所要保护的类型选择适当的生物安全柜：实验对象保护；操作危险等级为1~4级微生物时的个体防护；暴露于放射性核素和挥发性有毒化学试剂时的个体防护；或上述各种防护的不同组合。

第二十六条 生物安全柜应放置在远离门、过道的地方。生物安全柜应定期检查维护并填写维护记录。在使用每隔一定时间之后，应由有资质的专业人员对生物安全柜进行符合国家和国际性能标准的检查。

第二十七条 进入生物安全实验室应配备个体防护服、手套、口罩及防护眼镜等，实验室出口处还应配备冲淋设备。

第二十八条 生物安全实验室内应配备高压灭菌器，以保证移出实验室的医疗废物无污染。

第八章 医学生物废物的处置

第二十九条 注射针头、针管等锐器应装入一次性盛器中，其他生物废物垃圾放入高压灭菌袋中，送入高压灭菌器中高压灭菌。动物尸体、病理组织经消毒液浸泡装入密封垃圾袋中，通过专用垃圾转移通道移至低温冰柜中冻存。医学生物废物集中交废弃物中转站，请专业危险废物处置公司处理。

第三十条 实验动物的废弃辅料、垫料、粪便按照危险废物经消毒剂消毒后装入专用废物转运袋中集中处置。

第三十一条 重组基因和感染性的实验废物应严格标记，须经灭活后方能移出实验室。

第九章 附则

第三十二条 相关学院对本单位实验室生物安全管理工作定期检查，每年不少于一次；学校职能部门组织抽查。

第三十三条 本办法自发布之日起施行，由实验室与设备管理处负责解释。

三、华东师范大学人体实验伦理委员会章程

第一条 为规范涉及人体的科学研究和相关技术的应用，保护人的生命和健康，维护人的尊严，尊重和保护人类受试者的合法权益，根据国际和平公约"工业指导 E6 规范的临床试验统一规定（ICHGCP guide line E6）"、《赫尔辛基宣言》（2002 年版）、国家卫生和计划生育委员会《涉及人的生物医学研究伦理审查办法（试行）》以及《华东师范大学学术伦理与法律委员会章程》等相关规定及与有关国际组织签署的协议，学校决定设立人体实验伦理委员会（简称伦理委员会），并制定本章程。

第二条 本章程旨在引导和促进生物学科、医学、心理学科、体育学科、教育学科等涉及人体的研究，在符合科学标准和伦理原则的前提下健康、有序地发展，并保护研究中受试对象的安全、权利和福祉。

第三条 本章程适用于华东师范大学（简称本校）范围内任何类型的涉及人体研究项目的伦理审查。凡是符合以下条件之一或部分涉及此类研究的项目均在审查之列：

（1）由本校承担的项目；

（2）任何利用本校的财产或设施实施或指导进行的科学研究；

（3）本校师生员工或代理人在其他地方开展的、与其在本校职责相关的研究；

（4）涉及使用本校非公共信息用以确定或联系涉及人体研究的受试者或潜在的受试者的科学研究。

在本校以外的其他地方开展的涉及人体的研究项目的伦理审查申请，由伦理委员会根据实际情况决定是否受理。

第四条 伦理委员会负责本校人体实验伦理审查的协调管理工作。

伦理委员会参照国际通行的伦理基本原则，结合我国基本国情和学校具体情况，对本校有关项目的研究人员在涉及人体科学研究的伦理和程序性上进行指导并给予帮助，使其遵守国家有关规定及有关国际组织颁布的指导规程，并在符合伦理规范的前提下提供适合政府机构、基金会和工商业界对本校涉及人体生命科学研究持续进行支持的必要条件。

第五条 伦理委员会组成人员包括从事生命科学和生物技术、医学、心理学、

体育学、教育学、社会伦理和法律工作的专家和社会人士。委员会设主任委员一名。

伦理委员会组成人员由学校聘任，任期两年，可连任。为保持工作的连续性，委员每次换届人数一般不超过三分之一。

在对具体研究项目进行伦理审查时，可以根据实际需要邀请特聘专家参加项目伦理审查。

第六条 伦理委员会的职责是审查研究方案，维护和保护受试者的尊严和权益，确保研究不会将受试者暴露于不合理的危险之中，同时组织开展相关伦理培训。涉及人体科学研究的伦理审查应遵循如下原则：

（1）尊重和保障受试者自主决定同意或者不同意受试的权利，严格履行知情同意程序，不得使用欺骗、利诱、胁迫等不正当手段使受试者同意受试，允许受试者在任何阶段退出受试。

（2）在社会心理学等领域的某些研究中，例如为了获得受试者的真实反应而需要对实验目的等细节进行适当省略或模糊化处理的，伦理委员会根据实际情况需另对如下三个方面进行审查：

①此类处理是否为研究所必须；

②是否能确保此类处理无害，且无碍于受试者对整个实验的理解；

③研究收益是否远大于这种处理可能给受试者带来的潜在损失。

涉及此类处理的项目中，只有通过上述三项审查并最终被伦理委员会批准的项目，才能实施。

（3）对受试者的安全、健康和权益的考虑必须高于对科学和社会利益的考虑，力求使受试者最大程度受益和尽可能避免伤害。

（4）减轻或者免除受试者在受试过程中因受益而承担的经济负担。

（5）尊重和保护受试者的隐私，如实将涉及受试者隐私的资料储存、使用情况及保密措施告知受试者，不得将涉及受试者隐私的资料和情况向无关的第三者或者传播媒体透露。

（6）确保受试者因受试受到损伤时及时得到免费治疗并得到相应的赔偿。

（7）对于丧失或者缺乏能力维护自身权力和利益的受试者（脆弱人群），包括儿童、孕妇、智力低下者、精神病人、囚犯以及经济条件差和文化程度很低者，应当予以特别保护。

第七条 伦理委员会审阅和监督任何类型的涉及人体的研究项目，行使下列职权：

（1）要求研究人员提供实验步骤和知情同意文件，并对审查材料整理归档。

（2）对研究项目做出批准、不批准或者修改后再审查的决定。

（3）使用任何必要的方式对审批通过项目的开展进行监测，包括按规定定期复审，以及对审批通过项目的实验步骤和知情同意程序的执行、实施中的变化或负面事件进行核查。

（4）对已审批通过的研究项目，在运行过程中出现未曾预料的危及受试者的因素，或严重、持续地与任何一条政府法规或者伦理委员会的要求或决定发生冲突，有权要求暂停或终止。一旦发现有违反伦理原则的人体实验研究，有权向政府主管部门举证，并请求予以制止。

（5）审阅和监督用作治疗严重或致命疾病的试验用品（试验药品、生物体和器械）的使用情况。

（6）在必要的时候进行审计。

第八条 所有涉及人的研究项目在项目开始前均须提出伦理审查申请。申请伦理审查时，应向伦理委员会提交下列材料：

（1）人体实验伦理审查申请表；

（2）研究计划或相关实验方案；

（3）受试者知情同意书；

（4）需由研究对象填写的表格和问卷；

（5）对研究对象因参加研究而给予的任何补偿的说明；

（6）遵守人体实验伦理原则的声明；

（7）伦理审查委员会要求补充的其他文件。

项目申请者需先做学校设备与实验室管理平台网上备案，提交电子版申请材料接受形式审查，得到形式审查反馈意见后将申请者签字盖章的书面材料提交给相应的项目审查委员。

第九条 对于送审的项目，伦理委员会应在收到材料一周内提出形式审查意见，对完成形式审查的项目在三周内做出伦理审查决定。

第十条 伦理委员会的工作会议由主任召集。项目审查工作由主任或由主任委托的项目审查负责人主持，伦理委员会委员须严肃、认真、公正地对送审材料进行审查，并作出客观的评审决定。

第十一条 伦理委员会所作出的伦理审查决定须经三分之二以上委员同意；决定由委员会主任签发后向研究项目负责人通报，同时报设备处备案。

第十二条 学校和其他项目涉及单位的负责人有权对上述决定作出回应。单位负责人如确认某项目不符合学校（或有关单位）的规章制度，则可以单位的名义对已获批准的项目予以否决、暂停或终止。凡伦理委员会已作出否决、暂停或终止某项目的决定，单位不能推翻伦理委员会的决定，再批准该项目实施。

第十三条　申请项目经伦理委员会审查同意后，在实施过程中进行修改或者条件发生变化时，应报伦理委员会审查批准。在实施过程中发生严重不良反应或者不良事件的，应及时向伦理委员会报告。

第十四条　伦理委员会委员与送审项目发生利益冲突时应该回避。

对送审项目资料和有关文件，伦理委员会成员负有保密责任，未经书面许可不得引用、泄漏有关信息。

第十五条　研究人员发生违反伦理原则的行为，学校有权公开批评，并给予相应处罚。对已经获得奖励的，应取消其资格；视情节轻重，可以终止科研项目的实施；触犯国家法律的，移交司法机关处理。

第十六条　不遵守本章程规定或不能胜任审查工作的委员由伦理委员会三分之二以上委员通过提出解聘动议，报请学校予以辞聘。

第十七条　伦理委员会的日常工作经费由学校提供。研究项目的伦理审查费用由送审方承担。

第十八条　研究项目未获得伦理委员会审查批准的，不得开展项目研究工作。

第十九条　本章程解释权归伦理委员会。

第二十条　本章程自颁布之日起实施。

第四节　高校实验室废弃物处置管理办法

一、武汉大学实验废弃物处置管理办法

第一章　总则

第一条　为防止实验室产生的废弃物因处置不当污染校园环境，危害师生健康，根据《固体废物污染环境防治法》（主席令第 31 号）、《废弃危险化学品污染环境防治办法》（国家环境保护总局第 21 号令）、《危险化学品安全管理条例》（国务院令第 591 号）、《放射性废物安全管理条例》（国务院令第 612 号）等有关法律、法规，制定本办法。

第二条　本办法所称实验废弃物是指在实验过程中因使用危险化学品、放射性同位素和射线装置及从事生物学、医学实验活动中所产生的一切废弃物。

第三条　实验废弃物的处置实行"源头分类、桶装收集、专人管理、定时清运、集中处置"的模式，按照实验室、学院、武汉大学危险废物中转站三级进行管理。

第二章 实验废弃物的分类

第四条 实验废弃物根据来源和性质不同，分为危险废物、放射性废物及一般实验废物。

危险废物：具有腐蚀性、毒性、易燃性、反应性或者感染性等一种或者几种危险特性的废弃物；不排除具有危险特性，可能对环境或者人体健康造成有害影响的废弃物。

放射性废物：废旧的放射性同位素或含放射源装置、射线装置，以及因使用放射性同位素实验而产生的废弃物等。

一般实验废物：上述未涉及的使用一般化学试剂、实验耗材而产生的实验废弃物。

第五条 危险废物根据其危害性质分为危险化学品废物和医学生物废物。

危险化学品废物：具有各种毒性、腐蚀性、易燃性、易爆性和化学反应性的化学废物。

根据其形态和危害性可以分为一般有机化学废液、含卤有机化学废液、无机化学废液、固体化学废物、剧毒化学废液和固体剧毒废物。

医学生物废物：在从事生物化学实验、病原微生物实验及其他医学实验过程中产生的具有感染性的动物尸体、人体解剖废弃物、血液、病理组织、病原微生物的培养基和培养液、菌种保存液以及实验过程所使用的耗材、器皿和产生的废弃物等。医学生物废物按照《武汉大学危险废物目录》中的医疗废物类别处置。

第三章 实验废弃物的收集与存放

第六条 实验废弃物存储容器规格

由学校组织统一定制和发放实验废弃物收集容器。存放固体废弃物的容器为有盖垃圾桶；盛装液体废弃物的容器为盛装原试剂的试剂瓶或塑料方桶；盛装放射性同位素废弃物的容器为含铅金属桶；盛装医疗废物锐器的为长方形方盒。

存放固体废弃物的收集桶以不同颜色区分并印有相应提示标识：绿色收集桶存放一般实验废物，黄色收集桶用于存放医学生物废物并印有医疗废物标识，红色收集桶用于存放危险化学品废物并印有危险化学品废物标识。

第七条 实验废弃物液体的收集和存放。

危险废物液体原则上应先倒入原有试剂瓶，多余的倒入相应分类垃圾桶中，同时应填写危险废物／放射性废物登记单（以下简称登记单），登记单上注明主要成分、数量、收集日期、实验室管理员姓名、负责人姓名、实验室名称以及废物类别。

再次倒入其他废物液体前，应仔细核对该桶上登记单的主要成分，并在登记单上增加新的收集日期和主要成分等，应避免不同属性的化学试剂发生异常反应（产生有毒挥发性气体、剧烈放热等），否则应单独存放于新的收集桶中。

各类实验废弃物液体不得混放，剧毒化学废液和放射性废物液体严格遵照规定执行，存放至有保险柜的地方由专人保管。

危险废液应在实验室中统一收集至桶满（须保留10%的空间）封存并填写存储日期。为避免有毒溶液泼洒、溅射或不同性质试剂间的反应，不得在转移到学院临时存放点及危险废物中转站时将垃圾桶内废液合并。

第八条 实验废弃物固体的收集和存放。

危险化学固体废物的收集与存放：危险化学固体废物主要是化学实验所产生的反应产物及吸附了危险化学物质的其他固体，实验管理员填写登记单，存放于相应垃圾桶中。

危险化学品容器的收集与存放是指盛装危险化学品的废弃容器和受危险化学品污染的包装物，此类废弃物也列入危险废物。危险试剂容器应优先盛放原化学试剂废液，压力容器内不得含任何残液并旋紧塞子，受污染的废弃包装物经折叠装入收集箱中。

医学生物废物的收集与存放：医学生物废物应进行高压灭菌或消毒药水24小时灭菌处理后才能移出实验室。尖锐性器械用专用方盒盛放并经消毒药水浸泡灭菌；培养基、培养液、菌种、体液和实验耗材等需高压灭菌；动物尸体、人体解剖废弃物、病理组织切片等经消毒药水浸泡灭菌。

医学生物学废物应有专门的暂存点，培养基、培养液、菌种、体液和实验耗材等废弃物放入4℃低温冰箱，动物尸体、人体解剖废弃物、病理组织切片、体液等存入-20℃冰箱。实验室管理人员填写登记单。

废弃放射源的收集与存放：废旧放射源和含源装置在申请处置之前，由涉源单位指定专人保管，不得随意堆放、掩埋、丢弃。

第四章 实验废弃物的登记与转运

第九条 实验室应指定专人负责实验废弃物的收集、分类、登记和转运。

危险废物液体按照一般有机物废液、含卤有机物废液、无机物废液、剧毒化学废液等四类装入原试剂瓶或专用垃圾桶中，并粘贴分类标签、危险废物标识以及登记单，同时由实验室管理人员填写危险废物登记台账。

放射性同位素实验只能在已通过环保部门环境影响评估的同位素室内进行，所产生的放射性废物存放于同位素室内专用存放点，放射性废物液体存放于专用铅桶中，粘贴分类标签、辐射危险标识及登记单，同时填写放射性废物登记台账。

危险废弃物的转运由实验室管理人员填写武汉大学危险废物/放射性废物转

移联单（以下简称转移联单），随转移联单运送到学院指定危险废物集中点。

放射性废物由同位素室管理人员填写转移联单，将放射性废物直接运送到武汉大学危险废物中转站。

第十条 学院指定专人负责全院实验废弃物的收集、登记和转运。

收取危险废物时，学院管理人员需核对转移联单和登记单上的信息、提示标识以及垃圾桶外包装，对信息不完整、分类不清晰、没有封存、包装破损、存在安全隐患的危险废物不予收取。

学院管理人员将各实验室危险废物分类堆放，填写危险废物登记台账并对实验室提交的转移联单签署接收意见。

学院负责人应保证危险废物转运过程的安全，转运前检查垃圾桶的密封性，注意运输工具的安全，防止危险废物破损、泄漏或泼洒。

第十一条 危险废物中转站由专人负责危险废物的收集、登记和转运。

中转站管理人员收取转移联单，核对登记单信息，对信息不完整、分类不清晰、没有封存、包装破损、存在安全隐患的危险废物不予收取；称取危险废物或放射性废物重量，填写危险废物/放射性废物记录单（简称记录单），签署转移联单接收意见，返还转移联单一二联和记录单附联，更换垃圾桶。根据危险废物的种类，将危险废物分区域存放，填写危险废物中转站危险废物登记台账。

危险废物中转站管理员应确保危险废物在中转站中的存放安全及其消防安全。

第五章 实验废弃物的处置

第十二条 一般实验废物的处置。

由各学院统一收集后，定期请相关单位进行处置。

第十三条 危险废物的处置。

学校委托持有危险废物经营许可证的单位对全校实验室危险化学品废物进行处置。

产生危险废物的学院每年1月份根据本院前一年度危险废物的种类和数量，填写本年度危险废物管理计划书并交实验室与设备管理处汇总；学校定期组织对有资质的危险废物处置单位招标，确定中标单位并签署《危险废物处置协议》，按照武汉市环保局危险废物转移的规定，办理相关手续和危险废物转移联单。

第十四条 放射性危险废物的处置。

购置放射源的院系应与放射源转让单位签署废旧放射源返回协议，进口放射源还应取得国外出口方负责回收的承诺文件副本，交实验室与设备管理处存档。废旧放射源的转出方填写放射源/射线装置报废申请表，提交实验室与设备管理处审核，根据协议返回原转入单位或出口单位。无法交回生产单位或出口单位的，应交送有资质的废旧放射源贮存单位，同时向湖北省环境保护厅提交放射源转出备案。

射线装置和含放射源装置的报废，应向实验室与设备管理处提交放射源 / 射线装置报废申请表，由专业人员对高压射线部位进行拆卸，同时对该设备活动场所进行放射性检测，并报湖北省环境保护厅核销。

放射性同位素废物，半衰期低于三个月的封存在铅皮垃圾桶中期，经环保部门检测达到解控水平以下的可按照普通危险废物处置；半衰期超过三个月的应委托有资质的放射性废物回收公司处置。

第六章　实验废弃物处置经费

第十五条　危险废物的处置经费。

各学院在本单位财务预算中设立专项经费，用于危险废物处置。根据学校与危险废物处置公司签署协议后产生的实际费用，由学校、学院共同承担，其中学校占 30%，学院占 70%。

第十六条　放射性废物的处置经费。

报据国家有关规定，新购置放射源必须与放射源转让单位签订废旧放射源返回协议。放射性废物的处置经费由学校、学院共同承担，其中学校占 30%，学院占 70%。

第七章　附则

第十七条　产生危险废物和放射性废物的各学院及实验室应当制定危险废物或放射性废物意外事故防范措施和应急预案，并向实验室与设备管理处及有关部门备案。

第十八条　各单位应根据本办法，结合实际情况另行制定相应的实施细则或管理规定。学校实验室废弃物的收集和处置程序以本办法为准，凡本办法未尽事项，按国家有关法律法规执行。

第十九条　实验室与设备管理处协同学校环境保护办公室等相关职能部门对产生危险废物和放射性废物的院系定期抽查。

第二十条　本办法自公布之日起施行，由实验室与设备管理处负责解释。

二、中山大学危险化学废物管理办法

第一章　总则

第一条　为了加强实验室危险化学废物的管理，保障师生员工的人身安全和财产安全，保护环境，根据《危险化学品安全管理条例》(国务院令第 591 号)、《废弃危险化学品污染环境防治办法》(国家环境保护总局令第 27 号) 等国家和地方相关法律法规，结合我校实际，制定本办法。

第二条 本办法所称"危险化学废物"是指淘汰、伪劣、过期、失效的危险化学品和实验过程中产生的含有对人体健康和环境安全有害化学成分的废液体和废固体，以及化学废物的盛装容器和受其污染的包装物。按安全特性分为普通危险化学废物、剧毒化学废物、易燃易爆化学废物等。

第三条 凡在学校教学、科研等活动中涉及危险化学废物的单位和个人，均适用本办法。

第四条 学校提倡开展微型化、无害化绿色实验，尽量减少危险化学品、特别是剧毒化学品的使用量和危险化学废物的产生量。

第二章 管理职责

第五条 学校危险化学废物管理工作遵循"专人管理、分类收集、安全存放、定期回收、统一处置"的原则。

第六条 设备与实验室管理处（以下简称"设备处"）是学校危险化学废物管理的职能部门，主要职责是：

（1）组织制定学校相关管理规章制度和事故应急预案，开展相关宣传、教育和培训工作。

（2）指导和监督相关单位和实验室开展危险化学废物的分级、分类、收集和存放等工作。

（3）组织开展全校危险化学废物的回收工作，并委托有资质的专业机构进行处置。

第七条 产生危险化学废物的各二级单位（以下简称"各单位"）是危险化学废物管理的主体责任单位，主要职责是：

（1）落实安全责任制，指定一名单位领导负责本单位危险化学废物的管理工作；单位下属各实验室也应指定掌握化学品安全知识并接受过专门培训的人员，负责危险化学废物的分级、分类、收集和存放等工作。

组织制定本单位相关管理制度和事故应急预案，建立相关信息登记档案。

（2）组织开展本单位相关宣传、教育和培训工作，强化师生的安全与环保意识，提高相关人员的工作技能和水平。

第三章 收集和回收管理

第八条 产生危险化学废物的实验室负责做好废物收集和暂存的具体工作，实验室所在单位应做好监督管理工作，相关要求如下：

（1）危险化学废物应按安全特性分类收集和存放，并在容器外注明危险性。剧毒化学废物、易燃易爆化学废物必须单独收集和妥善存放，不得混入普通危险化学废物中。

（2）不得将含有下列成分的化学废液相互混装收集：

①氧化剂、还原剂与有机物；

②氰化物、硫化物、次氯酸盐与酸；

③盐酸、氢氟酸等挥发性酸与不挥发性酸；

④浓硫酸、酸、羟基酸、聚磷酸等酸类与其他的酸；

⑤铵盐、挥发性胺与碱；

⑥含卤素的有机物与其他液体；

⑦其他化学性质相抵触、灭火方法相抵触或互相作用的化学品。

（3）危险化学废物的盛装容器应完好牢固，封口紧密，无破损、倾斜、倒置和渗漏等现象，确保不会发生废物将容器溶解、腐蚀等异常现象。容器外应有明显清晰的标识，准确标明废物的名称、成分、规格、形态、数量、危险性等，外文标识的应加注中文注释。回收危险化学废物时，如发现盛装容器或标识不符合规定要求，工作人员应当拒收。

（4）严禁将未经无害化处理、可能污染环境的危险化学废物直接排入下水道，或当成一般生活垃圾随意弃置或堆放填埋。

（5）严禁将危险化学废物与一般生活垃圾、生物性废物、医疗废物或放射性废物等混装贮存和回收。

第九条 设备处定期组织开展危险化学废物的回收工作，基本程序如下：

（1）存放有普通危险化学废物的实验室应提前填写废物清单，标明实验室名称、联系人和联系电话，经实验室负责人签字确认后报送学校危险品仓库。

（2）危险品仓库工作人员将废物清单交由与学校签约的校外废物回收处置专业机构进行审核。

（3）各实验室提前按规定要求将普通危险化学废物包装好，并将通过审核的废物清单粘贴在盛装容器或包装物上。

（4）各实验室按约定时间将普通危险化学废物集中至回收地点，并派专人到现场向回收工作人员清点移交。清单未经审核或未按要求粘贴清单的危险化学废物，回收工作人员应当拒收。

第十条 剧毒化学废物、易燃易爆化学废物的回收工作可根据需要随时进行。废物产生单位应单独列清单提前报送设备处审核，并由两名工作人员运送至学校危险品仓库贮存，由设备处负责委托有资质的专业机构进行规范处置。

第四章 事故处理

第十一条 发生危险化学废物污染事故时，事故单位应立即启动应急预案，采取有效措施消除或减轻人员伤害和环境污染，并报告设备处、保卫处等职能部门协助处置，由学校按相关规定和程序报告政府主管部门。

第十二条 事故处理完毕后，相关单位应及时查清原因，总结教训，及时整改和消除隐患，避免类似事故再次发生。事故调查报告及处理结果应公开通报。

第十三条 对违反本办法规定造成危险化学废物污染事故的单位和个人，视情节和后果轻重给予相应处罚；构成违法的，由有关部门依法追究其法律责任。

第五章 附则

第十四条 本办法自 2015 年 4 月 10 日起施行，由设备与实验室管理处负责解释。未尽事宜，按国家和地方相关法律法规执行。

三、重庆大学实验室废弃物管理办法

第一章 总则

第一条 为规范和加强我校实验室废弃物管理工作，防止实验室废弃物污染危害环境，维护校园环境和公共安全，保障我校师生员工的身体健康，根据《中华人民共和国固体废物污染环境防治法》《废弃危险化学品污染环境防治办法》等有关法律、法规，制定本办法。

第二条 全校师生员工必须树立环境保护意识，倡导有利于环境保护的实验方式，尽量避免或减少实验室废弃物的产生，对可重复利用的实验室废弃物进行充分回收与合理利用。

第三条 校内产生实验室废弃物的实验室和相关人员都应遵守本办法。任何单位或者个人对于违反本办法的行为都有权举报。

第二章 实验室废弃物分类

第四条 实验室废弃物包括实验室危险废弃物和实验室一般废弃物。

实验室危险废弃物指的是由实验室产生的具有以下情形之一的废弃物：

（1）具有腐蚀性、毒性、易燃性、反应性或者感染性等一种或者几种危险特性的；

（2）不排除具有危险特性，可能对环境或者人体健康造成有害影响，需要按照危险废物进行管理的。

实验室一般废弃物指的是实验室产生的除危险废物以外的其他废弃物。

第五条 实验室危险废弃物必须根据本办法进行分类收集、存放和处理；实验室一般废弃物按环卫部门的要求定点存放，定期清理。

第六条 实验室危险废弃物按其性质和特点，可分为以下几类：

（1）化学危险废弃物：剧毒化学品及不明物、高危化学品、一般化学品、一般化学废液、被化学品污染的固体废物；

（2）生物危险废弃物：经有害生物、化学毒品及放射性污染的实验动物尸体、肢体和组织；未经有害生物、化学毒品及放射品、放射性污染的实验动物尸体、肢体和组织；生物实验器材与耗材；其他生物废液；

（3）电离辐射危险废弃物：放射源、放射性废弃物、废弃放射性装置；

（4）其他危险废弃物。

第三章　管理机构与职责

第七条　实验室废弃物的管理实行学校、二级单位和实验室三级管理体制。

第八条　实验室技术安全办公室是实验室废弃物的校级管理部门，其主要职责是：

（1）贯彻执行国家有关的方针、政策和法令、法规，结合本校实际情况制定并组织落实实验室废弃物管理的规章制度；

（2）负责产生实验室危险废弃物的实验室建设项目和实验项目的安全准入；

（3）组织建立全校实验室危险废弃物的收集、存放和处理体系；

（4）监督、检查全校实验室危险废弃物的收集、存放和处理；

（5）协助处理实验室危险废弃物管理过程中出现的问题，大事项报实验室技术安全工作委员会决策。

第九条　二级单位应指定专人负责本单位实验室危险废弃物的管理工作，二级单位的主要职责：

（1）贯彻执行国家和学校的有关规定，组织本单位实验室制定并落实相关责任制度、实验室危险废弃物收集存放与处理规程、事故预防措施、事故应急预案等管理制度；

（2）组织本单位实验室落实实验室危险废弃物收集、存放场地和相应设施；

（3）组织本单位实验室按规范要求完成实验室危险废弃物的收取、存放和处理；

（4）监督、检查本单位实验室危险废弃物的收集、存放和处理，发现问题及时组织整改。

第十条　实验室应指定专人负责本实验室危险废弃物的管理工作，实验室的主要职责：

（1）贯彻执行国家和学校的有关规定，制定并组织落实本实验室的相关责任制度、实验室危险废弃物收集存放与处理规程、事故预防措施、事故应急预案等管理制度；

（2）建立本实验室危险废弃物的收集、存放场地和相应设施；

（3）按规范要求完成实验室危险废弃物的收集、存放和处理工作；

（4）检查本实验室危险废弃物的收集、存放和处理，发现问题及时整改。

第四章 实验室废弃物的收集与存放

第十一条 二级单位和实验室不得将危险废弃物（含沾染危险废物的实验用具）混入生活垃圾和其他一般废物一起存放；不得将化学危险废弃物、放射性废弃物及实验动物尸体等混合收集、存放、处理；严禁随意倾倒、堆放、丢弃、遗洒实验室废弃物。

第十二条 实验室危险废弃物必须分类收集与存放：

1. 化学危险废弃物

（1）化学废液按化学品性质和化学品的危险程度分类进行收集，使用专用废液桶盛装；不能把不同类别或会发生异常反应的危险废弃物混放；化学废液收集时，必须进行相容性测试；废液桶上须贴标签，并做好相应记录。

（2）固体废弃物、瓶装废弃物和一般化学品使用专用塑料袋收集，再使用储物箱统一存放，储物箱上须贴标签，并做好相应记录。

（3）剧毒化学品管理实行"五双"制度，即双人保管、双锁、双账、双人领取、双人使用为核心的安全管理制度；剧毒废液和废弃物要明确标示，并严格按《重庆大学实验室剧毒化学品管理规定》收集和存放。

（4）一般化学品须在原瓶内存放，保持原有标签，必要时注明是废弃化学品。

（5）一般化学废液通常分为一般有机物废液和无机物废液，应预先了解废液来源，分别收集和存放，不清楚废液来源和性质时禁止混放；废液桶上应有明确标识。

2. 生物危险废弃物

（1）未经有害生物、化学毒品及放射性污染的实验动物尸体、肢体和组织须用专用塑料密封袋密封，再放置专用冰室或冰箱冷冻保存，并做好相应记录。

（2）经有害生物、化学毒品及放射性污染的实验动物尸体、肢体和组织须先进行消毒，再用专用塑料密封袋密封，贴上有害生物废弃物标志，放置专用冰室或冰箱冷冻保存，并做好相应记录。

（3）生物实验器材与耗材：塑料制品应用特制的耐高压超薄塑料容器收集，定期灭菌后进行回收处理；废弃的锐器（针头、小刀、金属和玻璃等）应使用专用容器分类收集，统一回收处理。

（4）其他生物废液，能进行消毒灭菌处理的，处理确保无危害后按生活垃圾处理；若不能进行消毒菌处理，则用专用塑料袋分类收集，贴上有毒生物废弃物标志，放置专用冰室或冰箱冷冻保存，并做好相应记录。

3. 电离辐射危险废弃物

（1）放射性废源、废液和废射线装置应该按国家相关标准做好分类、记录和标识，内容包括种类、核素名称等。

（2）废放射源：单独收集，按国家环保局的相关要求密封收集，进行屏蔽和隔离处理；存放地点有明显辐射警示标志，防火防盗，专人保管。

（3）放射性废弃物：

①长半衰期放射性废弃物和经环保部门检测认定为解控水平以上的短半衰期放射性废弃物，须经所在单位辐射防护小组审核并向环保部门递交处理申请，按照环保部门的要求进行处理。

②经环保部门检测认定为解控水平以下的短半衰期放射性废弃物可按一般废弃物处理。

③液态放射性废弃物须经环保部门聘请的专业人员进行固化后再进行处理。

④废弃放射性装置在报废前须经环保部门核准，请专业人员取出放射源，再按放射性废弃物的处理方式处理。

第十三条 在具备危险废弃物处置资质的单位收集处理之前，实验室危险废弃物务必在二级单位和实验室保管好，按以下要求存放：

（1）原则上要求二级单位对实验室危险废弃物进行集中存放管理，保障临时存放设施的安全条件，保持通风，远离火源，避免高温、日晒、雨淋，避免不相容性危险废弃物近距离存放；对不具备集中存放条件的二级单位，由实验室负责将实验室危险废弃物临时存放于实验室内合适位置，不得存放于实验室楼道和我学生实验的公共区间。

（2）在常温常压下易燃、易爆及产生有毒气体的危险废弃物，由实验室负责进行必要的预处理，稳定后方能进行一般存放，并按要求做好记录。

（3）盛装液体危险废弃物的容器内须保留足够的空间，确保容器内的液体不超过容器容积的75%。

（4）生物专用冰室或冰箱不得放置其他物品，避免发生交叉污染。

第五章 实验室废弃物处理

第十四条 对实验过程中产生的有毒有害废气，二级单位和实验室应根据其特性、产生量以及环保要求制定并实施相应处理措施，确认其有害物质浓度达到国家要求的安全排放标准后才能排入大气。

第十五条 必须由具备相应处置资质的单位对实验室危险废弃物进行处理。

第十六条 在具备危险废弃物处置资质的单位收集处理之前，二级单位和实验室必须采取有效措施，防止废弃物的扩散、流失、渗漏或者产生交叉污染。

第十七条 二级单位和实验室在转移交接实验室危险废弃物时，相关人员必须在场，并做好交接记录，填写危险废弃物转移联单，记录交相关单位存档。

第十八条 实验室危险废弃物处理费用由学校和二级单位共同承担。对于产生实验室危险废弃物的项目，二级单位可收取一定的处理费用。

第六章 其他相关事项

第十九条 收集、存放和处理实验室危险废弃物过程中受污染的场地、设施、设备、容器、包装物及其他物品，必须经过消除污染的处理，方可继续使用。

第二十条 对收集、存放和处理实验室危险废弃物的检查、整改、事故处理和责任追究按《重庆大学实验室技术安全管理办法》中相关条款执行。

第七章 附则

第二十一条 本办法未尽事宜，按国家有关法律法规执行。

第二十二条 本办法自发布之日起施行，由学校授权实验室技术安全办公室负责解释。

第三章 水产实验教学中心管理细则

为了实验教学资源在教学和科研等方面得到高效利用和可持续发展，水产实验教学中心（以下简称"中心"）应按照国家实验教学改革的要求，并根据自身的特点，制定中心的系列管理制度，明确中心管理的基本任务，使中心管理制度化、精细化和科学合理化，以确保中心的高效运转以及各项实验教学工作的顺利开展，提高实验教学质量，培养高质量高素质水产生物专业人才。

第一节 高校水产实验教学中心工作总则

一、水产实验教学中心管理工作总则

（1）为了加强中心各项管理，保障中心高效运行及实验教学高质量完成，提高中心实验教学水平，促进中心可持续发展，根据《高等学校实验室工作规程》（原国家教委 20 号令），结合中心的实际情况，特制定本规程。

（2）中心各类教学实验室是从事实验教学、生产实验、教学研究和校内实训教学的实体，在学校、学院和中心的领导下统筹使用。

（3）中心的主要任务是认真贯彻党的教育方针，完成水产养殖学和制药工程等专业和海洋生物相关学科或专业的实验教学任务，不断提高实验教学水平，保持实验室可持续发展；根据需要并结合实际情况，积极开展科学研究、生产实验和技术开发，为经济建设和社会发展服务。

（4）中心实验室建设要从海洋生物学科发展的实际需求出发，统筹规划、合理设置，并适当扩充实验室规模。实验室建设要做到建筑设施、仪器设备、技术队伍与管理体制相互配套，使之成为设施完善、装备精良、队伍整齐、教材先进、管理科学的现代化开放式教学实验室。

（5）中心管理规程的主要管理内容包括实验教学管理、中心经费管理、试剂耗材管理、仪器设备管理、开放与创新实验管理、家具使用管理、安全卫生管理、人员管理、档案信息管理、特殊实验室管理等。

（6）为了不断加强中心管理，必须不断更新管理仪器设备和手段，包括门禁设备、视频监控设备、智能仪器管理设备、网络化信息管理、信息化管理、智能化管理等先进的管理设备及手段等。把握实验室管理技术的前沿动态，结合中心不同发展时期的情况需要，不断进行管理改革，使中心管理适应中心发展需求。

二、浙江海洋大学实验室开放项目申报

为进一步有序地推进学校实验室的开放工作，规范实验室资源共享共用，提高仪器设备利用率、为广大师生提供自主发展和实践锻炼的空间，同时完善工作量核算依据，实验室建设与设备管理处拟开展 2018 年实验室开放计划报备工作，具体要求如下。

（一）实验室开放项目分类

实验室开放项目是指教学实验室在实践课程教学计划之外开展的实验项目，分为发文项目和自选项目。

发文项目为国家、省市、校相关部门发文的课题（项目）或者签订的合同及协议，如各类竞赛项目等，需提供发文复印件。

自选项目为申请人自发选择的课题（项目），需提供相关开放申请表。

（二）报备流程

申请人填写浙江海洋大学实验室开放项目申请表（见附表 3-1），提供项目的发文（合同、协议）复印件、实验室安全考试合格证，向实验室申请，经实验室和学院（中心）同意后方可开展实验。

实验室负责人需在申请后一周内向设备处（行政楼 203）报备，提交浙江海洋大学实验室开放项目申请表复印件和浙江海洋大学实验室开放计划汇总表见附表 3-2）。

（三）其他事项

（1）各实验室安全管理人员应做好实验室常规管理工作，明确指导教师和学生在实验室内的安全责任，与指导教师签订安全责任书，告知安全隐患和规章制度，督促申请人在实验室运行记录表上如实做好登记。同时，申请人必须持有实

验室安全考试合格证，如未持有，应拒绝其实验室开放申请。

（2）实验室开放实行"谁指导谁负责"的原则，指导教师应对开放项目实施过程和结果负责。特别是项目开始前，指导教师应对申请人进行实验室安全和规章制度教育学习。

（3）申请人进入实验室，必须严格遵守实验室的各项规章制度，损坏仪器设备的需按学校有关规定处理。如果申请人不遵守实验室规章制度，实验室管理人员有权利停止实验，并取消下次申请机会。

（4）各实验室向设备处提交的开放计划汇总表和实验室运行记录本将作为实验室开放年度工作量核对、审核的依据。

三、开放实验室，培养学生实践创新能力

开放性实验教学是相对于传统的实验教学方式而言的，其目的是让学生成为学习的主体，通过老师的指导学生能够主动获取知识、培养能力。创新性实验是以倡导启发式教学和研究性学习为核心，以激发学生的兴趣和潜能为重点，以培养学生的团队意识和创新精神为目的，在人才培养的整体框架内，与学科人才培养目标相一致，课内外相结合的实践教学活动。

为搞好实验室开放工作，推动实验教学改革，培养学生分析和解决问题的能力，充分发挥实验室在素质教育和创新能力培养中的特殊作用，特制定如下规定。

（一）开放原则

（1）实验室开放的目的是通过创造学生进行实验活动的环境，调动和激发学生学习的主动性和积极性，使学生有独立思考、自由发挥、自主学习的时间和空间，做到因材施教，培养高素质人才。

（2）实验室开放要结合教学条件和学生特点。对于低年级学生，主要训练其基本技能和实践能力；对于高年级学生，重在培养其创新意识和科研能力。基础实验室应主要采取全面或预约等开放形式；技术基础实验室和专业实验室可采取部分实验内容开放、吸收部分优秀学生参加科研课题或由学生自选题目等灵活多样的开放形式；实习基地、专业实验室以及各研究室应接受学生课外活动小组、科研小组等进行专题科研、培训。

（3）开放实验室要不断丰富开放内容，改进开放形式，提高开放效果。开放实验内容要与综合性、设计性实验相结合，与课外科技活动、科研相结合，加强新技术、新方法的引进，培养学生创新能力，提高学生科学素养。

（4）实验室开放要注重实效。根据自身实际情况，学生可选做基本训练的实

验，也可选做综合性、设计性、研究性实验。开放项目可以是教学计划要求的课内实验，也可以是课外实验，以满足不同层次学生的要求。

（二）开放形式和类型

（1）开放形式：全面开放、定时开放、预约开放等。

（2）开放类型：学生选做指定实验内容、学生自选题目自行设计实验内容、第二课堂、兴趣小组、科研项目、自制仪器等。

（三）开放具体要求

（1）各学院（中心）要充分利用实验室的资源，根据本规定制定相应的实验室开放实施细则。

（2）每学期开学初4周内，各个教学实验室将本实验室的学期开放计划和指导教师配备情况等报学院（中心），学院（中心）汇总后上报教务处，向全校学生公布。学生根据各自的实际，提前1周向有关实验室预约实验时间，并按约定时间进入实验室完成实验。

（3）实验室工作人员要认真填写实验室开放记录。

（4）开放微机室全部实行刷卡上机，按照学校要求，保证开放时间，工作人员轮流值班。

（5）每学期期末，各学院（中心）将该学期所属实验室开放情况汇总并报教务处实验与实践科。

（四）开放保障措施

（1）各学院（部、中心）要组织教师和实验技术人员认真讨论开放内容和方法，对实验课程体系设置重新研究，选拔理论基础扎实、动手能力较强的教师和实验技术人员负责开放实验教学工作。

（2）学校对开放实验教学工作量按一定比例核算。学校每年评选一批在培养学生创新能力方面成效突出的开放实验项目作为优秀项目，对参加者、指导教师和实验技术人员进行奖励。

（3）为资助实验室开放工作，学校将设置一定数额的实验室开放基金用于开放实验所需的仪器设备、消耗材料、维护修理等。

（4）学校不定期抽查、考核实验室开放情况，组织交流开放工作经验，确保开放质量。

（5）学生进入开放实验室，必须严格遵守实验室的各项规章制度。损坏仪器设备者，按学校有关规定处理。

（6）各学院（部、中心）可接受高年级优异生以勤工俭学的形式从事实验室管理、教学辅导和值班，以解决开放实验室工作人员不足的问题。

（五）本规定由教务处负责解释

四、浙江海洋大学学生实习实训安全管理制度

第一章　总则

第一条　为加强学生实习实训安全管理，维护正常的教学和生活秩序，保障学生人身和财产安全，促进学生身心健康发展，依据国家教育部颁布的《普通高等学校学生管理规定》《普通高等学校学生安全教育及管理暂行规定》及国家有关安全法规，特制定本管理制度。

第二条　对学生实习实训安全管理贯彻"预防为主、教育先行、明确责任、实事求是、方便操作"的方针，努力把事故消除在萌芽状态，并妥善处理实习实训活动过程中发生的安全事故。

第三条　依据我校学生校外实习实训"点多面广"的具体实际，学院和相关职能部门的管理必须从校内延伸到校外学生实习实训点。学生实习实训安全管理是一个系统工程，各学院、相关职能部门和全体教职工都要在学校统一组织指挥下积极参与学生实习实训安全管理的各项工作。

第二章　安全教育

第四条　安全教育是现代职业教育的重要组成部分，安全意识是现代员工的重要素质之一，安全教育必须列入学院实习实训工作的重要议事日程并认真组织实施。

第五条　安全教育要贯彻于实习的全过程，要做到实习实训前有集中动员教育，实习实训过程中有注意事项提醒提示，实习实训结束后有安全总结。

第六条　强化工作过程中的安全教育服从于各用人单位的岗前培训，接受安全教育，学习安全法规，并在专人指导下学习并掌握有关的安全操作和技能。

第七条　在按实习实训操作规程、实习实训计划进行安全教育的基础上，还要结合每一次实习实训的特殊性，制定相应的安全规定，并加强宣传，提高学生的安全保护意识和防范能力。

第三章　组织管理

第八条　学生实习实训教学安全管理工作实行校院二级负责制。由教务处在教学副校长领导下统一负责管理该项工作，各二级学院、专业（系）主任和相关教

师负责具体实施与管理。

第九条　教务处职责

（1）研究制定学校实践教学安全管理的各项规章制度，并组织实施。

（2）负责实习实训等实践教学环节的计划审核。

（3）负责督查各专业系学生实习实训安全管理规定的落实情况。

（4）负责学生实习实训教学过程中重大突发事件的处理。

第十条　二级学院职责

（1）各学院成立以教学副院长为组长的学生实习实训安全工作领导小组，统一负责本学院学生实习实训安全工作，确保学生实习实训的安全、有序、规范。

（2）负责学院有关安全规定的落实、本学院实习实训相关安全管理细则的制定、实习实训指导教师的安全管理培训及实习实训学生的安全教育工作。

（3）负责与校外实习单位就学生安全实习工作进行协调、沟通。

（4）负责检查本学院实习实训教学安全管理规定的落实情况。

（5）负责实习实训安全事故的调查、取证和一般事故的处理。

第十一条　指导教师职责

（1）指导教师是实习实训安全工作直接责任人，负责学生实习实训期间安全管理的日常工作。

（2）指导教师代表学院负责学生实习实训期间的安全管理，指导教师要严格按照有关规定进行管理，如遇违纪、安全事故等情况应及时处理，并及时向二级学院分管领导报告，报告应包括事故事件性质、发生原因分析、现场处置措施或方法、事故事件责任等。

（3）指导教师安全工作要求。

①实习实训指导教师必须接受安全管理培训，学习、理解和掌握安全管理、应急处理的基本方法、应变技能，才能指导学生的实习实训教学。

②学生校外实习出发前，应对学生进行实习安全编组，采取男、女生混合编组，尽量避免女学生单独编组，同时加强实习学生的安全教育、培训，增强安全应变能力。

③到达实习单位，组织实习学生了解实习单位所在地及食宿场所治安、风俗习惯等有关情况，并掌握当地司法或消防机关和医院的联系方式，察看安全通道，并针对可能发生的问题采取切实可行的预防措施。

④必须本着"安全第一"的原则，加强指导、监督、检查学生实习实训期间的日常安全工作。在外集中实习期间，应每周召开一次全体实习学生安全会议。

第十二条　实习单位在提供对口的生产一线专业技术岗位、落实具体顶岗实习任务的同时，需做好实习学生的入厂安全教育及日常安全管理工作；企业指导教师有对实习的学生岗位安全操作等进行安全教育的责任与义务。

第十三条 自己联系实习学生的安全教育及管理工作由学生家长负责，出现安全事故，学院不承担责任。

第四章 组织实施

第十四条 学生安全纪律要求

（1）自觉遵守实习单位操作规程和有关纪律及安全管理规定，增强安全防范意识和团队协作精神，提高自我防护能力；积极主动接受安全教育，自觉遵守国家的法律法规、校纪校规，认真接受教师及用人单位的教育和管理；自觉学法、懂法、守法、用法，要有法治观念和法律意识，学会自我保护，加强自我管理，不做违法违纪的事，确保实习实训安全进行。

（2）自觉遵守设备设施安全操作规程规范，在使用未操作过的设备前，应读懂其使用说明书，并有指导教师在场，方能操作该设备。

（3）校外集中实习学生应由指导教师带队，着装应符合安全要求，不宜在有安全隐患处活动，听从指挥，服从安排，严禁私自或单独进行活动，外出应报告指导教师，履行请假手续，并按规定时间返回。未经允许擅自外出者，后果自负，学院不承担责任。

（4）外出实习期间，必须尊重当地的民族风俗及习惯，避免与当地群众或其他人员发生冲突，做到宽容与谦让；上下班及外出活动应结伴而行，不得单独在外留宿、闲逛；必须注意交通、财物、饮食卫生及人身安全，增强自我保护防范意识，随时注意身边的安全，并及时提醒其他同学注意安全。

（5）不得参与传销等违法乱纪活动，严禁参与非法的娱乐活动或从事与实习实训无关的危险性工作；严禁酗酒、寻衅滋事、打架斗殴；严禁在床上吸烟、不规范用电；严禁到无安全设施或者无专业救护人员的场所游泳等。

（6）自己联系实习的学生和在危险行业（航海专业出海实习）实习的学生必须每半个月内与指导教师联系一次，汇报安全等情况，如发生重大事故，应及时向指导教师、专业系报告。学生无故离岗，实习小组组长应及时向实习指导教师汇报情况。

（7）凡违反实习实训安全管理规定，造成个人人身安全事故和损失的，由学生本人负责，学院不承担责任。造成集体和国家损失的，视情节轻重，按有关规定处理。

第十五条 校内实习实训过程管理

（1）实习实训指导教师负责组织学生实施实训活动。实习实训指导教师必须按时到岗，工作期间不得擅离工作岗位。

（2）学生进入实习实训室前必须认真预习实训指导书，明确实训目的、原理和步骤。

（3）实习实训前，指导教师应向学生交代清楚本实验室实训设备的安全操作规程和注意事项；要求学生爱护公物，注意安全，并根据实训中的情况，提供必要的安全保护用具。

（4）学生进入实习实训室必须自觉服从管理，听从指挥，严格遵守仪器设备的操作规范。对故意违规和严重违纪的学生，指导老师应立即停止其实训活动。

（5）学生应严格按操作规程进行实习实训，若在实习实训过程中发现仪器设备有损坏、出现故障等异常情况，应立即切断电源、保护现场，并报告指导教师处理。因违反操作规程而造成仪器设备损坏者，需按照有关规定酌情赔偿，并作违规处理。

（6）实习实训完毕，必须按原样整理好仪器设备及配件，将个人物品和废纸杂物带离实训室。

第十六条 校外集中实习的过程管理

（1）学生赴校外实习前，各学院要事先确定实习指导教师，由实习指导教师负责组织实施校外实习活动。

（2）指导教师应根据实习大纲要求，在实习前深入现场了解实际情况，收集资料，会同实习单位有关人员，制订切实可行的实习执行计划（包括实习场所及岗位、实习内容与要求、实习程序及时间分配、技术报告及安排等），经专业系同意，报教务处备案，并提前组织学生认真学习实习大纲、实习指导书、实习执行计划等，明确实习目的和要求，了解时间安排和步骤，布置实习日记和报告，介绍实习单位简况及实习注意事项。

（3）实习前，指导教师应当对学生进行相应的安全教育，明确安全保护要求和实习纪律，告知学生在实习活动中应当注意的事项，采取必要的措施，预防安全事故的发生，保护学生安全。

（4）在实习过程中，指导教师要对学生严格要求，加强指导，在对学生进行专业指导的同时，对可能存在的安全隐患，及时提醒每位学生，确保每位学生的安全。实习过程中的安全教育应日常化、制度化，指导教师应每天就当天的实习内容制定安全预案，并传达到每一个学生。各实习小组组长协助指导教师进行安全管理，尤其在有车辆通行的道路上应强调交通安全。

第十七条 毕业生产实习的过程管理

（1）生产实习前，各学院要事先确定实习指导教师，由实习指导教师负责学院统一安排生产实习的学生的安全管理日常工作，自己联系实习的学生的安全教育及管理工作由学生家长负责。

（2）各学院在选择校外实习基地的过程中，应慎重考虑校外实习基地的合作可行性，要选择信誉较好、能够宽以待人的企业作为校外实习基地，使学生能够有不断进步的空间，并注意建立学院与用人单位的良好关系，使学生在和谐、安全的氛围中实习。用人单位有高空作业或不安全因素的工作时，学生和实习指导教师要主动与学院沟通，再与用人单位协商彻底解决安全隐患。

（3）实习学生住宿原则上应由二级学院与企业解决，学院和企业应对学生的住宿环境做出相应的评估，存在安全隐患的，要先解决后入住。要教育学生，入住后如发现存在安全隐患，应立即向指导教师反映，指导教师应迅速，采取相应的措施予以解决。

（4）各学院应积极动员学生办理意外伤害保险，摸清本学院学生办理保险的情况，并向实习单位讲明所接受学生的投保情况。

（5）生产实习前，班主任应将实习班级学生姓名、家庭地址、学院生产实习负责人姓名、指导教师姓名、班主任姓名及上述联系人电话等造册发给学生和相关人员，并报学院备查。

（6）学生外出实习前，学院应对实习指导教师和实习学生进行集中安全教育，对实习中可能出现的各种安全隐患及防范措施向学生讲清，必要时应与每位学生签订实习期间的安全管理责任书。

（7）实习学生必须尊重实习指导教师，并遵守实习单位的规章制度和安全制度，对违反规定的学生，指导教师应及时给予批评教育；对情节严重者，指导教师应立即停止其实习活动，令其返校，并向专业系报告。学生因事、因病不能到岗实习时必须同时向实习单位指导教师和学院指导教师请假；更换实习单位必须由本人申请，指导教师、专业系批准；未经允许擅自外出、更换实习单位等，出现安全事故，由本人负责，学院不承担责任。

（8）各指导教师要抓好从学院到实习单位落实的衔接工作，及时将实习单位联系人姓名及联系方式告知学生；每半个月要与实习学生联系一次，时刻提醒学生注意防火、防电、防溺水、防交通事故等事项，提高认识，有问题要在第一时间向学院汇报；学院在实习阶段要组织指派巡查人员至少一次深入实习点，了解学生实习情况，检查并消除安全隐患；学校教务处要不定期以各种方式对各学院实习安全工作进展情况进行检查，督促指导各学院完善工作。

（9）学生必须遵守学院相关安全纪律要求及管理制度，增强自我保护防范意识，发生突发性事件和安全事故应立即向实习单位、家长和学院报告，特殊情况立即报警。

第五章 事故处理

第十八条 当与他人发生冲突事件时，现场所有人员均应主动出面制止和劝解，避免事态进一步恶化，企业有关负责人、实习小组组长等应尽快将情况反映给实习指导教师，实习指导教师应按有关规定对事件快速做出处理，并将情况反馈回学院。

第十九条 当学生发生人身伤害、突发疾病等情况时，首先应联系医疗机构进行紧急救治，并及时报告系学生实习实训工作领导小组，有关人员接到通知后应立即中断一切事务（放弃休假）赶赴事故现场，配合救援和处理善后事宜。

第二十条 当发生一般财产损失情况时，在场指导教师与学生应保护好现场，视情况报告学院及公安机关，请求调查处理。

第二十一条 当生产和生活环境发生灾难性事件时，学生及现场人员应迅速撤离事件现场，并迅速通知指导教师和学院。同时视灾情轻重，在确保自身安全的情况下，采取必要的救灾措施。

第二十二条 在发生重大事故后，学院实习实训工作领导小组应及时向学校教务处和教学副校长报告，及时通知学生家长，并将事故发生过程以书面形式上报。

第二十三条 学生在非学院安排的实习中，在放假期间，在学生自行上下班、离厂（校）、返厂（校）途中等发生的安全事故，由学生本人负责，学院可协助处理，但不负安全责任。

第二十四条 因管理不善、工作不负责任、徇私舞弊、忽视生产安全等造成实习学生安全事故的，视情节严重程度，根据学院的有关规定，追究直接责任人和主要领导责任人的相应责任。

第六章 附 则

第二十五条 本规定未涉及的安全管理工作内容，参照有关管理部门和学院的相关文件执行。

第二十六条 本暂行办法自发布之日起试行。

第二节 教学中心的基本任务与管理制度

一、教学中心的基本任务

（1）根据学校人才培养目标、教学计划和实验教学大纲的规定承担实验教学任务，编写实验教学讲义或实验指导书，按照实验教学计划认真准备，按时、按质、按量完成实验教学任务。

（2）积极开展实验教学改革，通过吸收与补充科研和教学的新成果，不断更新、充实实验教学内容，更新实验教学项目，改进实验教学方法。根据不同实验层次和实验科目，科学合理地设置实验内容和安排实验进程，逐步减少基础性实验比例，提高综合性和设计性实验比例，增设选修实验和创新实验。着力培养学生的创新能力以及发现问题、分析问题和解决问题的能力，树立学生理论联系实际的学风和严谨求实的科学态度，提高学生的综合素质。

（3）承担高校水产养殖学专业、制药工程专业以及其他专业与水产生物相关课程的实验教学任务。

（4）做好仪器设备的配套、管理、维修、改造、计量和标定工作，保证仪器设备时刻保持在完好可应用的状态。

（5）认真贯彻国家和学校有关实验室建设和管理的各项规章制度，使各项实验室管理工作规范化、制度化；注重精神文明建设，做到教书育人、管理育人、服务育人。

（6）教学实验室要与科研实验室建立良好的互动关系，教学实验室除完成实验教学任务外，应努力为教师开展科学研究提供便利；科研实验室有责任承担本科生的创新设计实验和本科生毕业设计实验等教学工作。教师应将适合本科生实验的最新科研成果设置为实验项目，以更新实验教学内容，提高本科生实验教学水平和效果，了解科技发展动向。

（7）积极建设开放性实验室，分为"实验内容开放"和"实验平台时间开放"。实验内容开放是指师生可根据自身兴趣，在课余时间进入中心的开放实验室开展实验教学计划之外的自主实验或研究；实验平台时间开放是指实验室全天24小时开放，采用"集中"和"自由"相结合的开放管理方式，解决实验室管理和学生自主选择之间的矛盾。

（8）在保证完成在校本科生和研究生实验教学的前提下，向兄弟院校和社会企业开放、向中小学开放，充分发挥中心的辐射和示范作用。同时，提倡充分利用中心的资源、人才和技术优势，对外开展实验教学、实训教学、检查化验、分析测试、技术培训等社会服务，提高仪器设备利用率，推动技术交流与合作。

二、科技竞赛活动管理办法

第一条 为了鼓励在校大学生积极参加科技竞赛活动，充分调动和发挥学生学习的积极性和创造性，增强学生的实践能力与创新意识，提高综合素质，特制定本办法。

第一章 竞赛范围

第二条 国家级及以上学科竞赛（A类）：包括国际性的科技竞赛，如 ACM

国际大学生程序设计竞赛、ImagineCup 微软全球学生大赛、美国大学生数学建模竞赛（MCM）等以及教育部（高教司）组织的全国高校范围的科技竞赛，其竞赛种类包括（但不限于）全国大学生电子设计竞赛、全国大学生电子设计竞赛嵌入式专题竞赛、全国大学生数学建模竞赛、全国大学生广告艺术设计大赛、全国大学生英语演讲竞赛、全国大学生化学实验竞赛、全国大学生电子商务竞赛、全国大学生机械创新设计大赛、全国周培源大学生力学竞赛、全国大学生结构设计竞赛、"挑战杯"全国大学生课外学术科技作品竞赛、"挑战杯"全国大学生创业计划大赛、全国大学生智能汽车竞赛、中国 MEMS 传感器应用大赛、全国高等医学院校临床基本技能比赛、全国大学生节能减排社会实践与科技竞赛、全国高校学生 DV 作品大赛、全国大学生软件设计竞赛、全国大学生工程创新训练综合能力竞赛、全国大学生交通科技大赛、全国大学生控制仿真挑战赛、全国大学生物理实验竞赛、全国大学生可持续建筑设计竞赛、全国大学生物流设计大赛等。

第三条 省级科技竞赛（B 类）：是指"挑战杯"和由教育厅组织的学科竞赛。其竞赛种类包括（但不限于）"挑战杯"大学生课外学术科技竞赛、"挑战杯"大学生创业计划大赛、大学生数学建模竞赛、大学生电子设计竞赛、大学生结构设计竞赛、大学生机械设计竞赛、大学生程序设计竞赛、大学生多媒体作品设计竞赛、大学生财会信息化竞赛、大学生电子商务竞赛、大学生英语演讲比赛、大学生工业设计竞赛、大学生生命科学竞赛、大学生医学竞赛、师范生教学技能竞赛等。另外还包括部分由教学指导委员会或相关学会组织的全国影响较大的竞赛，如全国大学生数学竞赛、全国大学生英语竞赛（NECCS）、中国机器人大赛等。

第四条 市级和校级科技竞赛（C 类）：包括部分由省教学指导委员会或相关学会组织的省级竞赛，如浙江省大学生数学竞赛、浙江省大学生物理创新竞赛等，舟山市举办的相关专业性或学科性竞赛以及学校组织的各类校级科技竞赛。为了进一步推动我校学生课外科技活动的开展，活跃校园的学术氛围，提高学生的动手能力和创新意识，同时为参加校外竞赛做准备，在不影响正常教学的前提下，学校鼓励各教学单位举办校内科技竞赛。

第五条 学校重点支持省级及以上的科技竞赛项目。

第二章 竞赛的组织与管理

第六条 对教育部（高教司）和省教育厅组织的科技竞赛，学校成立竞赛工作领导小组，由学校教务处、相关学院（部门）分管领导组成，全面指导与协调竞赛组织工作。领导小组下设办公室，负责各类竞赛的日常管理工作，办公室地点设在教务处实验与实践科。

第七条 教务处负责审定各类科技竞赛实施方案（培训辅导教学计划、竞赛经费预算等），核批辅导教师工作量、学生获奖名单及奖金标准。

第八条 相关学院成立科技竞赛工作小组，全面负责竞赛工作，并制定相应的科技竞赛实施方案（附培训辅导教学计划）报教务处审定备案。

第九条 竞赛项目实施工作由相关学院领导总负责，落实专人负责竞赛的宣传、组织、报名与参赛工作，指派教师具体负责竞赛指导工作，并为参赛学生提供赛前训练和参赛所需的必要设备、仪器、材料和场地。竞赛结束后，相关学院将竞赛书面总结、辅导教师工作量报表等材料上报教务处实验与实践科。

第十条 各相关学院要加强竞赛指导教师队伍的建设工作，挑选具有高度责任心、较高业务水平的教师组成相对稳定的科技竞赛指导队伍，以保证科技竞赛取得好成绩。

指导教师职责：

（1）选拔与确定参赛学生、研究与制定培训方案、组织与实施培训内容和过程，按竞赛组委会和学校要求完成竞赛的全过程。

（2）指导教师负责人应从培养学生创新能力、提高学生分析解决实际问题能力的角度出发，根据我校学生特点，组织全体指导教师认真研究竞赛培训方案，制定并实施培训内容，检查培训与竞赛过程的各个环节，及时总结经验，修正培训方案，对竞赛各项具体工作负责。

（3）指导教师应主动配合负责人的各项工作，认真完成各项任务，注意科技竞赛后备人员的培养和储备工作；在指导过程中，既要注意对学生个人综合能力的培养，又要注意对学生团队协作精神的培养。

（4）指导教师应按竞赛实施计划内容进行辅导教学，做好每次竞赛辅导内容的登记工作，并对学生进行考勤记录。

第三章 竞赛经费

第十一条 为了鼓励广大师生积极参与各项科技竞赛，学校给予一定经费支持，以确保竞赛工作的顺利进行。省级及以上科技竞赛专项经费由教务处统一管理。竞赛组织院（系）或指导教师（组）填写《浙江海洋大学本科生学科竞赛经费申请表》，报教务处审批。

第十二条 参加教育部（高教司）、省教育厅组织的竞赛报名费、资料征订费、竞赛期间交通费、住宿费由教务处竞赛专项经费支付，其他消耗材料及器件费从相关组织学院教学业务费中开支。竞赛经费专款专用，不得挪作他用。

第四章 相关政策

第十三条 科技竞赛项目必须获得学校批准后方可组织实施，省级及以上科技竞赛的获奖学生可获得学分和奖励，指导教师获相应工作量和业绩量，具体办法如下。

1. 学生

（1）根据竞赛类别、获奖等级的不同，获奖学生可获得相应的学分。学科竞赛学分认定标准参照《浙江海洋大学本科学生创新学分实施办法（试行）》。

（2）学生凭竞赛获奖的有关证明材料向所在学院申报，经学院教学委员会审核，报教务处备案。

（3）学分替代：在竞赛内容与拟替代的课程内容基本相符的情况下，获奖学生可向所在学院提出申请，由所在学院教学（指导）委员会审核，报学院教学院长批准后，取代实践教学模块内的课程。

（4）对在教务处认可的科技竞赛中获得全国三等奖及以上奖项的在校全日制本科学生（以获奖证书和主办单位发文作为学生获奖依据），根据学校相关政策，在同等的条件下，可优先考虑免试直升研究生，在转专业、奖学金发放、评优等方面给予优先考虑。

（5）对获奖学生根据《浙江海洋大学学生校外竞赛奖励办法》进行奖励，奖金在竞赛后凭学生获奖证书复印件经学生处审核后发放。

2. 指导教师

（1）组织和指导学生参加国内外高水平学科竞赛，酌情给予指导教师一定的竞赛辅导课时补贴。课时费计算参照学校平均教学课时费的标准执行。

①经学校批准，组织参加 A 类学科竞赛，根据竞赛性质、组织工作量和获奖等级，每项赛事给予每组参赛队伍的指导教师（组）72～96 个"标准班学时数"的教学资源补贴。

②经学校批准，组织参加 B 类学科竞赛，根据竞赛性质、组织工作量和获奖等级，每项赛事给予每组参赛队伍的指导教师（组）36～54 个"标准班学时数"的教学资源补贴。

③经学校批准，组织参加 C 类学科竞赛，根据竞赛性质、组织工作量和获奖等级，每项赛事给予每组参赛队伍的指导教师（组）12～24 个"标准班学时数"的教学资源补贴。

④经学校批准，主办或承办省级及以上大学生学科竞赛，根据组织工作量的大小，每次每项赛事给予相关学院 144～288 个"标准班学时数"的教学资源补贴。

（2）指导教师的竞赛成果可申报学校优秀教学成果奖。

（3）竞赛辅导课时原则上不列入其他年终教学工作量考核统计，获奖项目的指导教师按《浙江海洋大学教学、科研、学科建设业绩量化办法》（浙海院发〔2010〕5 号）进行奖励。

第十四条 竞赛期间补贴：参加教育部（高教司）、省教育厅组织的科技竞赛，竞赛期间学校对指导教师给予每人每天100元补贴（指导教师人数每队不超过2人），对参赛学生给予每人每天35元补贴，参赛天数以各类参赛文件规定为准。

第五章　附则

第十五条　本办法自公布之日起执行，原《浙江海洋大学关于学生参加学科竞赛的暂行规定》（浙海院教发〔2002〕64号）取消，由教务处负责解释。

三、创新性实验项目实施办法

第一章　总则

第一条　为贯彻落实教育部、财政部《关于实施高等学校本科教学质量与教学改革工程的意见》（教高〔2007〕1号），浙江省教育厅、财政厅《关于实施浙江省大学生科技创新活动计划的通知》（浙教高教〔2008〕154号）和浙江海洋大学关于印发《浙江海洋大学本科教学质量与教学改革工程实施意见的通知》（浙海院发〔2007〕57号）文件精神，培养大学生的创新意识、创造精神和创业能力，提高大学生科学研究素质，进一步提高我校学生的实践能力与创新能力，特制定本办法。

第二条　学校鼓励全体学生积极开展科学研究活动，通过开展实验、设计、发明以及其他科研活动，激发学生的创新意识，逐渐掌握思考问题、解决问题的方法，提高其创新实践的能力。

第三条　学校教务处是大学生研究性学习与创新性实验项目的组织和管理部门，负责每年申报项目的评审、结题验收等管理工作。学院负责项目组织申报、验收的材料落实、汇总上报等具体工作。

第二章　项目申报

第四条　凡我校全日制本专科学生均可参加项目申报（毕业班学生原则上不申报）。学生可以个人独立申报，也可以组成团队申报；团队申报可以是本专业学生组合，也可以是跨专业、跨学院学生组合。团队申报一般不超过5人，要求分工明确、团结协作。跨学院的项目由项目负责人所在学院申报。

第五条　申报项目以研究性学习与创新性实验项目为主，在教师指导下，由学生自主选题，自主设计实施方案。项目选题要切合实际、思路新颖、目标明确、具有创新性和探索性，研究方案及技术路线要可行。

第六条　项目申报一般每年一次，项目负责人填报《浙江海洋大学大学生研究性学习和创新性实验项目立项申报书》，于每年5月1日至5月15日报送，项目执行时间为1～2年。

第三章　项目立项

第七条　学院成立项目评审小组，对学生申报项目进行初评，并推荐申报校级立项。学校组织专家对各学院推荐申报项目进行评审，对申报时有论文、专利、研制仪器等具体成果的优先考虑立项。

第八条 学校根据专家评审，并依据当年经费等情况确定资助项目的金额和数量。校级立项项目一般每年为 50～60 项，由学校正式发文公布，并可从中推选 15～20 项（理工科）申报浙江省大学生科技创新（新苗人才计划）项目。

第四章 项目运行

第九条 项目以学生为主体，指导教师对学生的研究性学习与创新性实验活动进行指导。学校的各级实验室向参与项目的学生免费提供实验场地和实验仪器设备。

第十条 项目执行时间为 1～2 年，在学生毕业离校前必须完成。项目组如因实际困难或选题有所改动等原因不能按期完成者，经教务处同意后可适当延期或调整项目内容，延期不超过半年。由于不可抗原因而必须终止研究的项目，应由项目负责人提交项目终止报告，由学院批准后报教务处备案，学校将取消该项目计划，并终止该项目的经费资助。

第十一条 获批项目的学生必须合理安排时间，积极开展项目研究，遵守学校实验室管理的规定，并确保实验过程及人身安全。

第十二条 指导教师必须认真履行职责，指导学生阅读文献，拟定、论证研究（设计）方案，对学生进行指导，并注意加强对学生科研的基本素质、技能、创新性思维和方法的培养，认真指导学生论文（报告或设计书）。

第十三条 学院要重视学生项目研究，通过经验交流会等多种形式组织学生进行研究交流，及时总结学生在项目实施过程中取得的成绩和存在的问题，搭建资源共享的信息平台，形成带动和辐射作用，营造创新氛围。

第五章 项目验收

第十四条 学院对项目进行中期或阶段性检查，对存在的问题要高度重视，及时提出整改意见和措施；项目完成后，项目负责人填报《浙江海洋大学大学生研究性学习与创新性实验项目结题（验收）报告书》，并提供论文、设计、专利、成果实物、记录本、学生和指导教师工作总结等相关材料。

第十五条 学院对项目组提交的项目结题报告书和成果实物等其他材料进行审核，同意后报教务处。对有论文成果的项目以公开发表论文作为验收的重要依据，对没有发表的研究论文也应按照浙江海洋大学学报的论文排版格式组稿，并同时上交电子文档。

第十六条 教务处组织专家组对各项目进行审核验收，提出验收结题意见并发文公布，验收结论为优秀、合格、不合格。

第六章 项目经费管理

第十七条 大学生研究性学习与创新性实验项目经费由学校教务处列专项集中管理使用，每个项目经费额度为 500 ~ 1000 元。学生项目经费由项目指导教师及教务处领导审批，实行专款专用，主要用于调研交通费、测试加工费、资料复印费等必要开支；实验用低值品及耗材可在学院实验材料费中列支，由项目指导教师或实验室管理人员办理购置手续；项目论文发表版面费可凭期刊论文复印件到教务处单独报销。指导教师不得使用学生研究经费，教务处按规定对经费进行监管。

第十八条 申报项目立项公布后，学校在教务处专用账户中拨付项目研究经费。项目组成员结题前允许结报项目总额的30%，结题后允许结报项目剩余的70%经费。项目经费报销应严格遵守学校财务制度，报销的总金额不得超过项目资助经费。报销单据需由学生项目负责人、指导教师及教务处领导签字后方可报销。

第十九条 对同时推选申报浙江省大学生科技创新项目并获立项的项目按《浙江省大学生科技创新基金管理办法》及《浙江省大学生科技创新项目实施办法》执行。

第七章 奖惩机制

第二十条 学校对此项工作开展情况好、成绩突出的学院和教师给予表彰，并在下一年度项目申报中给予重点支持。对于指导工作不负责任的教师和项目研究不认真的学生，在下一年度项目申报中不予考虑。

第二十一条 对于适合作为毕业论文（设计）的项目，经项目负责人申请，学院毕业论文（设计）工作领导小组同意，可作为毕业论文（设计）题目，继续研究。

第二十二条 对指导学生项目并在学校期刊收录名录中发表研究论文的指导教师，学校按照业绩量化办法予以奖励。

第八章 附则

第二十三条 本实施办法自公布之日起执行，由教务处负责解释。

第三节 实验室的管理内容与管理办法

一、实验室的分类与设置

（一）实验室的分类

实验室按功能分为教学实验室、科研实验室和实验公共平台。教学实验室主要面向学生进行实验教学，其按课程分为基础课（含专业基础课）教学实验室和专业课教学实验室；科研实验室主要从事科学研究，是根据教师科研方向设立的实验室；实验公共平台是学院为了充分发挥仪器设备的利用率，更好地为教学和科研服务而设置的全天候开放的公共实验室（图 3-1）。

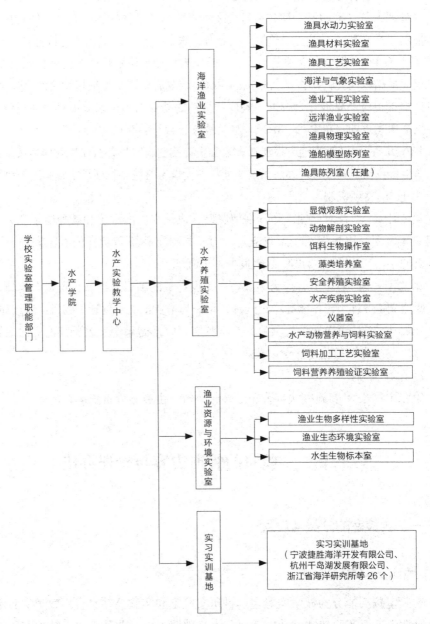

图 3-1　水产实验教学中心组织机构框图

（二）实验室的设置

实验室的设置应具备以下基本条件：

（1）具有稳定的学科发展方向和饱满的实验教学或科研、技术开发等任务。

（2）具有符合实验技术工作要求的房舍、设施及环境。

（3）具有足够数量配套的仪器设备。

（4）具有合格的实验室主任和专职实验室工作人员。

（5）具有科学的工作规范和完善的规章制度。

（6）实验室的建立、合并、调整与撤销必须由主管部门进行论证，制定方案，报学校教务处。由学校教务处、设备处、科研处、人事处会签后，报学校领导批准。

二、实验室的管理内容与管理办法

（一）实验室的管理内容

实验室的管理对象包括人、事、物、信息、经费等，内容涵盖实验室建设、运行、可持续发展和实验教学的全部活动。

（二）实验室的管理办法

第一章　总则

第一条　为加强实验室建设和管理，保障实验教学质量和科学研究水平，提高办学效益，根据《高等学校实验室工作规程》，结合学校具体情况，特制定本办法。

第二条　实验室是教学科研的重要基地，是衡量学校办学质量和水平的重要标志之一。各级领导要高度重视实验室的建设，全体教职工必须积极参与实验室的各项工作。

第三条　实验室是正式建制的教学或科研实体。实验室的建立、撤销或调整，必须按照规定经学校正式批准。学校各类实验室由学校统一归口管理。

第四条　实验室建设必须坚持勤俭办学的方针，从实际出发，明确目标，统筹规划，合理布局，做到建筑设施、仪器设备、技术队伍与科学管理协调发展，提高投资效益。

第五条　实验室必须认真贯彻党的教育方针，保证完成实验教学任务，不断提高实验教学水平；根据需要与可能，积极开展科学研究、技术开发和社会服务工作，为经济建设和社会发展服务。

第二章 基本任务

第六条 实验室要根据教学计划和教学大纲规定，承担实验教学任务，保质保量完成各项实验。实验室要完善实验讲义、实验指导书等教学资料，做好实验仪器设备及材料的准备工作，合理安排实验教学人员，保证实验教学的顺利进行。

第七条 实验室要不断吸收科研和教学的新成果，积极开展实验教学改革，努力提高实验教学质量。要有一定比例的选择性实验和综合性、设计性实验；要使学生掌握科学的实验方法，通过实验教学环节，努力培养学生理论联系实际的学风和严谨的科学态度，提高分析问题和解决问题的能力。

第八条 实验室要积极创造条件，在保证完成实验教学任务的同时，对学生、教师和社会开放，接纳各方面的实验任务，建立并完善实验室开放运行机制和管理制度。

第九条 实验室要积极组织、开展实验装置的研究、自制和功能开发，做好仪器设备的管理、开发、维修、改进、计量及标定工作，提高仪器设备的使用率和完好率，保证实验数据的准确性和实验结果的可靠性。

第十条 实验室要积极组织制定并实施实验室工作的各项规章制度，根据实验教学工作需要，加强实验技术人员的培训和管理，充分调动其积极性和自觉性，有效地完成本职工作。

第三章 建设

第十一条 设置实验室，应当具备以下基本条件：

（1）有稳定的学科专业发展方向和饱满的实验教学或科研、技术开发等任务。

（2）有符合实验技术工作要求的房舍、设施及环境。

（3）有足够数量和配套齐全的仪器设备。

（4）有合格的实验室主任和一定数量的专职工作人员。

（5）有科学的工作规范和完善的管理制度。

第十二条 实验室的建设与发展，要根据学校总体发展规划，制定近期和长远规划。其中环境设施、实验用房、大型仪器设备、人员结构、经费投入等要纳入学校总体规划之中；设备购置费、实验运行费、设备维修费均要纳入学校财务计划，全校统一管理，统筹安排；工作人员的配备与结构调整要纳入学校人事计划。

第十三条 实验室建设实行项目管理，并按照立项、论证、实施监督、竣工验收、效益考核等项目管理办法的程序，由学校或上级主管部门统一归口，全面规划。

第十四条 实验室建设经费，除上级主管部门专项拨款外，采取多渠道集资办法。要从教育事业费、基建费、科研费、计划外收入、各种基金中划出一定比例用于实验室建设。凡利用实验室进行有偿服务的，都要将收入的一部分用于实验室建设。

第十五条 要积极创造条件，争取建立国家级、省部级的实验教学示范中心、重点实验室和工程研究中心，以适应高科技发展和高层次人才培养的需要。

第四章 体制

第十六条 实验室实行校、院（中心）两级管理。学校由一名分管校长主管全校实验室工作，各学院（中心）由一名分管院长（主任）主管本院（中心）实验室工作。根据学校实际情况和承担任务不同，可设置不同管理层次的实验室。

第十七条 学校负责实验室管理的职能部门是教务处，在分管校长领导下行使管理全校实验室工作的职能，其主要职责是：

（1）贯彻执行国家有关的方针、政策、法令和上级主管部门的有关规定，结合实际情况拟定相应的实施细则。

（2）检查督促各实验室完成本办法第二章所列的各项基本任务。

（3）组织制定和实施实验室建设规划与年度计划，负责组织各级各类实验室建设项目的评审和检查验收工作，掌握建设规划的执行情况。

（4）拟定与完善实验室各种规章制度，各种检查评估、评选等实施标准体系与方案。

（5）配合人事部门做好实验室人员定编、定岗、岗位培训、考核晋级、职称、职务评审和聘任、表扬奖励先进等各项工作。

（6）组织开展实验室效益评估工作，提高实验室综合效益。

（7）按时完成上级部门所需的各种实验室基本信息的收集、整理和上报工作。

（8）为学校领导提供实验室建设与管理、实验教学、实验设备及实验技术人员等资料，为领导决策提供依据。

第十八条 实验室实行主任负责制，实验室主任负责实验室的全面工作。实验室主任应由政治思想觉悟较高、业务能力强、热爱实验室工作、有实验室工作经验和组织管理能力的副高级以上职称（或博士学位）专业人员担任，由学校统一聘任或任命。其主要职责是：

（1）负责制定本实验室的建设规划和计划，并组织实施和检查执行情况。

（2）领导并组织完成本办法第二章所列的各项基本任务。

（3）搞好实验室的科学管理，贯彻执行学校的有关规章制度。根据本实验室特点，制定本实验室管理的具体规章制度。

（4）组织领导本实验室各类人员的全面工作，制定岗位责任制，负责对本实验室专职工作人员的培训及考核、考勤工作。

（5）负责本实验室精神文明建设，抓好工作人员和学生的管理教育。

（6）定期检查、总结实验室工作并开展评比活动。

第十九条　学校设立实验室建设与管理委员会，该委员会由分管校长领导，对全校实验室建设和管理、实验室资源配置和实验队伍建设等重大问题进行研究、咨询，提出建议。

第五章　管理

第二十条　实验室的房屋、设备、人员等资源是为完成学校的实验教学、科学研究、生产实习和技术开发任务而配置的，未经学校主管部门批准，任何单位和个人不得随意侵占。

第二十一条　实验室要实行科学管理，完善各项管理制度。实验室建设、实验项目卡片、实验教学任务、实验情况、实验人员变动情况、科研与对外服务、大型设备使用、设备维修、财产变更、经费等实验室基本信息实施计算机管理，进行记录、统计和分析，及时为教学和上级主管部门提供实验室的准确数据。

第二十二条　实验室要建立健全岗位责任制度、操作规程、安全制度以及其他有关管理条例、规章制度等。要定期对实验室工作人员的工作量和水平进行考核。

第二十三条　实验室的仪器设备和材料、低值易耗品的管理按照《浙江海洋大学仪器设备管理办法》《浙江海洋大学实验室材料、易耗品、低值品管理办法》和《浙江海洋大学大型精密仪器设备管理办法》等有关规定执行。

第二十四条　做好工作环境管理和劳动保护工作。针对高温、低温、辐射、病菌、噪声、毒性、激光、粉尘、超净等对人体有害的环境，要切实加强治理、监督和劳动保护工作。对于在有害、有毒环境中工作的人员，按学校有关规定享受保健津贴和劳动保护待遇。

第二十五条　严格遵守《中华人民共和国保守国家秘密法》及国务院颁发的《化学危险品安全管理条例》等有关安全保密的法律法规和制度，并根据实验室的特点，建立安全操作规程，定期检查防火、防爆、防盗、防事故等方面安全措施的落实情况，切实保障人身和财产的安全。要经常对教师、学生进行保密教育，严守国家机密。

第二十六条　严格遵守国家环境保护工作的有关规定，不随意排放废气、废水、废物，不得污染环境。

第二十七条　定期总结、交流实验室建设与管理的经验。积极开展实验室工作及投资效益评估、评比活动，对成绩显著的先进集体和个人进行表彰和奖励；对工作不负责任或违章失职造成损失者，进行批评教育或行政处分，直至追究法律责任。

第六章 人员

第二十八条 实验室工作人员包括从事实验室工作的教师、研究人员、实验与工程技术人员、管理人员和工人。实验室工作人员与教师、管理干部一样都是学校教学科研的基本力量。

第二十九条 实验室工作人员必须拥护党的领导，热爱社会主义祖国，认真搞好实验室工作。各类人员除了明确自己的职责并努力完成本职工作外，必须注意刻苦钻研业务，不断提高自己的业务水平以适应学校教学、人才培养和科学研究的更高要求。

第三十条 实验室工作人员的岗位职责，按照学校有关规定执行。

第三十一条 实验室各类人员的职务聘任、晋升工作，根据实验室的工作特点和本人的工作实绩，按照国家和学校的有关规定执行。

第七章 附则

第三十二条 本办法由教务处负责解释，自公布之日起执行。

三、实验室基本信息收集及档案管理制度

实验室各项基本信息及数据是学校及各管理部门了解和掌握实验室状况、制定政策或管理制度的重要依据。实验室信息的收集、统计、上报、归档是实验室管理的基础性工作，对实验教学和实验室管理的有序开展具有十分重要的作用。根据《高等学校实验室工作规程》（中华人民共和国国家教育委员会令第20号）的文件精神，结合教育部办公厅《关于报送高等学校实验室信息统计数据的通知》（教高厅函〔2006〕45号）和浙江省教育厅《关于做好高等学校实验室信息统计工作的通知》的要求，为规范实验室信息的统计和管理，特制定以下制度。

（一）收集、存档、上报的基本信息

1.实验室应收集、存档、上报的基本信息

（1）应存档的教学信息。

①实验课程教学大纲、实验课程考试大纲、实验教案（讲义）、实验项目登记卡片（包括实验所使用的仪器设备、玻璃仪器、药品材料等）、实验课程成绩、学生实验报告、实验室运行记录、实验室开放记录等。

②指导教师试讲记录、预实验记录等。

③实验教学开课计划，包括实验室名称、实验课程名称、实验类别、实验项目名称与项目卡号、实验类型、实验班级与人数、实验指导教师、实验指导书、实验学时数等。

（2）应存档的技术与管理人员信息。

实验室技术与管理人员的情况，包括姓名、性别、出生年月、所学专业、实验室工龄、职务、职称、评职时间、业务专长、国内外进修时间、进修内容、发表的论文数量和级别等。

（3）应存档的设备和资产信息。

仪器设备固定资产账，低值耐用品账，材料易耗品账，仪器设备购置、调拨、报废相关清单或账簿，仪器设备编号（标签），仪器设备技术资料（包括说明书、保修单和操作规程等），仪器设备使用记录本，仪器设备维护维修记录，大型精密仪器论证报告和验收报告等。单价在40万元以上的大型精密仪器设备的信息需单独上报以下内容。

①本仪器设备本学期用于教学、科研和社会服务及开放使用的小时数，校内外测试的样品数量。

②本仪器设备本学期培训各类人员的职务和人数。

③本学期内利用本仪器设备开设的教学实验项目名称和数目（新增加的和改进的项目需标注）。

④本学期内利用本仪器设备正在进行和完成的科研课题和社会服务项目名称和数目，获奖课题名称、获奖级别、发明专利、论文情况等。

⑤本学期内对本仪器设备新开发的使用功能数目、维护人员数目，维护和使用本仪器设备的负责人。

（4）应存档的实验室建设信息。

实验室的建设规划，实验室建设项目相关信息（包括实验室建设项目申报书、任务书、责任书、立项和经费安排文件），实验室建设的财务信息（包括仪器采购和基建项目招标申请书、招标合同等），实验室规章制度的制定和执行情况等。

（5）应上报的实验室基本信息表。

实验室每学期结束前应以电子和书面（加盖部门印章）两种形式将《教学实验项目表》《专任实验室人员表》《实验室基本情况表》报送教务处；《贵重仪器设备表》（单价超过40万元）报送国有资产管理处。

2.国有资产管理处、计划财务处应收集、存档、上报的信息

国有资产管理处应按要求填写《教学科研仪器设备表》，并汇总《教学科研仪器设备增减变动情况表》。计划财务处应汇总并填写《实验室经费情况表》。表格的统计时间是上一年的9月1日至本年的8月31日。两部门应于每年9月10日前将表格以电子稿的形式报送教务处。

3. 教务处应收集、存档、上报的信息

教务处每年 9 月应将《高等学校实验室综合信息表》《高等学校实验室综合信息表二》收集、整理、存档并上报教育部。

（二）实验室基本信息收集、统计、上报的组织工作

（1）教务处具体负责实验室基本信息收集、统计、上报的组织工作。各实验室以及国有资产管理处、计划财务处等相关部门应予以配合。

（2）在实验室工作的专兼职人员、教师、研究人员有义务、有责任向实验室信息管理人员提供相关信息资料。各实验室和相关部门要及时收集、统计实验室基本信息，并按照要求及时报送各类表格。

（3）实验室各种信息统计要准确，凡上报的统计数字要有据可查且不得随意改动；发现错误应及时说明情况，经教务处或相关部门审核后更正。

（4）实验室各种统计资料的原始资料要妥善存放，由专人监管，做到及时收集、整理、编号、登记、装订成册，并填写归档日期，以保证信息统计工作的有序性和延续性。

第四节　实验室内物品使用管理制度

一、教学实验室及室内物品使用管理制度

教学实验室是学校实验教学工作的重要支撑和保障。为充分利用实验室的资源，提高实验室的使用率，保证实验教学改革的顺利进行，发挥教学实验室人才培养的作用，全面提高实验教学质量和教学水平，结合中心教学实验室的实际情况，制定教学实验室使用管理制度。

（1）教学实验室的各种物品，包括仪器设备、家具和实验药品等，均为中心用于实验教学的国有资产，由专门的实验室管理人员进行管理，并根据实验教学的实际需要经中心主任审核，统一调配使用。

（2）为了加强开放实验室的建设与使用管理，中心开放实验室采用门禁系统、ZZSH-HN 仪器智能管理系统和视频监控系统进行智能化管理。师生可通过申请门禁电子卡进出开放实验室，并申请密码使用重要仪器设备。师生使用开放实验室要严格遵守实验室管理的有关规定，确保实验室安全，爱护仪器设备，维护公共卫生，违反管理规定将取消进出开放实验室资格，因个人原因造成仪器设备损坏

的，将追究相关人员责任。

（3）非中心师生使用中心实验室及其仪器设备等，需预先申请并报中心主任批准；未经中心主任批准，任何人不得接纳外来人员到实验室工作，如发现私自接纳外来人员，中心将追究相关人员的责任。

（4）各实验室管理人员要加强责任意识，强化实验室安全、卫生、物品、人员、钥匙、各种记录、实验室改造和仪器设备维修等管理。每天都要巡视和检查所管理实验室的安全、卫生、人员和物品情况，做好记录，发现异常及时处理；在管理人员无法处理时应及时报告实验室负责人和学校实验室管理部门。如果因管理不当造成损失的，将追究相关管理人员的责任。

（5）未经管理人员同意，不得随意搬动各实验室的各种物品（包括室内物品的移动和拿出实验室）；物品调配时，必须有中心负责人签字，并由管理人员做好调配交接记录，修改实验室信息管理数据库相关信息，并提交到相关管理人员和档案室备案。

（6）各实验室管理人员要针对各实验室的具体情况制定相应的实验室管理细则（如无菌室使用管理细则、细胞培养室管理细则、动物实验室管理细则、低温冷库使用管理细则等），责任落实到人，并严格执行。

（7）实验室物品发生损坏或丢失，要及时报告实验室管理人员，管理人员负责追查损坏或丢失的原因，确定责任人，并按管理规定提出处理意见，报中心负责人审批；损失较大时需报学校实验室管理部门，如未及时报告或无法查清损坏或丢失的原因，由管理人员负责。

（8）实验室及所有仪器设备均为学校教学和科研平台的一部分，中心应采取有效的措施为师生使用提供便利，努力提高使用效率。师生在使用前必须征得实验室管理人员同意，并严格按照各实验室的管理规定使用，确保实验室及物品安全。若有物品损坏要及时报告实验室管理人员，并如实报告操作使用过程和造成损坏的原因，等待处理意见。若使用人在使用时不遵守实验室的相关管理规定，管理人员有终止其继续使用的权利；若屡教不改，报经中心负责人批准，可取消其使用资格。

（9）使用人自己所在实验室具有的仪器设备等物品，因损坏等原因无法使用而需从其他实验室借用时，其他实验室管理人员可根据该设备修复所需时间确定其可使用该仪器设备的期限，超过期限可终止其使用资格，以督促其尽早修复损坏的仪器设备，提高仪器设备的完好率。

（10）实验室的物品一般不对外借用，如确需外借则必须经过实验室管理人员或中心负责人批准。其中，中心各实验室之间借用试剂和低值易耗品需经借出实验室管理人员批准并登记；中心各实验室之间借用固定资产以及将中心实验室任何物品借出中心实验楼需经借出实验室管理人员同意后报中心负责人批准。私自借拿实验室物品，一经发现将追究相关人员责任。

（11）要保持实验室室内清洁卫生（包括实验台、水池、试剂架、地面、墙面、窗台、仪器表面、门框、废品回收桶、药品柜等）；物品摆放整齐；不得存放与实验无关的杂物。空瓶、废液瓶、垃圾等要及时处理；对于有污染的实验废弃物要专门收集并按规定要求处理或集中交专业处理部门处理。

（12）实验室必须做好防火、防盗、防毒、防污染、防水灾、防台风等安全管理工作。实验室内禁止吸烟，不准从事与实验无关的其他活动。实验使用明火期间，实验操作区内不得离人。

（13）管理人员和使用人员离开实验室前必须做好室内卫生，并对室内的水、电等进行安全检查，填写实验室安全日志，确认安全后方可离开。

（14）以上规定若有与国家和上级主管部门有关规定相抵触的，按国家和上级主管部门规定执行。

（15）本制度自公布之日起执行。

二、实验药品使用管理规定

（1）实验室所有药品由专人负责保管。未经实验管理人员同意，任何人不得擅自进入药品室。

（2）实验管理人员必须及时做好新购药品的登记建账工作，同时将各类药品按规定分类合理存放。

（3）一般药品的使用建立流水账管理，由实验准备人员填写领用单后直接向药品管理人员领用，剧毒药品的使用严格按《水产实验教学中心剧毒药品使用管理规定》进行审批、领用。

（4）各类药品均应优先满足经审定的教学计划实验和开放实验，未列入药品采购计划的其他实验或科研需要原则上不予提供；用量较少时，经实验室主任同意可以领用。

（5）未经实验室主任批准，各类药品均不得外借。

（6）实验管理人员必须定期对药品进行清点，了解药品消耗情况，及时提出补充计划。

三、玻璃仪器使用管理规定

（1）玻璃仪器由专人负责管理，除管理人员和有关人员外，任何人不得随便进入仪器贮藏室。

（2）玻璃仪器入库要逐项登记建账，分类存放。使用过程中做好破损消耗情况记录。

（3）每周打扫一次卫生，保持玻璃仪器干净、摆放整齐及环境卫生。

（4）各种玻璃仪器应首先满足教学工作需要，而后满足科研工作的需要。科研中的专用玻璃仪器由课题组自己解决。

（5）玻璃仪器不得私用，非管理人员无权出借仪器。校内其他单位借用少量普通仪器，管理人员酌情处理。

（6）每年进行一次清点，及时补充，保证教学、科研工作的需要。

附表3-1 浙江海洋大学实验室开放项目申请表

项目名称				
项目类型	□发文项目 □自选项目		发文号	
申请人			联系方式	
学院		班级		学号
申请开放时间段				
申请开放实验室	实验室（中心）　　室（分室号：　　　）			
申请理由（请简明阐述理由、申请时间、所需使用仪器设备）： 项目意义、目的、步骤（自选项目需附页）： 所需使用主要的仪器设备和耗材： 签字： 年　月　日				
指导老师意见（填写是否同意申请人参加项目）： 签字： 年　月　日				

实验室意见：	
	负责人签字： 安全管理员签字： 　　　　　　　年　月　日
学院（中心）意见：	
	分管领导签字： 　　　　　　　年　月　日

备注：本表一式两份，一份交申请人，一份由实验室保存（年底与《实验室运行记录表》一起提交，作为实验室管理工作量审核）。

附表3-2　浙江海洋大学实验室开放计划汇总表

序号	学院（中心）	实验室	开放项目	项目来源单位（如已发文，请注明发文号）	项目负责人	指导教师	每人开放时间（小时）	开放人数	开放总学时	开放位置	实验室管理员	备　注
1	食药学院	化学实验中心	大学生化学竞赛	省教育厅〔2018〕1号	王**	李*	40	50	2 000	海科楼308	杨**、林*	10组，每组5人，每组实验10天，每天4小时
2	食药学院	化学实验中心	水样测定	自选项目	张**	王**	8	3	24	海科楼308	高**	张三、李四、王五

第四章 创新水产实验教学中心教学体系

实验教学是高校教学过程中的重要环节，是锻炼学生实践操作能力不可缺少的手段，是理论联系实际的必要途径，是理论学习的充实和发展。融入先进的实验教学理念和"以人为本"的管理理念，使实验教学管理科学化、规范化、网络化、目标化和制度化，显著提高中心工作效率和工作质量，对实现实验教学管理的跨越式发展，保证实验教学资源的真正共享，确保高素质创新型人才培养方案顺利实施，全面提升实验教学质量和办学水平具有十分重要的意义。

为提高中心的实验教学质量，保障实验教学高效有序进行，特制定实验教学管理系列制度，内容涵盖实验教学大纲和实验教学计划等实验教学管理的主要环节。

第一节 教学中心实验教学大纲

一、本科实验教学规范

第一章 总则

第一条 为有效组织实验教学工作，提高实验教学质量，实现实验教学目的，特制定本规范。

第二条 实验教学的基本任务是通过实验教学对学生进行科学方法和实验技能训练，使学生完整、系统地掌握实验的基本原理、方法和技能，培养学生理论联系实际、独立实验和创新的能力，提高分析与解决问题的能力，树立学生求实钻研的科学品德和科学精神。

第三条 实验项目的开设和实验教学内容的安排应符合实验教学计划和实验教学大纲的要求；实验课教学内容应与理论课教学内容相一致，实验课教学进度应与理论课教学进度相协调；实验教学条件（包括实验室、实验仪器等）、实验环境、实验安全应符合实验教学的要求。

第四条 本规范适用于纳入学校本科教学计划的实验课程教学。

第二章 教学计划和教学大纲

第五条 实验教学计划是本科专业培养计划的有机组成部分。各专业应按专业培养计划的制订原则与要求来制订实验教学计划，报教务处审核并严格执行。经教务处审定的各年度本科教学计划中所包含的实验教学计划，是学院（中心）开展实验教学活动的依据，未经学院（中心）教学指导委员会同意，不得自行更改。

第六条 实验教学大纲是实验教学的指导性规范，各专业培养计划中设置的实验课程，均需制定相应的实验教学大纲。实验教学大纲由各学院组织有关人员，参照教育部教学指导委员会制定的教学大纲或参考国内外一流大学的实验教学大纲，根据学院（中心）的具体情况进行制定，并经所在学院（中心）组织专家论证后报教务处审核、备案。

第七条 实验教学大纲应包括如下基本内容：

（1）实验教学在专业人才培养中的地位及作用。

（2）实验教学中学生应掌握的实验方法、实验技术与基本技能，应达到的基本目标。

（3）实验教学中使用的主要仪器设备与实验材料。

（4）选定的实验项目名称、总学时分配、目的和要求、实验内容、实验类型、每组人数等。

（5）采用的实验教材（讲义）或实验指导书。

（6）实验课的考核与成绩评定方法。

对于非独立开设的实验课，该实验教学大纲须作为子大纲附于课程教学大纲之中。

第八条 实验课程应根据实验教学大纲的要求选用优秀的实验教材（含实验指导书）或自编实验讲义。根据实验课程自身特点和要求，各学院（中心）可组织有丰富实验教学经验的教师和实验技术人员编写具有特色的实验教材（讲义或实验指导书）。实验教材的编写应列入学校教材建设的范围，按照教材建设管理的有关规定执行。

第九条 实验教材或实验指导书的基本内容应充分体现学生动手能力、独立思考能力和创新能力的培养。实验教材内容应与理论教学内容相联系，并能反映当代科技发展的水平。实验指导书的内容应包括实验目的、原理、方法、要求、步骤、注意事项等，并针对不同年级的学生有所区别。对于高年级学生，实验指导书的内容应侧重实验目的、实验要求及注意事项的说明，而实验方案的设计、仪器的安排可由学生自己动手完成，教师给予相应的指导。

第十条 实验教学人员由实验教师和实验技术人员组成。实验教师负责指导学生实验；实验技术人员负责实验的准备工作，确保实验仪器、药品等及时到位，保证实验仪器正常运行。

第三章 备课

第十一条 开设实验课的学院（中心）应组织实验教师认真备课；实验教师必须亲自对所有开出的实验项目提前试做，获得完整的测量数据，仔细分析和处理实验结果，认真写出实验教案（或预做报告）。

第十二条 实验课开课前，负责该实验课的学院（中心）应组织实验室主任或系主任对实验教师的备课情况进行检查。凡无完整实验教案及备课未达到要求者，应要求其及时进行整改；在规定的整改时间内仍未达标者，暂缓甚至取消其实验课任课资格。

第十三条 对新任实验教师，所在学院（中心）应指定专门的实验教师予以带教指导，在规定的时间内要求其对所担任的实验项目进行预实验，写出教案并进行检查。正式上课前，负责该实验课的学院（中心）应通过试讲等方式对备课情况进行考核，合格者方能担任实验课教学。

第四章 上课

第十四条 实验教师需自觉遵守上、下课时间，提前到岗做好实验课的准备工作，并严格按照规定学时数上实验课，坚守实验教学岗位，不得随意离开实验室，不得在上课时间做与实验教学无关的事情。实验中要认真巡视，检查和指导学生实验，及时辅导、解答学生提出的问题。实验教师要注意言传身教、耐心细致、教书育人，特别应注意培养学生独立实验能力、分析与解决问题的能力以及创新能力。实验教师在实验前应对学生进行实验安全教育，使学生了解实验安全规程，指导学生安全、规范和有序地进行实验。

第十五条 实验技术人员在上课前应做好实验仪器、设备、药品和备用实验器材等的准备工作，保证正常的实验教学使用；在实验课进行过程中，实验技术人员应当坚持坐班制，及时排除实验仪器故障；实验结束后，协助实验教师进行实验仪器的整理和归位，并对实验室安全及卫生情况进行检查，保证后续实验的顺利进行。

第十六条 学生实验完毕，实验教师应及时、认真检查实验数据及结果。检查达到要求后，实验教师应在原始数据上签字，并在学生整理好实验装置、填写完仪器使用情况登记本后方可准许学生离开实验室。

第五章 考评

第十七条 任课教师应认真批改学生的实验报告，对其实验结果与分析给出评语并签字。实验报告一般采取记分制，实验教师应及时将实验报告情况及成绩反馈给学生。

第十八条 教师应根据学生的预习、实验操作、实验结果、实验报告、实验态度、实验能力及考核等方面进行综合评价，确定实验课程的总成绩。实验课可以采取笔试、口试、实际操作等多种方式进行考核，各种考核要能够客观反映学生实验知识、实验技能、创新能力培养的情况。对在设计性实验、创新性实验以及综合性实验的设计、实施中有突出贡献的学生，在实验课程成绩评定方面应给予加分鼓励。

第十九条 对学生旷课或者抄袭报告、伪造实验数据等情况，该次实验成绩按零分计。

第二十条 每学期期末，实验教师需将所有学生实验报告收回，交实验室集中归档、保存。归档实验报告的保存遵照《浙江海洋大学实验室基本信息收集及档案管理制度》执行。

第六章 实验教学对学生的基本要求

第二十一条 学生在实验课前必须认真预习实验教材（讲义）或实验指导书，了解实验目的、实验仪器设备的结构及工作原理、实验操作步骤，复习与实验有关的理论知识。有预备实验要求的应进行预备实验。预习报告应在实验课前完成，经实验教师检查合格后，方准进行实验。

第二十二条 学生上实验课时基本要求如下：

（1）进入实验室应衣着整洁，按时上、下课，不得迟到、早退和旷课。无故迟到超过 15 分钟者，实验成绩不得评为优秀。对于已预约进入开放实验室上课的学生，必须按预约时间上课。

（2）服从实验教师安排，认真回答教师的提问，按计划和步骤进行实验，不得在实验课上做与实验无关、有违实验室管理及安全的事情；注意实验安全，爱护实验仪器；注意节约实验物品，避免造成损坏及浪费。

（3）实验中要注意观察，精心操作，准确记录原始数据并认真分析，获得实验数据及结果后，须经实验教师检查、签字。不得抄袭、伪造实验数据或实验报告。

（4）实验结束后要及时关闭水源，切断电源，对所用仪器设备进行整理并恢复到原始状态，实验产生的废弃物需按有关规定统一处理，最后填写好实验仪器记录本后经实验教师检查允许，方可离开实验室。

第二十三条 学生完成实验应撰写实验报告，实验报告要求如下：

（1）按照规定的时间和要求，完成实验报告并交实验教师批改。

（2）不同类型的实验课对实验报告可能有不同要求。实验报告中一般应包括实验原理、实验装置、实验方案、数据处理和误差分析等。对于综合性、设计性实验以及创新性实验，提倡学生以科学论文的方式撰写实验报告，鼓励学生引申实验内容、实验结果及提出新的论题，以提高学生的研究能力和科研论文的撰写能力。

（3）实验报告应书写工整，图表清晰，实验数据必须真实、有效。

第七章 附则

第二十四条 各学院（中心）应加大实验教学改革力度，重视科研成果在实验教学中的应用，不断提高实验教学水平。各实验室在保证完成实验教学任务的前提下，应创造条件为本科生开放实验室（包括专业实验室），努力提高学生的实验技能和创新能力。

第二十五条 实验安全遵照《浙江海洋大学实验室安全与环境卫生管理办法》执行。

第二十六条 本规范由教务处负责解释。

第二十七条 本规范自公布之日起施行。

二、课程设计管理规定

第一条 课程设计是根据培养计划的要求，在教师指导下对学生进行基础和专业技术的阶段性训练，它是实践教学的重要环节之一。为规范课程设计的管理，提高教学质量，特制定本规定。

第一章 课程设计的目的

第二条 课程设计是教育学生运用有关课程的基础理论和技能解决实际问题，提高学生在理论计算、结构设计、工程绘图、查阅设计资料、运用标准与规范和应用计算机等方面的能力，提高学生查阅文献、分析资料和撰写论文的能力，从而树立起正确的设计与科研观点以及严谨务实的工作作风。

第二章 课程设计的选题

第三条 课程设计的选题

（1）课程设计的题目和内容应紧密结合课程的性质和基本内容，尽量覆盖课程教学主要内容，提高学生综合运用所学知识的能力。

（2）课程设计题目应当满足该课程教学大纲的要求，其深度和广度应根据课程在教学计划中的地位与作用决定。

（3）课程设计题目每年应有一定比例的更新率。课程设计题目由任课教师或指导教师拟定，并经学院审定。

第三章　课程设计的组织与管理

第四条　教务处职责与任务

（1）负责制定课程设计教学的有关制度。

（2）检查课程设计教学任务的实施情况和有关规章制度的执行情况。

第五条　学院职责与任务

（1）研究各专业的课程体系，确定各门课程设计的教学要求。

（2）检查、评价课程设计的实施情况和教学质量，及时处理出现的问题，保证课程设计的质量，并撰写工作总结报告。

（3）组织研讨有关课程设计的教学改革，不断总结经验，探索加强课程设计教学管理的途径和方法。

第四章　指导教师与学生

第六条　课程设计的指导教师必须由中级及以上职称的教师担任，对第一次承担指导工作的教师要由系（教研室）组织培训，并通过评估后方可上岗。在课程设计过程中，一个教学班至少要配备两位指导教师，以确保课程设计教学质量。

第七条　指导教师职责

（1）指导教师应当认真选题，所选课题覆盖面宽，典型性强，能够起到训练作用。

（2）指导教师应当制订指导计划，编写《课程设计指导书》，向学生下达《课程设计任务书》，使学生能够合理利用时间，在规定的时间内圆满完成任务。

（3）指导教师必须坚守岗位，每个工作日指导时间不少于 3～4 小时，在指导课程设计期间，要保证每天对每位学生的指导时间不少于 0.5 小时，若因工作需要无法继续进行指导工作，则必须经院主管领导批准，委托相当水平的教师接替课程设计的指导。

（4）指导教师应当严格要求学生，使其独立完成课程设计任务，要经常检查学生的工作进度和质量，耐心细致地进行指导，及时解答和处理学生提出的问题。

（5）指导教师应当客观地评价学生的成绩，根据学生的设计成果和回答问题情况进行全面评定。

（6）课程设计结束后，指导教师应撰写工作总结，并按规定保管相关文档资料。

第八条　对学生的要求

（1）学生在接受设计任务后，首先要按设计任务书的要求编写设计进程表。

（2）学生要有勤于思考、刻苦钻研的学习精神和严肃认真、精益求精的工作态度。对有抄袭他人设计图纸（论文）或找他人代画设计图纸、代做设计等弄虚作假者一律按成绩不及格论处。

（3）在掌握课程的基本理论和基本知识的前提下，学生要敢于创新、勇于实践，做到概念清楚，计算正确，结构设计合理，实验数据可靠，软件程序运行良好，绘图符合标准，说明书（论文）撰写规范，答辩中回答问题正确。

（4）设计期间，学生应主要在设计室或机房，学生作息时间同上课时间一致。要严格遵守学习纪律，遵守作息时间，不得迟到、早退和旷课。如因事、因病不能上课，则需请假。凡未请假或未获准假擅自离开者，均按旷课论处。学生必须填写《课程设计日志》。

（5）学生要爱护公物，搞好环境卫生，保持设计室或实验室的整洁、卫生和安静。严禁将与设计无关的物品带入设计室或机房内。

（6）对工程技术类的课程设计，一般要完成规定的工程图纸和设计计算说明书（不少于2000字）各1份，对其他专业的课程设计，要撰写一篇完整的论文（一般不少于2500字）。学生的设计作业（图纸）应使用计算机打印。

（7）学生要按照《课程设计成果说明书》规范要求完成课程设计成果并装订成册。

第五章　课程设计的考核

第九条　各学院应结合具体专业特点，制定课程设计评分标准。课程设计的成绩评定应严格按评分标准进行。学生课程设计完成后，由指导教师根据平时成绩及完成质量写出评语，答辩小组根据指导教师评语及答辩情况做出客观的综合评定，答辩小组由指导教师和相关课程的教师组成，人数一般为2～3人。课程设计成绩分优、良、中、及格、不及格五级。其中被评为优秀者人数一般不得超过总人数的15%，良好约为30%，中约为40%，及格、不及格约占15%。

第十条　课程设计期间学生的考勤与纪律按教学授课同等对待。

第六章　教学文件与资料

第十一条　课程设计教学大纲是进行课程设计的指导性文件，必须依据教学计划，结合学校实际情况认真编制课程设计教学大纲。

第十二条　课程设计教学大纲的主要内容包括：

（1）课程设计的目的和要求。

（2）课程设计内容。

（3）课程设计方法。

（4）课程设计时间安排。

（5）课程设计成绩评定方法。

（6）其他说明。

第十三条 每个课程设计都必须有《课程设计指导书》（或教材）。

第十四条 课程设计结束后，《课程设计成果说明书》（包括成果软、硬件）《课程设计指导书》《课程设计情况统计表》《课程设计答辩记录》及《课程设计成绩汇总表》由指导教师负责以班为单位进行整理，装入档案袋，交由教研室保存，其中《课程设计情况统计表》和《课程设计成绩汇总表》报教务处。

第十五条 课程设计结束后，必须进行总结，以便积累经验，不断改进和提高课程设计质量。指导教师把经系（教研室）负责人审阅后的课程设计总结报告交于学院，学院在学期末对全院进行的课程设计工作总结报教务处。

第七章 附则

第十六条 本规定自公布之日起执行，由教务处负责解释。

三、学生实验守则

学生是实验教学的参与者和培养对象，其在实验过程中的综合表现直接影响实验教学效果。为了规范学生的实验行为，培养学生良好的实验习惯，提高实验教学质量，特制定学生实验守则。

（1）学生进入实验室开展实验，必须严格遵守实验室的规章制度，服从实验指导教师和实验技术人员的指导。

（2）学生实验前必须做好预习，明确实验的目的、内容和步骤，了解仪器设备的操作规程和实验物品的特性。

（3）学生上实验课时，不得迟到、早退或无故缺课，不准把与实验课无关的东西带进实验室或做与实验无关的事情。

（4）学生在实验室内应自觉维护实验环境，不准喧哗、打闹和吸烟，不准乱丢杂物。

（5）学生在实验过程中应正确操作，认真观察并如实记录数据，实验结果须经实验指导教师认定。

（6）学生在实验时应注意安全，严防事故发生。若发生意外事故，应及时向实验指导教师报告，并采取正确、有效的措施排除和制止，减少事故造成的损失。

（7）学生必须爱护仪器设备，节约用水、用电和实验材料。不允许使用与本实验无关的仪器设备及其他物品，不准私自将公物带出实验室。

（8）实验完毕，学生应彻底检查、清点仪器设备，整理各种实验物品，关好水源、电源、气源，做好实验室卫生，关好门窗，经实验指导教师、实验技术人员允许后方可离开实验室。

（9）对违反实验室规章制度和实验操作规程而造成事故或损失的责任人，视情节按学校有关规定对其予以严肃处理。

第二节　教学中心实验教学计划

一、实验教学计划

实验教学计划是专业人才培养计划的重要内容之一，也是实验教学重要的指导性文件。制订实验教学计划的主要目的是为了科学合理地组织与安排学生的实验教学工作，提高人才培养质量。

二、教学实习规定

教学实习是教学计划的重要组成部分，是实现人才培养目标的重要实践教学环节。为进一步加强和规范教学实习工作，促进学生综合素质的提高，结合学校非师范类与师范类实习的具体特点，特制定本规定。

第一部分　非师范类教学实习

（一）教学实习的组织与管理

教学实习工作实行校、院二级管理。教务处负责全校有关教学实习工作管理文件的制定、教学实习工作检查评估及重要问题的协调处理，学院具体组织实施各专业的教学实习工作。

各学院负责如下工作：

（1）制订每学期的教学实习工作计划，并组织实施。

（2）根据实习大纲的要求，选择实习地点，落实指导教师。

（3）评定实习成绩。

（4）负责实习基地的建设。

实习指导教师主要负责如下工作：

（1）根据实习大纲，会同实习单位拟订实习计划。

（2）对学生阐明实习大纲及实习计划的内容，明确实习目的。

（3）对学生进行实习期间的安全、保密、遵纪守法、劳动纪律等教育。

（4）会同实习单位指派的技术指导人员，具体指导学生进行实习，解答实习学生的疑难问题，检查学生的实习情况，掌握实习进度。

（5）根据实习大纲要求，邀请专人作报告，并对学生进行现场教学及必要的参观。

（6）指导学生写好实习报告，给学生评定实习成绩。

（7）写出实习总结。

（二）教学实习的类型与形式

教学实习包括认识实习、生产实习、临床实习、金工实习、电工电子实习、野外实习、出海实习及毕业实习等。

教学实习可根据实习要求采取集中与分散，校内、校外实习与教学相结合等多种组织形式进行。对于分散形式的教学实习，要加强组织领导，严格实习要求，不能放任自流。

（三）教学实习时间安排

根据不同专业和学科性质特点，教学实习原则上从大学二年级开始安排。各类实习应尽量安排在学期开始和学期结束阶段。

（四）教学实习场所安排

在满足教学实习大纲要求、保证实习效果和质量的前提下，按照就近就地、相对稳定和节约的原则，实习场所可在校内、校外教学实习基地或与本专业教学内容相关的单位中选择。

（五）教学实习考勤

（1）实习学生应按教学计划规定，认真完成教学实习内容，听从学校和实习单位的安排和指导。

（2）因病、因故不能参加实习者，要有医院证明或书面陈述报告，向所在学院办理请假手续；实习期间请假，应经指导教师同意，未经批准，不得擅离实习单位，否则按旷课处理；未参加实习或实习成绩不合格者须重做，否则不予毕业。

（六）学生实习纪律

实习学生应自觉遵守实习生守则，遵守实习单位制定的各项规章制度，特别是实习现场规章、保密及安全制度。对违反实习纪律的学生，应及时给予批评教育，对情节严重者，按校规校纪处理。

（七）实习成绩的考核

（1）实习成绩按"优""良""及格""不及格"四级分制评定，对实习时间较短的实习也可按"合格""不合格"二级分制评定，学生成绩应按正态分布，严格控制成绩优秀的人数比例。

（2）学生成绩应根据实习大纲要求及学生的实习表现，实习报告、现场操作、设计作业的完成情况等方面进行综合评定。

（八）教学实习经费开支

（1）教学实习经费按不同专业、年级和实习学生人数，由计财处按照一定的经费标准分配给各学院。

（2）实习中的师生旅途、住宿、伙食补助等按学校有关文件发放。

（3）聘请指导实习的厂矿工程技术人员和讲课报告人员，按照学校有关规定给予一定的报酬。

（九）教学实习总结

（1）教学实习结束后，各专业要组织交流，写出书面总结。总结材料中应包括教学实习计划的执行情况、指导方法、质量分析与评估、存在问题与改进措施等内容。

（2）各学院应将各专业的实习总结材料汇总存档，并报教务处备案。

第二部分　师范类教育实习

（一）指导思想与目的要求

教育实习是高等师范专业教学计划的重要组成部分，是培养合格师资的重要环节。教育实习既是对师范专业教学质量的全面鉴定，也是对学生政治思想、专业思想、师德规范、基础知识和工作能力等方面的综合考察。教育实习可以增强实习生作为人民教师的光荣感和责任感，使实习生初步熟悉本职工作，提高业务水平，为今后胜任教师工作奠定基础。

1. 教育实习的目的要求

（1）通过教育实习，使实习生受到深刻的思想教育和师德教育，热爱教育工作、热爱学生，树立献身人民教育事业的崇高目标。

（2）通过教育实习，使实习生将所学的基础理论、基本知识和基本技能综合运用到实际教育教学工作中，培养实习生独立从事教育教学工作的能力。

（3）通过教育实习，引导实习生了解学校教育教学改革的情况，并运用教育科学理论探索教育规律，培养初步的教育科研能力。

（4）通过教育实习，全面检验师范类学生的培养规格及质量，及时获得反馈信息，不断提高教学质量。

2. 教育实习的任务

本、专科学生教育实习的任务包括课堂教学、班主任工作和教育调查三项。

3. 教育实习的形式

本科生原则上以高中实习为主，专科生原则上以初中实习为主，初等教育专业以小学实习为主。实习生一般回生源地进行实习。

4. 教育实习时间

按教学计划规定，本科生教育实习时间为 8 周，一般安排在第 7 学期；专科生教育实习时间为 6 周，一般安排在第 5 学期。

（二）组织管理

教育实习实行校、院二级管理。学校成立教育实习领导小组，校分管校长为教育实习领导小组组长。成员分别由教务处、各学院、计财处、后勤服务总公司、学生处及团委等部门负责人组成。领导小组统一领导教育实习工作，其主要职责是：审定教育实习工作方案并颁布施行；制定改革教育实习的重大措施；研究教育实习中重大问题并提出处理意见。

各部门具体职责是：教务处负责制订全校教育实习工作计划和有关文件；审查各院（系）教育实习工作计划；检查实习情况，提出改进意见；研究和总结教育实习工作；负责实习生实习成绩的审核等工作。

各学院成立教育实习领导小组，由分管教学的院长任组长，带队指导教师、团总支书记、实习班班主任等为领导小组成员。其职责是：制订院（系）教育实习工作计划，安排实习日程，联系实习单位，落实带队指导教师；检查教育实习工作；评定教育实习成绩；组织教育实习经验交流，做好教育实习总结及归档等工作。

后勤服务总公司负责安排实习中的交通等后勤工作。

计财处负责审核实习经费的预算及办理借款、报账等工作。

学生处、团委在实习期间协同各学院加强实习生的思想教育工作，做好实习生送迎的宣传组织工作。

（三）实习内容与要求

1. 教学工作实习

内容：制订教学工作实习计划、备课与钻研教材、编写教案试讲、上课、指导实验、课后指导、作业批改与讲评、考试与成绩评定、组织课外活动、进行教学专题总结等。具体要求如下：

（1）运用教育科学理论指导教学，结合教学对学生进行思想教育。

（2）实习生要认真钻研教学大纲和教材，编写教案，教案要提前两天交给指导教师签署意见，教案一经批准，实习生一般不得自行更改。本科生须完成16个教案，专科生须完成12个教案。

（3）实习生上课应根据实习学校的教学常规要求，要用普通话进行教学，板书要规范，板图要工整准确。

（4）实习生要互相听课，听其他实习生的课要求不少于9节，要有听课记录，并进行必要的教学评议，相互学习，取长补短，不断改进。

（5）实习生要深入学生了解学习情况，针对不同类型学生的学习基础、学习态度有针对性地进行辅导。

2. 班主任工作实习

内容：制订班主任工作实习计划，主持班主任日常工作，包括开主题班会、个别教育、德育讲话、处理班级中偶发事件等。具体要求如下：

（1）运用马克思主义的观点和方法，结合青少年特点，进行思想品德教育。

（2）听取班主任指导教师工作经验及班级情况介绍，了解学生及班级情况。

（3）根据班主任指导教师的工作计划，结合学校的中心工作及本班实际，拟订班主任工作实习计划（含主题班会实习计划），送班主任指导教师审阅批准后执行。

（4）在班主任工作实习中，要注重发挥班委会和团支部的作用，并运用所学的教育学、心理学的基本原理进行分析、总结。实习生之间要相互交流经验，以便有针对性地开展班主任实习工作。

（5）在班主任指导教师指导下，主持班主任日常工作，开展班级活动，及时、妥善处理偶发事件。

（6）结合实习学校实际和班级实际，进行一次德育教育（要有讲稿）课。

3. 教育调查

内容：了解实习学校的历史、现状及贯彻党的教育方针政策的情况；了解中学素质教育的情况；调查优秀教师的先进事迹、教育教学经验及教育教学改革情况；研究教育对象的思想情况、心理与生理特点、学习态度与方法、知识结构与智能水平等德智体情况。实习生可根据实际情况选定调查内容。具体要求如下：

（1）拟订调查计划（既要全面又要有所侧重）送交带队指导教师审批后执行，必要时需征得实习学校同意。

（2）在充分调查研究、分析整理资料的基础上，撰写调查报告。

（3）调查报告的内容要真实，要有观点，有典型材料，有分析，文字要简明扼要（一般在3000字左右）。

（4）与毕业论文（教育类）的选题与撰写有机结合。

（四）实习学校

市（县）教育局有关领导、实习学校分管校长、教导处主任、有关学科教研组长和带队指导教师等组成实习学校实习领导小组，负责指导、安排实习工作，主要任务如下：

（1）根据《浙江海洋大学教育实习实施计划》和学院教育实习工作计划，制订实习学校实习工作计划。

（2）选派优秀教师担任实习指导教师。

（3）安排实习生的食宿，并解决备课、试教等场所，为实习生创造必要的实习条件。

（4）对实习生进行专业思想教育，请优秀教师介绍教学与班主任工作经验。

（5）督促指导教师完成指导任务，评定实习生实习成绩。

（6）在总结评定实习生教育实习成绩的基础上，根据实习生的表现做出实习鉴定。

实习学校指导教师职责具体如下：

（1）全面了解实习生情况，具体布置实习任务。

（2）指导实习生备课、试教、审定教案、参加评议，为实习生答疑和传授教学经验，指导实习生做好班主任工作，帮助实习生处理班级中的偶发事件。

（3）审阅实习生总结，评定实习生成绩，并写出较具体的评语。

（五）本校实习带队教师职责

（1）为人师表，全面关心并深入了解实习生情况，指导实习小组活动，主持实习生总结鉴定。

（2）协助实习学校指导教师指导实习生备课、试讲、解答疑难问题，组织观摩活动。全程带队教师听实习生的课不少于30节，并做出适当的评议。

（3）认真组织并参加实习生的新课试教，严把试教质量关，合格后才可让实习生上讲台。

（4）督促实习生遵守"实习生守则"。每周各实习点要召开一次例会，及时总结实习情况。

（5）指导实习生参加学校的有关活动。

（6）指导实习生做好班主任工作，及时处理偶发事件。

（7）做好进点和撤点的各项工作，听取实习学校领导、指导教师的意见，协调各方工作。

（8）同实习生一样实行坐班制，记好实习日记。如因故不能到校，按有关规定办理请假手续。

（9）指导实习生进行教育调查。每一实习点完成一项重点调查项目。

（六）实习生

（1）师范专业在校生必须参加教育实习，因特殊原因未能如期参加教育实习或请假时间超过实习时间 1/3 的，需要经所在学院实习工作领导小组同意，报教务处按学校有关规定处理。

（2）实习生必须严格遵守《浙江海洋大学教育类实习生守则》。

（3）实习点大组长、各专业实习小组组长任务：

①组织备课、听课与评议。

②督促本组实习生自觉遵守实习生守则。

③召集每周的工作学习会，搞好本组实习鉴定。

④记好实习日志。

（七）成绩的考核与实习总结、评优工作

（1）教育实习成绩考核是一项重要而严肃的工作，必须按全面考核的要求认真进行。

（2）教育实习成绩考核评定具体按《浙江海洋大学教育实习成绩评定方法》操作。

（3）实习生的教育实习总结：实习结束前每位实习生都要完成实习总结，并在小组中交流，由小组评议，经带队指导教师签署意见后上交学院。

实习总结内容包括实习的一般过程、主要收获、优缺点及今后的努力目标。

（4）各学院在实习结束后应写出教育实习工作总结。

教育实习工作总结应包含以下几方面的内容。

①一般情况：教育实习的准备、组织安排、实习经过。

②主要收获和存在的问题：包括组织领导，实习生的专业思想和其他表现，实习学校和指导教师工作等。

③对本届教育实习的评价：如对本届教育实习质量的评价，对实习存在的问题和学生毕业前拟采取的措施等。

④对今后教育实习工作的意见和建议。

（八）校级优秀实习生的评选

校教育实习领导小组将在学院推荐的基础上评选校级优秀实习生，并予以表彰。推荐名额不超过实习学生人数的5%，具体评优条件如下：

（1）模范执行实习生守则。

（2）班主任工作成绩显著（组织主题班会，班活动至少二次有活动计划记录）。

（3）教学水平较高、教学效果好（完成听课任务并有记录，实习学校领导或教研组长、县区教研员听过课、评价好）。

（4）教学基本功（普通话、板书）扎实。

（5）在其他方面也有较好的表现（较出色地完成了教育调查报告）。

（九）其他

本规定由教务处负责解释，自公布之日起一个月后执行。

三、实验课堂管理

实验教学是高等学校教学工作的重要组成部分，是培养学生理论联系实际、提高学生实践能力和创新能力的重要教学实践环节。为加强实验教学工作的科学化、规范化管理，建立良好的实验教学秩序，提高实验教学质量，特制定工作细则。

（一）实验教学管理

实验教学管理包括实验项目的设定、实验运行管理、实验项目评估等方面，实验教学管理由教务处具体负责，并协调各院（中心）的实验教学工作。

1. 实验项目的设定

实验指导教师根据实验教学大纲（或教学大纲）的要求填写"实验项目卡"，经实验室或教研室评审后交教务处。教务处对实验项目卡的内容进行审核、认定，经教务处认定的实验项目方可正常开设。实验项目卡的填写要求如下：

（1）填报单位：开设实验的实验室。

（2）编号：由教务处统一编写。

（3）课程名称：单独开设实验课的写实验课名称，非单独开设实验课的写课程名称。

（4）实验名称应与实验教学大纲相同。

（5）计划实验每组人数：既满足教学需要又能提高仪器设备利用率的每组人数，一般验证性实验每组人数不超过 3 人，综合性实验每组人数不超过 6 人。

（6）实验类型：演示、验证、综合、设计、其他等。

（7）实验所需的主要仪器设备一栏应逐项填写，需要量是指按计划实验组数要求开设的仪器设备数。

（8）实验质量情况一栏，教研室评审及改进意见，应写明该实验是否能满足教学大纲的要求、目前存在的问题、应如何改进及实验中应控制的关键点。

（9）主管部门意见：由教务处负责填写，应就该单的填写内容进行核查确定后，填写同意开设等字样。

实验项目的设置应逐步减少验证性实验，多开设综合性、设计性的实验，以提高学生的实验能力和实验教学质量。

2. 实验开课计划

各实验室根据本室所承担的实验教学任务，按教学大纲要求及教师教学日历的进度安排实验时间。实验开课计划由实验室主任汇总签字，院（系）分管领导审核后报教务处，教务处根据上报的计划，经汇总后印发。实验开课计划具体填写要求如下：

（1）实验类别（指技术基础、专业、毕业论文、技术开发等）。

（2）实验项目应与实验项目卡相同。

（3）实验时数、实验类型、教材（指导书）三项均按实验项目卡逐项填写。

（4）每批人数（指开设一次实验能接纳的学生数）。

（5）开课时间应填写实验开设的周数与时间。

（6）指导教师（指任课教师及实验指导教师）。

3. 实验课表

各实验室根据实验开课计划及课程表排出实验室的运行课表，运行课表排定后下发各实验班级，同时报教务处备案。

（二）实验教学

实验室必须按实验项目卡的要求认真准备，开设实验，按时、保质地完成实验教学任务。

1. 实验准备

在实验前，实验室技术人员应认真检查实验中所使用的仪器设备，确保仪器设备能满足实验要求，并准备好实验所需的一切耗材。每学期的首开实验，实验指导教师、实验技术人员应先进行试做，并写出试做报告。初次担任实验教学的教师必须进行试讲，试讲通过后方可开课。

学生在实验前应根据实验指导书的要求写出预习报告，预习报告应包括实验方案设计、实验所需仪器设备、实验注意事项及实验数据记录表格设计等内容。

2. 实验

学生本学期第一次上实验课时，由指导教师负责讲解实验守则和有关规章制度及注意事项，尤其要加强实验室安全和环保等规章制度的宣传。对不遵守规章制度、违反操作规程或不听指导的学生，指导教师或实验技术人员有权停止其实验。

指导教师实验前须向学生讲解与本次实验有关的理论知识、实验方法、操作方法，并对学生的预习报告进行检查，如无不当，准许实验。对不写预习报告的学生，不准参加实验。实验中应尽量让学生自己独立操作。实验进行中，指导教师应巡回观察并具体指导。

为保证实验的质量，应按指导教师的工作量配备每次实验的指导教师人数。

3. 实验结果

指导教师、实验技术人员应按规定认真填写实验运行记录表，并对学生的实验原始数据进行分析，对合格的原始数据进行签字，对不合格的要求学生重做。

4. 实验报告

学生应按指导教师规定的时间完成实验报告，实验指导教师对学生的实验报告要认真批改，给出评语及成绩。对实验报告原始数据没有教师签名的报告视为不合格，应要求学生重做。

5. 考核

对单独开课的实验课应根据考试（理论、实际操作考试）结果、平时实验中的表现、实验报告等情况进行认真考核，对缺课三分之一及以上的学生，取消实验课考试资格，作无成绩论处。对非单独设课的实验，应根据学生在实验中的表现、实验报告的完成情况、实际操作等情况进行全面认真的考核，并实行记分制，对实验课考核不合格的学生则不允许其参加本门课程考试。对实验缺课三分之一及以上者，实验成绩视为不合格。

（三）实验项目评估

由教务处组织有关部门对实验室所开设的实验，从实验完成情况、实验效果、实验在人才培养中的作用、仪器设备的利用率、学生实验考核情况及实验技术人员队伍等方面进行评估，并根据评估的结果对所开设的实验提出建议。

（四）总结

各实验室主任在每学期末要认真写出本学期实验室实验教学工作总结，并依据实验开课计划及实验室运行记录，填写、核算实验教学工作量及实验开出率，报教务处备案。

实验室主任及信息管理员应根据有关要求进行实验室各类信息的归档工作。

各实验室应定期听取学生对实验教学的意见或建议，组织实验指导教师和实验技术人员进行实验教学研究与经验交流会，重视实验教学改革，不断提高实验教学质量和管理水平。

（五）其他

本细则由教务处负责解释，自公布之日起一个月后执行。

四、实践教学质量监控管理办法

实践教学是树立学生创新意识，培养学生实践能力和创新能力，提高其综合素质的重要环节。为保证学校实践教学质量，按照实践教学的质量监控与管理要求，结合相关实践教学管理文件有关规定，特制定以下办法。

（一）实践教学范围

理论教学以外的所有教学环节，含实验教学、各类实习教学（认识实习、专业实习、毕业实习等）、各类设计/论文（课程设计、毕业设计、毕业论文等）、各类调查（社会调查、专业调查等）等教学环节，均属于实践教学范畴。

（二）实验教学质量管理与监控

1.实验教学管理与监控范围

实验教学由实验教学大纲、计划、内容和方法、手段以及考试考核等环节组成。实验教学质量管理与监控贯穿于实验教学的全过程。

2.健全实验教学管理与监控责任制

教务处负责全校实验教学质量的管理与监督检查；各学院（中心）主管教学和实验室工作的领导负责本部门所承担的实验课质量的管理与监督检查；教研室（系）主任负责本教研室（系）开设课程的实验课质量管理与监督检查；实验室主任负责本实验室所开设的实验课质量的管理与检查。课程主讲教师、实验指导教师、实验技术人员对本课程实验教学质量负责。

3. 单独设课的实验课，实行第一指导教师负责制

由开课单位确定一名指导教师为该课程第一指导教师。实验课第一指导教师全面负责该实验课的教学质量，并指导和督促该实验课的其他任课教师保证实验教学质量。

4. 非独立设置的实验课程，实行主讲教师负责制

凡课程含有实验教学环节的，由开课单位确定一名该课程任课教师为课程主讲教师。课程主讲教师全面负责该课程的实验教学质量，并负责指导和督促该课程实验的其他任课教师。课程任课教师必须参与实验指导（至少指导第一批次）。

5. 实验教学实施方案的管理

实验教学的实施方案包括实验教学大纲、实验教材（或讲义、指导书）、实验教学计划等。实验教学的实施方案必须严格执行实验教学大纲，杜绝随意性。所有实验课必须有实验教材或实验指导书，并且由第一实验指导教师、课程主讲教师选定或编写，学院（中心）教学主管领导组织审核，教务处负责审定并组织实施。

6. 实验教学内容与方法的管理

实验指导教师和实验教学管理人员应努力探索实验教学规律，积极进行实验教学改革。优化课程设置，改革实验教学内容，及时将本学科科研新技术充实到实验教学内容中，完善实验教学体系。大力倡导开设综合性、设计性、创新性实验。不断推进实验室开放，加强创新实验室建设，为培养学生科学素养与创新能力提供基本的场所。

7. 实验教学过程的管理

实验教学人员应全面了解并及时解决实验教学过程中存在的问题，加强制度建设，规范实验教学管理，保证实验教学顺利进行。实验教学作为期中教学检查的主要内容之一，除规定的全校教学检查外，还要由教学督导不定期抽查实验教学情况。

（三）实习教学质量的管理与监控

1. 实行实习教学质量管理责任制

教务处负责全校实习教学质量的管理与监督检查。教学实习、校内的认识实

习等实习教学的质量，由校内实习基地负责人、开课部门及实习学生所在单位教学主管领导共同负责，以基地负责人为主。专业实习、毕业实习等由学院（中心）教学主管领导负责质量管理，教研室（系）主任负责本教研室（系）所承担的各类实习的教学质量管理。

2. 实习教学的实施方案管理

完善的实习教学实施方案是保证实习教学质量的基础。实习教学的实施方案包括实习教学大纲、实习教材（讲义或指导书）及实习计划安排等。教学实习、校内的认识实习等教学大纲由校内实习基地及开课部门相关教研室共同组织编写，开课部门教学主管领导及实习学生所在单位教学主管领导共同组织审核；相应的实习讲义由校内实习基地组织编写，开课部门教学主管领导组织审核。

专业实习、毕业实习大纲由所在教研室组织编写，由教学单位教学主管领导组织审核，并报教务处审核、汇编，列入培养方案执行；相应的实习教材或讲义由教研室组织选定或编写，教学单位教学主管领导组织审核，并报教务处审定和组织实施。

3. 实习过程管理与监控

教务处负责全校各类实习质量检查工作。对于校内实习每学期至少要抽查一次。对于校外实习每学年至少要抽查一次。检查采取实地考察、问卷调查、电话核实等方式。

各级督导组要把实习质量检查纳入日常工作，每学期至少组织一次校内实习基地实习教学情况检查，每学期至少组织一次校外实习基地实习教学情况检查。各教学单位教学主管领导每学期至少要参与一次实习质量检查。

教学单位教学主管领导和教研室主任要负责组织专业实习、毕业实习的安排及总结情况检查。

（四）设计（论文）类教学环节质量管理

（1）实行质量管理责任制。教务处负责全校设计类教学环节的质量管理与监控。各学院（中心）教学主管领导负责本学院（中心）的设计类教学环节的质量管理与监控，教研室（系）主任负责本教研室（系）承担的设计类教学环节的质量管理与监控。

（2）课程设计按相关管理办法，根据所使用的资源情况参照实验教学质量管理与监控或实习教学质量的管理与监控办法执行。

（3）毕业设计（论文）按《浙江海洋大学关于毕业论文（设计）的若干规定》等相关管理办法执行。

（五）其他说明

（1）为提高实践教学质量，落实实践教学质量监控管理办法，教务处与各学院（中心）要积极开展实践教学质量检查、评价工作，建立健全实践教学的信息反馈机制，客观、真实地反映实践教学质量。

（2）各级部门组织的检查和评价工作要充分发挥各级教学督导组的作用，尽可能地把相关工作纳入相应教学督导组的工作计划，确保教学质量管理与监控工作的连续性、规范性和权威性。

（六）本管理办法自公布之日起执行，由教务处负责解释。

第三节　教学中心实验教材选编

一、实验教材选编

实验教材是实验教学内容和教学方法的知识载体，是提高实验教学质量的必备条件之一。实验教材选择时，既要结合学科建设和专业特点，又要考虑教材内容的先进性和完整性。提倡中心教师根据实验教学大纲组织编写实验教材、讲义或实验指导书。自编实验教材要符合高等教育改革发展方向，充分体现本中心"水产""海洋"和"产学研结合"的教学特色。内容编排既要有助于学生全面掌握本专业的基本实验操作与技能，又要有利于学生运用科学的思维方法，提高发现问题与解决问题的能力，培养创新能力。

（一）实验教材的选择

（1）所选择的实验教材必须符合本专业的人才培养目标要求和本课程实验教学大纲的基本要求。

（2）优先选择与理论课教材配套的实验教材，若无配套的实验教材，则尽量选用与理论教学内容相近的实验教材。

（3）优先选用国家级规划教材或其他国内外优秀教材。

（4）鼓励选择使用符合高校实验教学改革要求和具有本专业特色的自编实验教材、讲义或实验指导书。选择使用教师自编的、未正式出版的讲义或实验指导书时，需经中心组织该专业教师审核，并报校教务处批准，确保自编教材的质量达到实验课程教学大纲和专业培养计划的要求。

（二）实验教材的编写

（1）实验教材编写必须按照学科人才培养目标和实验教学大纲的要求，吸收国际同类实验教材和国内现有教材的优点，密切追踪学科发展动态，反映学科发展的需要。

（2）新编实验教材既要涵盖本专业的基础知识和实验操作技能，又要有利于学生综合分析能力和创新思维能力等综合素质的培养，并充分体现中心的实验教学特色，具有科学性、系统性、可重复性和可操作性。

（3）在实验内容编排上要求体现演示性、验证性、综合性、设计性、创新性。实验遵循循序渐进的原则，形成从简单到复杂、从基础到前沿、从接受知识型到培养综合能力型逐级提高的实验课程新体系。

（4）在实验教材编写形式上，采用书配盘的格式，配合实验内容编制多媒体实验教学课件，充分发挥现代教育技术的优点。

（5）所选实验材料在考虑易得性和经济性的同时，要慎重考虑所选实验材料的安全性，不宜选用污染严重、毒性大的实验材料。实验试剂的选择也尽可能坚持经济性、易得性和安全性兼顾的原则。

（6）教师需对拟编入教材的实验进行反复验证，确保其达到结果稳定、现象明显、重现性好的实验教学要求。

（7）实验教材应对实验项目的名称、实验内容、实验原理、学时、实验仪器设备、实验材料、实验方法、操作规程、注意事项、实验结果、数据处理等做出明确规定，以便实验教学顺利进行。

二、实验项目一览表

课程名称	序　号	实验项目名称	必做 / 选做
渔具材料与工艺学实验	1	渔用纤维材料鉴别	必做
	2	网线捻度测定	必做
	3	网线回潮率测定	必做
	4	结节耗线系数测定	必做
	5	网线断裂强力测定	必做
	6	网片技术鉴定	选做
	7	网片热定型	必做
	8	网片剪裁工艺	必做
	9	网片起编方法	必做
	10	网片编织与装配	必做
	11	网片缝合及做补	必做
	12	绳索、网线技术	选做
	13	绳索拉伸试验	选做
	14	网梭设计与制作	选做
	15	单丝粗度测定	选做
	16	浮子测试	选做
海洋学实验	17	水文要素的观测	必做
	18	近海潮汐与潮流的观测	选做
气象学实验	19	气象要素的观测	必做
	20	气象传真仪的使用与数据分析	选做
渔具力学基础实验	21	拖网模型水池试验	必做
	22	网箱模型水池试验	必做
	23	平面网片水动力特性测定	选做

课程名称	序　号	实验项目名称	必做/选做
渔具渔法学实验	24	刺网渔具的操作	必做
	25	远洋金枪鱼延绳钓渔具操作	必做
	26	远洋光诱鱿鱼钓渔具操作	必做
	27	野外竿钓渔具操作	选做
	28	拖网网衣的缝合操作	选做
渔航仪器实验	29	垂直探鱼仪使用及渔群信号模拟	必做
	30	磁罗经的操作及使用	必做
	31	陀螺罗经减幅运动曲线测试与研究	必做
	32	GPS 卫导仪的操作及使用	必做
	33	航海雷达与 AIS 信息融合综合观察	必做
	34	航海电脑的使用及模拟导航	必做
	35	水平探鱼仪使用及渔群信号模拟	选做
	36	船舶自动识别系统（AIS）认识与使用	选做
普通动物学实验	37	原生动物门中纤毛纲的代表动物草履虫观察	必做
	38	软体动物门腹足纲代表动物曼氏无针乌贼的解剖观察	必做
	39	节肢动物门甲壳纲代表动物虾或蟹的生物学测定与解剖观察	必做
	40	脊椎动物鱼纲代表动物大黄鱼（鲤鱼）的解剖观察	必做
	41	两栖纲代表动物青蛙（牛蛙）的解剖观察	必做
	42	脊椎动物鸟纲代表动物鹌鹑（或鸽）的解剖观察	必做
	43	脊椎动物哺乳纲代表动物家兔的解剖观察	必做
生物化学实验	44	血糖的测定	必做
	45	糖原的分析测定	选做
	46	总氮量的测定	必做
	47	Folin 酚法测定血清蛋白质含量	选做

课程名称	序　号	实验项目名称	必做/选做
生物化学实验	48	氨基酸的纸上层析法	选做
	49	粗脂肪的定量测定——索氏（Soxhlet）提取法	必做
	50	动物组织中性和极性脂肪的分离与鉴定	选做
	51	动物组织中 DNA 的制备	选做
	52	琼脂糖凝胶电泳法分离核酸	选做
	53	溶菌酶的活力测定	必做
	54	肝脂肪合成酶的活力测定	选做
	55	维生素 C 的定量测定	选做
	56	总 P 的测定	必做
养殖生物学实验	57	常见饵料生物形态与结构的观察	必做
	58	常见经济海藻形态与结构的观察	必做
	59	几种常见经济贝类形态结构与生活习性的比较分析	必做
	60	几种常见水生经济甲壳动物形态结构与生活习性的比较分析	必做
	61	常见水产养殖动植物种类鉴别及分类检索表的编制	必做
	62	水产养殖动物生物学测定	选做
	63	水产养殖动物形态性状对活体重、干重及肥满度的影响效应	选做
生物实验技术	64	显微镜的原理及油镜使用	必做
	65	显微测量	必做
	66	显微计数	必做
	67	徒手切片法	必做
	68	涂片法	选做
	69	压碎制片法	选做
	70	冰冻切片法	选做
	71	石蜡切片法	选做

课程名称	序　号	实验项目名称	必做／选做
生物实验技术	72	显微摄影与摄像	选做
微生物学实验	73	细菌玻片标本显微观察	必做
	74	培养基配制与消毒	必做
	75	细菌的接种与分离	必做
	76	细菌的革兰氏染色	必做
	77	口腔微生物的接种、观察和区分	选做
	78	细菌大小测量和活动性观察	必做
	79	养殖环境微生物检测	必做
	80	厌氧微生物的培养	选做
	81	微生物菌种保藏	选做
	82	微生物的诱变育种	选做
动物生理学实验	83	蛙坐骨神经——腓肠肌标本制备	必做
	84	血液生理的基本实验	必做
	85	循环生理实验	必做
	86	温度对鱼类耗氧量的影响	选做
	87	脊髓反射的基本特征和反射弧的分析	必做
	88	鱼类的体色反应	选做
生物饵料培养实验	89	单细胞藻类常用培养种的形态观察	必做
	90	单细胞藻类的大小测定	选做
	91	单细胞藻类的定量	选做
	92	单细胞藻类的小型培养	必做
	93	单细胞藻类的分离	选做
	94	轮虫的形态观察和小型培养	必做
	95	卤虫休眠卵孵化率测定及幼成体的形态观察	必做
	96	枝角类的形态观察和小型培养	选做

课程名称	序 号	实验项目名称	必做/选做
水产动物营养学实验	97	粗蛋白的评估	必做
	98	饲料中钙的评估	必做
	99	水分的测定	选做
水产动物疾病学实验	100	养殖鱼类病理解剖	必做
	101	养殖虾蟹类病理解剖	必做
	102	养殖贝类病理解剖	选做
	103	致病生物分离、培养与诊断	选做
	104	病原微生物药敏试验	必做
海藻栽培学	105	海藻基本形态观察	选做
	106	蓝藻形态及代表种观察	必做
	107	红藻代表种形态及繁殖细胞观察	必做
	108	褐藻代表种形态及繁殖细胞观察	必做
	109	海藻生态及定量分析	选做
	110	绿藻形态特征及代表种分类方法	必做
饲料加工工艺学实验	111	主要饲料原料的显微镜镜检	必做
	112	原料的粉碎及粒度测定	必做
	113	混合均匀度的测定	必做
	114	挤压制粒试验	必做
	115	颗粒饲料的粉化率测定	选做
水生生物活体运输技术实验	116	了解水产品的充氧、降温保活暂养及运输方法	必做
水产品质量检测与评价	117	水产制品水分的测定	必做
	118	水产品鲜度的快速检验法	必做
	119	水产肉制品中亚硝酸盐的测定	必做
	120	水产品中甲醛的测定	必做

课程名称	序　号	实验项目名称	必做/选做
水产品质量检测与评价	121	水产品中汞（或铅）含量的测定	选做
水生生物学实验	122	常见海洋藻类形态与结构的观察	必做
	123	原生动物门、轮虫动物门、环节动物门形态与结构观察	必做
	124	几种常见水生经济软体动物形态结构与生活习性的比较分析	必做
	125	几种常见水生经济节肢动物形态结构与生活习性的比较分析	必做
	126	常见水生经济动植物种类鉴别及分类检索表的编制	必做
	127	水生经济动物的生物学测定	选做
	128	水生经济动物形态性状对活体重、干重及肥满度的影响效应	选做
渔业资源与渔场学实验	129	鱼类生物学测定	必做
	130	鱼类年龄鉴定	必做
	131	虾、蟹类生物学测定	必做
	132	鱼类繁殖力测定	必做
	133	蟹类繁殖力测定	必做
	134	鱼体丰满度测定	选做
	135	头足类生物学测定	选做
环境微生物学实验	136	细菌玻片标本显微观察	必做
	137	培养基配制与消毒	必做
	138	细菌的接种与分离	必做
	139	细菌的革兰氏染色	必做
	140	口腔微生物的接种、观察和区分	选做
	141	细菌大小测量和活动性观察	必做

课程名称	序 号	实验项目名称	必做/选做
环境微生物学实验	142	水域环境微生物检测	必做
	143	厌氧微生物的培养	选做
	144	微生物菌种保藏	选做
	145	微生物的诱变育种	选做
水生生物学实验	146	微藻代表种的观察与分类	必做
	147	水生维管束植物的采集、鉴定与分类	必做
	148	软体动物代表种的观察与分类	必做
	149	浮游动物的观察、鉴定、分类	必做
	150	大型节肢动物代表种的观察与分类	必做
	151	海洋底栖动物调查所采的样本综合鉴定、分类与测定	必做
	152	水域环境生态治理方案设计——以文心湖为例	必做
	153	原生动物和轮虫形态观察和分类	选做
	154	水生昆虫和棘皮动物的观察和分类	选做
鱼类学实验	155	鱼类的外形观察、内部构造解剖与生物学测定	必做
	156	几种淡水鱼类的生物学测定	选做
	157	鲨和鳐代表种的外形观察并测定与内部构造的解剖观察	选做
	158	观察软骨鱼类	必做
	159	观察鲱形目、鲑形目和灯龙鱼目	必做
	160	观察鳗鲡目、鲤形目、鲇形目、颌针鱼目、鳕形目、海龙目中常见鱼类	必做
	161	观察鲻形目和鲈形目（一）常见鱼类	必做
	162	观察鲈形目（二）和鲉形目常见鱼类	必做
	163	观察鲽形目、鲀形目和鮟鱇目中常见鱼类	必做
	164	张网渔获物中鱼类的鉴定分类	选做
	165	底拖网渔获物中鱼类的鉴定分类	选做

三、实验教学的试讲与试做制度

为了保证教学质量，提高新教师的教学水平，实验室实行实验教学试讲与试做制度。

（1）对于首次开设的实验，实验指导教师必须进行实验试做。通过实验试做，可以保证仪器设备运行的可靠性、测试数据的精确性，对实验全过程做到心中有数。同时，对学生在实验过程中可能出现的问题做充分的估计，提出拟解决的办法和方案。

（2）对首次上岗指导实验的教师，应配备有经验的教师指导他们工作。在正式上课之前，由实验室组织相关教师听取新教师进行试讲，试讲合格才能正式授课。对不符合教学要求的教师，不准其上岗指导学生实验。

（3）首次带教的教师应努力学习，认真备好课，并自觉进行实验试做和试讲工作，虚心听取其他教师的意见。

（4）实验室主任应做好新教师指导、实验试做和试讲等工作的安排，并定期检查执行情况，对发现的问题做及时处理。

四、学生实验成绩考核办法

为了培养学生良好的实验习惯、协作精神、动手能力、创新思维和创新能力，引导他们由过去的"学习、考试"型向"学习、思考、研究、创新"型转变。同时为进一步规范实验教学，对学生的实验成绩有一个客观的、全面的、合理的评判，特制定学生实验成绩考核办法与评定标准，请各位老师根据具体情况参照执行，并在各课程实验大纲中做具体的规定。

中心对实验考评采取多种考核方式相结合的综合评定方法。考核方式主要包括实验态度与实验操作过程、实验结果和报告质量，有的实验课可设置期末实验操作技能考试。成绩比例可为实验态度与实验过程20%，实验结果30%，报告质量50%。如果没有期末实验项目考试的，其成绩占总分的20%。期末考试可从多个考试题目中随机抽取2个考试项目（1个口述，1个实操），来评价学生的实验操作技能和对实验知识的掌握情况。

（1）实验态度包括积极性、参与性、主动性、出勤情况、实验纪律等；实验态度分认真、一般、不认真。

（2）实验过程：①基本操作技能的掌握情况，分掌握、基本掌握、没有掌握。②回答问题情况，在实验过程中对实验原理，操作规程，仪器、药品的使用，试剂的配制和使用等进行提问，根据回答问题的积极性和正确性评分。

（3）报告质量：以实验报告、设计等为主，实验报告的书写内容主要有实验原理，实验结果和结果处理、分析，对实验的建设性意见，实验的创新性等，要求书写整洁、条理分明。

（4）实验报告成绩分百分制，五分制或优秀、良好、及格、不及格四级制。

第四节　教学中心实验报告的撰写规范

实验报告是一份技术报告，要求文理通顺，表达清楚，概念正确，图表完备，符号标准。按照格式，教学中心实验报告主要包含以下几个部分：实验名称（或实验题目）、实验目的、实验原理、实验操作步骤、实验数据记录、实验数据分析和处理、思考题和实验总结。下面结合实验课程的实际情况，总结出撰写实验报告的一般方法和每部分内容的书写要求。

（1）实验名称

即实验题目，实验项目的名称，每次实验都是围绕实验题目开展的。

（2）实验目的

实验目的是实验研究的主要任务，它指出学生通过实验应掌握哪方面的理论知识和实验方法。学生应参考实验指导书或讲义，简明扼要地写明所做实验的目的和意义。

（3）实验原理

实验原理是实验的理论依据。它是根据实验内容和实验条件，以理论为基础设计的可行性实验方案。学生应在认真阅读实验指导书或相关资料的基础上，认真分析实验方案，深刻理解实验原理。在撰写实验报告时，学生应在理解的基础上论述实验原理，力求简明扼要，不可长篇大论。

（4）实验操作步骤

实验操作步骤是实验报告的核心内容之一。学生应根据实际实验操作，如实叙述详细步骤。书写实验步骤时要做到条理清楚，符合实验操作流程。

（5）实验数据记录

根据实验内容要求进行数据测量，要将测量的数据认真填写到拟好的表格中。填写实验数据要实事求是，不得抄袭和臆测。数据记录必须清楚、合理、正确。

为了使报告准确、美观，在记录时，应该把实验数据先记录在草稿纸上，等到整理报告时再抄写到实验报告上，以免错填了数据，造成修改。

（6）实验数据处理

数据分析处理是将理论知识运用到实践中的科学总结。学生应认真整理、分析实验数据，判断实验结果是否正确，并分析误差产生的原因及减少误差的方法。

（7）思考题和实验总结

实验思考题是对实验理解程度的检验或是课外延伸。课外延伸题主要涉及与实验相关的更深层次的问题，需要学生查找资料得到答案，这可以激发学生自主探究的能力。

关于实验总结，学生既可以对知识点进行归纳总结，也可以表达对整个实验过程的理解和认识。实验总结是学生对知识的掌握和升华的过程，实验过后，学生需要静下心来认真思考和梳理实验的关键点、难点以及存在的问题，总结经验，下次实验操作起来才会更加顺畅。

在实验报告上应该有每一项的实验结论，要通过具体实验内容和具体实验数据分析得出结论。

第五章　整合水产实验教学中心教学资源

第一节　教学中心实验材料管理

实验材料是高等学校开展实验教学、科学研究和高新科学技术开发必备的物质条件之一，是高等学校培养高素质创新人才必备的物质保障。随着实验教学的快速发展、教学实验室规模的不断扩大以及开设实验项目的数量和内容的持续增多，所需实验材料种类、数量也日益增加，实验材料采购与使用管理也成为高等学校实验室管理的重点工作之一。如何使实验教学的实验材料管理规范化和科学化，使其真正在人才培养中发挥最大功效，成为各高校教学实验室面临的重要问题。教学中心本着教育师生树立节约意识、资源共享、人人参与管理的原则，强化对实验材料的统一管理，提高实验材料和经费的使用效率，规范实验材料采购流程，强化实验材料日常管理，特制定实验材料与低值易耗品管理细则。

一、实验材料、易耗品、低值品管理办法

第一条　为了贯彻执行勤俭办学的方针，加强材料、易耗品、低值品的科学管理和合理使用，防止积压浪费，保证教学、科研工作的顺利进行，根据《高等学校材料、低值品、易耗品管理办法》的原则和要求，结合学校实际，特制定本办法。

第二条　材料、易耗品、低值品（以下简称物品）的管理工作，应根据物品的不同性质分类管理。对贵重、稀缺的物品应严格管理；对价值小、数量大的物品，应简化手续，达到既加强管理又便于使用的目的。

第三条　本办法所称物品指教学、科研、行政工作使用的不属于固定资产的物资，包括以下三类。

（1）材料。指一次使用后消耗或不能复原的物资，如金属、非金属的各种原材料，燃料，药品，试剂等。

（2）低值品。指不够固定资产标准，单价在 200 元以下，又不属于材料范围的耐用期在一年以上的用具设备，如低值仪器仪表、工具量具等。

（3）易耗品。指容易破碎或消耗的物资（有的单价可能超过固定资产的最低界限），如玻璃器皿、电子元件、零配件、实验小动物等。

第四条 计划与购置。

（1）学校根据前几年实际消耗量、库存量，结合每年年底填报的《低值易耗品申购计划表》和学校财力，对学院、部门的下年度物品采购经费进行划块，经费指标于每年 4 月下达到学院、部门。在此基础上，学院、部门分轻重缓急自行申报并送采供中心实施采购。

（2）学院、部门必须按审批的计划执行，原则上不允许计划外购置，否则国资处与计财处有权拒绝报销。凡无法预见的计划外急需、零星、专用物品需提前两周提出申请（购置费用在核定经费范围内）。

（3）使用单位应按照批准的计划由实验室（科）主任填写《浙江海洋大学低值易耗品审批表》，经国资处审批后实施采购，总批量金额大于 2 万元（含）的应送校招标办招投标。计算机、打印机等维修更新配件的购置，须先凭损坏的物品送国资处仓库后填写审批表，经相应权限逐级审批后，方可办理采购或授权后自购。

第五条 物品购入后必须办理验收手续。由管理员验收合格入库，并填写《浙江海洋大学低值易耗品入库验收单》，管理员、采购经办人、分管领导签字后，由采购员携验收单、审批单与购买发票送国资处设备科记账员登账并盖章，采购人员凭验收单与发票（有分管领导的签字）等到计财处予以报销。

第六条 账目管理。按照统一规定、集中掌握、分级管理要求，做到账目清楚、账物相符。

（1）对低值品、易耗品，国资处设备科设分户账管理，只做支出金额的记录。

（2）学院、部门管理员要建立低值品、易耗品的分户账。

（3）实验室管理员应设置低值品明细账，材料、易耗品领用账。

第七条 低值易耗品库存。

（1）按照不同类别、不同性质、质量级别分库分架存放。对各类库存物品，根据有关凭证及时进行增减记录。物品使用须办出库手续，领用单上必须有实验室主任、领用人签名。要注意改善库房保管条件，采取有效措施，防止库存物品发生质量变化、损坏和丢失。

（2）为了保证日常消耗和维修需要，对常用的和专用的低值易耗品各使用单位可限量备用，备用量一般不超过一个学期实际使用量；在清查中发现有大量多余闲置的低值易耗品，应追究使用单位负责人的责任。

（3）对易燃、易爆、剧毒品，放射性强、贵重稀缺物品的领取及保管，按危险品安全管理办法及院保卫部制定的办法执行。要指定责任心强、具有一定安全知识的专人负责领取和管理，以保证人身和物品的安全。

第八条　管理员会同实验室主任，每学期检查一次实验室低值易耗品的账物和使用情况，并将检查结果报国资处备案。学院、部门每学期公布一次实验室（科）低值易耗品的使用情况（包括品名、数量、金额、领用人）。

第九条　在用低值易耗品的报废、报损、报失和调拨手续如下。

（1）在使用中正常消耗的材料和易耗品，由使用人提出使用情况报告，经使用单位分管负责人审批后，办理自然报损手续，并报国资处备案。

（2）低值品的报废，由使用单位填写报废清单，由学院、部门分管领导审核批准，将报废低值品随报废清单集中交国资处，盖章后其中一联为销账凭证。批准报废的低值品由国资处集中处理，收回残值上交学校计财处，各单位无权擅自处理报废物资。

（3）低值品报损、报失按《浙江海洋大学仪器设备管理办法》执行。

（4）在用低值易耗品的调拨要求如下。

①各使用单位之间的调拨，可凭《浙江海洋大学低值易耗品调拨单》办理，由双方单位分管负责人审批，经国资处核准，办理调拨手续。

②调拨到校外单位的低值易耗品，除按校内调拨办理有关手续外，须经国资处批准方可办理，调拨低值易耗品的作价款上交学校计财处。

第十条　本办法由学校国资处负责解释，本办法与上级主管部门的文件规定有抵触的，以上级文件为准。

二、实验材料管理的监督与检查

中心每学期将不定期组织人员对实验材料、低值易耗品管理和使用情况进行抽查或检查，通报抽查和检查结果，发现问题及时整改，并追究相关人员责任。

（1）各实验材料管理责任人的职责及要求如下。

①实验教师。实验教师是实验材料和低值易耗品购买的提出人，也是实验教学过程中实验材料和低值易耗品管理使用的直接责任人，应认真履行职责，准确计算拟购实验材料的种类和数量，加强实验中对实验材料和低值易耗品的管理，如因计算错误或管理不善造成损失，实验教师要赔偿其中的1/3。

②实验室管理教师。实验室管理教师负责对所管理实验室的日常使用物品进行管理，应加强责任意识，充分发挥在实验室管理中的核心作用，认真核对实验室内各种物品的存放和使用情况，对需要返回库房的物品应及时移交，避免造成积压、浪费和流失。对因管理不善而造成实验室各种物品损失的，视情节予以批评和相应的赔偿。

③实验材料采购人员。实验材料采购人员负责中心实验教学所需各种实验材料的采购工作。为提高所购实验材料的质量，采购人员应树立全局意识、服务意识和责任意识，加强与供应商的沟通，同时积极听取与收集实验教师和实验室管理教师对所购材料质量的评价信息，尽量满足实验教师的要求。此外，采购人员在采购前应认真与库管人员核对现有库房库存，避免因积压而造成浪费。采购人员因工作失误造成所购物品种类、数量和质量与要求不符，视情节予以批评和相应的赔偿。

④库管人员。库管人员负责中心购买各种物品的存放与管理，并负责各种实验物品的入库和出库发放。为保障实验教学需要，库管人员应认真履行管理职责，规范管理，强化安全意识、服务意识、责任意识和节俭意识，确保各种物品严格按要求存放，认真核对入库和出库物品的种类与数量。因库管人员工作失误而造成损失的，视情节予以批评和赔偿等处理。

⑤学生。学生是实验材料的直接使用者，关系到使用的安全、环保和实验的成本。为了教育学生树立安全意识、节约意识和责任意识，对学生未按实验方案使用材料造成的材料浪费和流失，或随意将材料转送他人，视情节予以批评和相应的赔偿。

⑥实验材料负责人。实验材料负责人是中心实验材料管理的第一责任人，关系到整个中心实验材料的管理和使用。为了使中心各项实验材料管理规定落到实处，确保实验材料满足实验教学的需要，中心实验材料负责人应严格把好审批关，按时组织人员对中心各部门进行抽查和检查，并及时公正处理中心各种责任事故。中心实验材料负责人因工作失误造成损失或不良后果，应承担相应的赔偿及管理责任。

（2）实验教学的目的是既要培养学生实践能力，又要提高学生综合素质。为此，要引导、教育师生积极参与管理，树立节约意识和责任意识，避免实验材料的损失和浪费。其他实验材料因主观原因造成的丢失或损失，参照《玻璃器皿使用管理及丢失损坏赔偿规定》进行赔偿。

（3）各级管理教师因工作调整、调动或离退休等原因离开现有管理岗位，要及时、主动与中心指定的接管人员移交该岗位负责管理的物品及管理记录等材料，交接记录经双方签字，并经中心分管资产负责人审核同意后，方可办理离岗手续。

（4）实验室搬迁或各种实验材料调用，要及时清对账目，办理转接手续。

（5）中心负责人要随时了解、掌握各实验室的材料、低值易耗品的保存和使用情况，提高管理质量。对工作成绩显著的管理人员给予表扬和奖励，并将其业绩记入工作档案，作为提职、晋级和评优的重要依据。对工作不负责任或违反制度的失职人员，应根据情节轻重及本人对错误的认识态度，适当批评和处罚，不称职者要求学院或学校将其调离实验教学和管理岗位。

（6）以上规定若与国家和上级主管部门有关规定相抵触，按国家和上级主管部门有关规定执行。

第二节　教学中心仪器设备管理

仪器设备是高校培养人才、科学研究的重要物质条件，随着教育投资的加大、教学与科研的发展，高端仪器设备的作用愈显重要，仪器设备的管理与维护也成为实验室管理与建设最重要的内容。为提高中心仪器设备的管理水平，避免仪器设备只买不用、闲置率高、重复购置、损坏率高、使用率低、管理混乱等现象，充分发挥仪器设备在实验教学和科学研究中的作用，既满足教学与科研需求，又逐步加大面向社会的开放力度，充分发挥中心的示范与辐射作用，特制定本管理制度。

一、实验室仪器设备管理办法

第一章　总　则

第一条　为了加强学校对教学、科研和行政仪器设备的管理，提高仪器设备的使用效益，根据教育部、财政部（84）教供字 020 号文件《高等学校仪器设备管理办法》和国家教委（1997）14 号文件《关于加强高等学校物资工作的若干意见》及《浙江海洋大学国有资产管理办法》的有关规定，结合学校实际，特制定本办法。

第二条　建立健全学校仪器设备管理网络。仪器设备管理采取"统一领导、归口分级管理"的原则，由国资处归口管理，实行校、学院二级管理体制。校级管理是在校分管领导的领导下，国资处主管处长主持下，由设备科负责全校仪器设备的具体管理工作。

第三条　学院由一位副处级领导专门负责本部门仪器设备管理工作。行政单位确定1名兼职管理员，原则上由办公室主任兼任，学校批准的实验室在主管副院长领导下由实验室主任主管设备管理工作，根据固定设备资产值多少确定1名专（兼）职管理员负责具体工作。

第四条 仪器设备管理工作任务是对购置计划编审、验收、维修、报损、报废、调拨、建账、对上申报等过程实行综合管理，并在业务上对各级管理人员进行财产管理工作指导。

各级设备管理人员要保持相对稳定，必须调动时，应妥善办理仪器设备账物交接手续，并报国资处设备科备案。

第二章 仪器设备固定资产管理范围与计价

第五条 凡单价在200元（含）以上、耐用期为一年以上、能独立使用的仪器设备；虽不能独立使用的部件、附件，但符合部颁固定资产目录内的财产，均列为固定资产。

第六条 购入或调入以及捐赠的仪器设备，均按单据上的金额计价入账。

第七条 凡自制或加工的设备，应根据材料及加工费的实际成本计价入账。

第八条 调出、丢失、报废仪器设备，均按原价注销。

第九条 维修费用或新购置的维修零配件不增加仪器设备价值。

第三章 申请与审批

第十条 为了使有限的经费发挥更大的效益，按照"保证重点、兼顾一般、综合平衡、合理安排"的原则，每年11月底各学院（部门）根据建设规划项目和新年度教学、科研及行政工作的实际需要，结合本年度实际经费，分轻重缓急制定下年度仪器设备、办公用品、低值易耗品购置计划表，并适当保留不可预见的费用，在1月中旬将下年度审购计划表一式四份交国资处。国资处在2月底前组织教务处、基建后勤处、科技处对各学院（部门）送报的申购计划进行审核并汇总（审核后的购置计划表送计财处、经费主管部门、申报部门各一份，另一份由国资处备案作为新年度仪器设备审批的主要依据）。每年3月计财处根据国资处汇总情况提出经费预算意见，提交学校校长办公会议审定并在4月公布年度经费（教学、行政、科研）使用指标。

第十一条 经费使用实行包干，超支不补，节余留用。

第十二条 无论利用何种经费申购的仪器设备，均需办理审批手续，填写《浙江海洋大学仪器设备购置审批表》。未办理审批手续的，任何部门及个人均不得擅自采购，否则国资处、计财处有权拒绝办理登账及付款。

第十三条 一般仪器设备由实验室主任根据教务处批准的实验室建设项目、购置计划组织有关人员认真讨论并择优选型，在审批表上应注明仪器设备名称、规格型号、购置数量、单价、资金来源以及 2 ~ 3 家厂商咨询价格等。符合大型精密仪器设备规定的设备购置，必须附有《大型精密仪器设备购置论证报告》。

第十四条 仪器设备的购置，根据仪器设备价值分别按以下权限审批。

（1）教学、科研仪器设备或行政办公设备单价在 1 万元以下，或者一次购置总经费在 5 万元以下，由国资处主管处长审批。

（2）单价在 1 万元（含）以上 5 万元以下，或者一次购置总经费在 5 万元（含）以上，由国资处审批后报校分管领导批准。

（3）单价 5 万元（含）以上由国资处组织专家论证并报校分管领导批准。

（4）计划外仪器设备购置需先经主管（教务处、基建后勤处、科技处）部门审核批准。

第四章 购置与验收

第十五条 仪器设备购置审批表由国资处对照已审批的年度计划表审核型号、数量、单价及供货厂家，由国资处在与供货商签订采购供货合同后交采供中心实施采购，专用仪器设备经授权同意后也可由使用单位自行购置。

第十六条 凡购买仪器设备单价在 2 万元（含）以上或同类批量总价 2 万元（含）以上的仪器设备，须先由学校招标办组织招投标后再由国资处签订采购合同。招投标操作按有关规定执行。

第十七条 采供中心必须按批准的仪器设备规格型号、数量、产地、供货商及采购合同及时采购。采购中如有特殊变更，须经申请部门、国资处及校有关领导同意后，方能采购。

第十八条 仪器设备到货后，采供中心应及时通知国资处，由国资处、使用单位、采购人员及技术人员组成验收小组及时开箱清点检验和安装调试，进行严格的实物验收（检查内外包装是否完整；实物的品名、规格、数量是否与合同、标书相符；产品合格证、零配件、说明书及其技术资料是否齐全；附件及备件是否完备）和技术验收（检查内在质量、性能是否合格，必要时还应对其主要指标进行测试）。

第十九条 对一般仪器设备，使用单位必须在到货后 7 天之内验收；对大型、贵重精密仪器和进口仪器设备，应在索赔期前 20 天内组织验收小组验收。设备（包括成套）单价大于 5 万元（含）的在验收中若出现质量问题，国资处应根据合同等提出处理方案，报校分管领导批准实施。

第二十条 凡购入、调入、捐赠、自制或外加工等仪器设备符合固定资产的，验收合格后，由管理员填写《浙江海洋大学固定资产增置验收单》，办理固定资产增置手续。大型精密仪器设备办理固定资产增置手续时，具体按《浙江海洋大学大型精密仪器设备管理办法》执行。

第二十一条 填写验收单时，必须如实按规定填写名称、规格、单价、数量、厂家、出厂号、经费科目、使用单位、经办人及单位负责人签名等。国外仪器设备还应填写外文名称、外币及合同号。

第二十二条 使用单位仪器设备验收工作按以下程序进行。

（1）按批准的仪器设备购置审批表、合同（招标购置的需附中标文件、标书复印件）组织验收。

（2）使用单位管理员按采购实物如实填写"增置验收单"。

（3）填写规范后到国资处设备科统一填写仪器编号和分类号，盖审核章。

（4）设备应由管理员核对后在明显处贴好统一标签。

（5）计财处凭国资处设备科盖章的发票（背面有分管领导签字）及"增置验收单"办理付款报销手续。

（6）国资处凭"增置验收单"输入计算机进行管理。

第五章 建账、管理使用和维修

第二十三条 不论通过何种渠道（如购买、捐赠、调拨等）获得的仪器设备均需进行建账登记。仪器设备固定资产需建立在教学、行政单位的实体（实验室、科室）上，不得虚挂。

第二十四条 国资处设备科应建立归口管理的仪器设备（列入固定资产部分）总账、分类账及校、院（处）、室分户账；学院（处）建立仪器设备总账及学院（处）、室分户账；实验室（科）建立仪器设备明细账及"增置验收单"存根一套，按年份及分室（房间号）自建固定资产账册一套。

第二十五条 学院（部门）及实验（科）室每年12月应对仪器设备进行一次清查，清查时首先按实验室的自建账册与国资处设备科计算机打印的账册核对，做到账账相符，再按自建账册核对实物，做到账物相符。国资处设备科有权不定期地对各院（处）、室账物进行抽查。

第二十六条 学院（部门）仪器设备的管理使用必须实行专人负责制，其职责是建立技术档案，内容包括仪器设备原始技术资料、使用记录及维修保养记录；根据仪器设备的技术要求，制定操作规程、维护维修规程、检查规程及安全措施，做到"坚持制度，责任到人"。

第二十七条 仪器设备的维修管理是固定资产管理工作的重要内容之一，全校仪器设备的维修管理工作统一归口国资处负责，采供中心有协助义务（保修期内的仪器设备维修由采供中心实施）。用于仪器设备维修的专项经费按全校仪器设备固定资产总值的 5% ～ 7% 由校计财处专项立账，由国资处负责掌管用于仪器设备维修的专项经费。

第二十八条 一般常用设备发现失灵、损坏等情况，本部门应及时进行修复，为节约经费支出、减少资金外流，损坏的仪器设备修理采取"先校内、后校外"的原则。

第二十九条 仪器设备发生故障时，操作人员应先停机，防止故障扩大，及时组织人员查找原因。如属人为或违反操作规定等非正常损坏的仪器设备，应向设备主管部门报告，按学校有关规定处理。

第三十条 凡属厂方保修期内的仪器设备受损时，使用单位可通过国资处或采供中心直接与厂方联系，以求得到及时免费的修复。

第三十一条 学院、部门需修理的仪器设备应先填写《浙江海洋大学设备维修申请登记表》。设备价格小于1万元的由国资处设备科审批，大于1万元（含）小于5万元的由国资处处长审批，大于5万元（含）的由学校分管领导审批。维修申请登记表内容应填写完整，作为设备维修档案登记、财务报销及劳务费支出凭证用。

第三十二条 仪器设备维修经费开支如下。

（1）教学、行政的仪器设备维修费从专项维修经费中列支。未经国资处核准私自外送修理的，维修费由本人或部门自行负责承担，计财处一律不予报销。

（2）修配件经费小于2000元的由国资处审核，大于2000元（含）的需报校分管领导批准。

（3）属大型精密仪器设备和系统的维修由使用单位另行向学校申请经费维修。打印机或复印机硒鼓、墨粉，投影仪灯泡等属于正常消耗品，不列入修理费开支。

（4）自筹、科研基金和服务性经营实体购买的仪器设备的维修费，原则上自行供养，从本单位创收经费中列支。

第三十三条 实验室工作人员应努力做好本实验室仪器设备的维护、维修工作。对成绩突出的，各单位在评定和聘任实验技术职务时，应根据上级有关规定，按修理仪器设备的技术水平高低、维修工作量大小、爱护仪器设备程度、设备使用年限长短等情况，列入考核内容。

第三十四条 校内认定的维修人员在修理仪器设备时要保证质量，更换下的旧零部件要及时送回设备科。对不能修复的仪器设备，维修人员要及时恢复原样（包括已损坏的零部件）。

第三十五条 维修人员计酬方法。根据修理登记表核定的修理工时付给劳务费，原则上每次为20元人民币。到年底学期结束前两周，经学院（处）分管领导审核，设备科复核，国资处分管领导签字后，到计财处结算领取报酬，同时把核实的修理工作量，记入业务档案。

第三十六条 仪器设备的管理员（包括兼职）对所管理的仪器设备负有主要责任，全校师生员工都必须尊重管理员的职权。任何人未经管理员同意不得擅自使用、拆改、移动或调换仪器设备。

凡教职员工调动工作或退休、离休、离岗的，应到本部门设备管理员处办理仪器设备清退手续，由本部门设备管理员出具证明后，方可办理相应手续。

第六章 仪器设备借用、调拨

第三十七条 为了提高仪器设备的投资效益，学院（处）之间、实验室之间应互通有无，协商借用。借用仪器设备必须填写《浙江海洋大学仪器设备出借单》，办理借用手续。

第三十八条 学院内借用仪器设备，由实验室主任审批；校内各单位之间借用仪器设备，须经双方单位分管领导同意签字，并向设备管理员办理借用手续。

第三十九条 校外单位借用仪器设备，须持单位信函，在不影响本校正常教学工作的前提下，经国资处设备科签署意见，报分管处长、学校分管领导批准，并办妥交费等有关手续后，方可出借，各单位不得擅自出借。大型精密仪器设备原则上不向校外出借，特殊情况须经学校分管领导批准。

第四十条 仪器设备借出和归还时，保管人员和借用人员要互相严格检查仪器设备技术性能，确认仪器设备完好情况，明确责任。借出仪器设备如有损坏、丢失或短缺零配件，应由借用单位负责修复或赔偿。

第四十一条 对借出仪器设备，借用单位必须妥善保管，爱护使用，准时归还，出借单位应及时催还。

第四十二条 清查中发现多余闲置的仪器设备，使用单位应列出清单，写明原因报国资处设备科备案。

第四十三条 学院（处）之间、实验室之间经协商需要调剂仪器设备，并经国资处设备科同意后，应办理调拨手续。由调出单位填写《浙江海洋大学仪器设备调拨单》一式四份，经双方单位签章，负责人和管理员签字后各执一份，作为销账和登账的依据，另两份送国资处设备科、计财处备案，以便用计算机进行转户。

第四十四条 学校多余、闲置的仪器设备需要调到校外时，由国资处提出意见经分管校领导批准后，方可办理外调手续。任何单位和个人无权擅自处理，以防国有资产流失。

第四十五条 有偿调拨的回收款项（由学院或部门、国资处和买方三方人员协商决定），一律上缴校计财处，用于补充仪器设备购置资金。

第七章 仪器设备损坏、丢失赔偿

第四十六条 仪器设备、器材要妥善保管、合理使用。各单位应完善安全保卫措施，特别是安放贵重仪器设备的场所必须加装安全门，避免损坏、被盗或丢失仪器设备事故的发生。

第四十七条 发现仪器设备丢失时，使用单位应保护好现场，及时向学校保卫处和该院（处）办公室报案，并积极协助查找，同时向国资处书面报告。对隐瞒事故不报者，应加重处理。

第四十八条 对查无下落，确认丢失、损坏的，要填写《浙江海洋大学仪器设备报损、报失审批表》，根据原因，追究责任。

第四十九条 凡属下列主观原因之一并且造成仪器设备损坏或丢失的，属责任事故。

（1）不按制度又未经批准擅自动用或拆卸仪器设备。

（2）有条件但未采取有效防盗、安全措施。

（3）不按操作规程及有关规定操作。

（4）尚未掌握操作技术或了解性能及使用方法，轻率动用仪器设备。

（5）擅自将仪器设备挪作私用。

（6）工作失职，不负责任，如实验指导教师擅离职守，保管人员擅自将钥匙借给他人或不按规定办理领、发、借手续。

（7）其他由于不遵守规章制度等原因。

第五十条 下列客观原因造成的仪器设备损坏、丢失，经过鉴定和有关负责人证实，可不赔偿。

（1）因实验操作本身的特殊性而确实难于避免的损坏。

（2）因仪器设备本身的缺陷或使用年久，接近损坏程度，在正常使用时发生的损坏。

（3）经过批准试用稀缺仪器设备，试行新的实验操作或检修，虽然采取预防措施，但仍未能避免的损坏。

（4）由于意外事故（如停电或停水等人力不能预防的事件）造成的损失。

第五十一条 凡属责任事故的，要赔偿一定的经济损失，并根据情节的轻重给予相应的处分，直至追究刑事责任。以下为损失赔偿金额的计算方法。

（1）丢失或损坏不能修复的，按原价或市价的10%～40%计算赔偿金额。

（2）损坏、丢失零配件的，只计算零配件的损失价值。

（3）局部损坏可修复的，修复后仍保持原性能的，只计算修理费、零配件费。

（4）修复后仪器性能下降者，应按质量变化程度酌计损失价值。

（5）凡属常用工具、量具、家电类、照相器材等可供民用的物品丢失，原则上按原价或当前市价全部赔偿。

第五十二条　仪器设备损坏、丢失赔偿审批权限。

（1）单件价 200 元以下的低值品、易耗品，由学院（部门）分管领导审批，国资处备案。

（2）单件价 200 ~ 10000 元的仪器设备，由所在学院（部门）分管领导提出处理意见，报国资处审批。

（3）单件价 1 万元（含）以上的仪器设备，由国资处提出处理意见，报分管校领导审批。

第五十三条　赔偿费由责任审批单位根据确定的赔偿金额及赔偿人的经济情况决定一次偿还或分期偿还，由国资处通知学校财务部门。教职工由学校计财处在其工资中一次或分几次扣清，学生则在奖（助）学金内扣除或自己向计财处缴纳。

第五十四条　赔偿费应用于修理及补充仪器设备，不得挪作他用。

第八章　仪器设备报损、报废

第五十五条　仪器设备确已丧失功能的，按报废处理。属下列情况之一的，可申请报废。

（1）超过使用年限，主要结构陈旧、精度低劣，不能改装利用者。

（2）质量低劣，不符合技术标准，且不能满足性能指标者。

（3）因事故或其他原因使设备严重损坏，无修复价值者。

（4）腐蚀过甚、无修复价值或继续使用易发生危险者。

（5）修复的费用超出原价值的 1/2 或接近新购置价格者。

（6）技术性能落后、耗能高、效能低，已被有关技术部门列入淘汰者。

第五十六条　仪器设备报废的审批。

凡须报废的仪器设备，根据具体情况在每年的 12 月份集中送报一次，由使用单位填写《浙江海洋大学固定资产报废审报表》，按以下情况办理审批手续。

原值 800 元以下的仪器设备，由使用单位进行技术鉴定，经所在院（处）分管领导审核后报国资处设备科。

原值 800 元及以上且小于 1 万元的仪器设备，由使用单位及国资处设备科组织 3 人以上的技术鉴定小组（有关技术人员、教师、设备科人员等）进行技术鉴定，所在院、部门分管领导提出处理意见，国资处分管领导审批。

原值 1 万元（含）以上的仪器设备由国资处组织有关专家鉴定，报分管校领导审核批准，并由国资处办公室单独行文报省教育厅并转财政厅审批。

第五十七条　批准后的报废仪器设备的处理。

（1）报废的仪器设备由设备科统一凭报废单销账。

（2）报废的仪器设备，各单位不得自行拆卸、挪用仪器设备零件。原则上按整机送回国资处报废仓库（大型仪器设备难以搬运的，暂由使用单位保管）。

（3）设备科每年对批准报废的仪器设备打印出明细表存档（备查），未经回收的仪器设备，要做好"留用"标记。

（4）报废仪器设备由国资处主管处长提出处理方案（如无偿向本省、市贫困地区的中小学批量赠送；出售给废品收购点等），报有关校领导批准，进行积极处理。处理款项残值上缴校计财处，用于购置、补充仪器设备。

第九章　附　则

第五十八条　本办法由国资处负责解释。本办法与上级主管部门的文件规定有抵触的，以上级文件为准。

第五十九条　本办法自公布之日起施行。

二、实验室冰箱使用安全管理规定

根据公安部令第 61 号《机关、团体、企业、事业单位消防安全管理规定》（2001 年）、《教育部关于加强学校消防安全工作的紧急通知》（教发〔2007〕6 号）、《浙江省高等学校实验室安全管理办法》（2013 年）等文件精神，为加强学校实验室冰箱安全管理，保障师生生命财产安全，特制定本规定。

（1）实验室存放化学易燃物品的冰箱（冰柜），一般使用年限为 10 年。对于超过使用年限学院需要继续使用的，由学院、中心相关实验管理员填写《浙江海洋大学实验室冰箱（冰柜）工作状况确认表》（附表 5-1）上报实验室建设与设备管理处，组织相关人员检查冰箱（冰柜）的性能及安全状况并确定其是否可继续使用。

（2）对于已经到达期限且不能继续正常工作的冰箱（冰柜）须报废处理，如果使用时间尚未到期限，但是损坏严重、无法修理的也应报废。

（3）对于现有储藏化学类易燃物品的有霜型冰箱，必须实施防爆改造。无霜型冰箱由于无法实施改造而必须改变其用途，只能储藏普通物品。

（4）各单位购买冰箱（冰柜）时都必须事先填写《浙江海洋大学冰箱（冰柜）购置承诺书》（附表 5-2），经学院（中心）同意，明确安全注意事项，然后才能实施采购，做固定资产增置和报销。

（5）不得购买机械温控类有霜或无霜型冰箱用于储藏化学试剂等易燃易爆物品。如果为储藏普通（非危险性）物品而购买机械温控有霜或无霜型冰箱，则需保证今后不得改变其储藏用途（物品类型），否则承诺人及相关学院（单位）将承担因此而引起事故的责任。

（6）购置人如因教学或科研需要，做固定资产增置时需随带《浙江海洋大学冰箱（冰柜）购置承诺书》原件及冰箱类型证明资料（说明书等），由实验室建设与设备管理处审核无误后办理增置手续。

（7）各级单位和师生员工必须提高实验室安全意识，加强冰箱的使用与管理，经常进行检查（如密封条老化、结霜情况、压缩机长时间不停等情况），杜绝违规操作。

（8）严禁将易燃易爆物品、气体钢瓶和杂物等堆放在冰箱（冰柜）的附近，要保持实验室通风。

三、实验室明火电炉使用管理办法

为进一步加强实验室的安全管理工作，减少安全隐患，避免因使用明火电炉不当而引发的火灾事故，保障广大师生员工的生命财产和公共财产安全，维护正常的教学、科研秩序，营造安全、和谐的工作氛围，现做如下规定。

（1）凡涉及化学试剂的实验室，原则上不得使用明火电炉，建议使用密封电炉、电磁炉、加热套等加热设备。

（2）如确实因科研、教学特殊需要，且无法替代使用明火电炉的，必须采取有效的防范措施，隔离易燃易爆物品。填写《浙江海洋大学实验室明火电炉使用审批表》（附表5-3），报实验室建设与设备管理处审核批准，并报保卫处备案后，发放《浙江海洋大学明火电炉使用许可证》，方可在规定的范围内使用。

（3）相关实验室未经审批擅自使用明火电炉的，一经发现将没收电炉，责令直接责任人、实验室负责人、消防安全责任人写出书面检查，如发生事故则视产生后果的严重程度给予取消相关单位、安全责任人和直接责任人一年的评奖评优资格，赔偿相应经济损失，校纪处分等。违反国家法律法规的，将移交司法部门追究其刑事责任。

四、大型精密仪器设备管理办法

第一章　总　则

第一条　为了加强学校大型精密仪器设备的管理，充分发挥其投资效益，根据教育部有关规定，结合学校实际，特制定本办法。

第二条　大型精密仪器设备是学校进行教学、科研的重要物质条件，对提高教学质量和科研水平起着重要作用，必须加强管理。

第三条　大型精密仪器设备要配备业务能力较强的教师和技术人员进行管理和使用，人员要相对稳定，工作调动时必须做好交接手续。

第四条　大型精密仪器设备的范围如下。

（1）国家科委统管规定的23种大型精密仪器设备。

（2）单价超过人民币5万元（含）的仪器设备。

（3）单台（件）价格不足5万元，但属于成套购置或需配套使用，整套价格超过或达到人民币5万元的仪器设备。

（4）单价不足人民币5万元，但属于学校稀缺的仪器设备。

第二章　计划与购置

第五条　大型精密仪器设备的配置以实验室建设规划和重点学科建设规划为主要依据，做到全校统筹计划、合理布局，克服不必要的重复购置。购置前，必须进行可行性论证报告，论证内容主要包括以下几方面：

（1）购置的目的、用途。

（2）在学科建设、教学、科研中的紧迫性，有足够的工作量和较高的利用率。

（3）各类工作人员（包括专职教师、研究人员、操作人员、维护保养人员、管理人员等）的配备。

（4）安装设备的用房及环境和各项辅助、后勤实施条件。

（5）辅助配套的主机、零配件、附件及经费（包括运行费、软件资料费、更新费、培训费、维修费等）的可靠来源和落实情况。

（6）投资效益预测及风险分析。

（7）选型论证。

第六条　大型精密仪器设备购置前，应向市场和用户做充分的调查研究，力争购入技术先进、稳定、耐用的仪器设备，避免质次价高的产品。

第七条　大型精密仪器设备购置审批程序。申请单位详细填写《浙江海洋大学大型精密仪器设备购置论证报告》，经院（处）、职能主管单位领导审核签字后，再由国资处组织相关学科的专家或仪器设备管理委员会进行论证、评议。大型精密仪器设备经论证、评议后，报校分管领导批准。

第八条　大型精密仪器设备采用招投标形式采购，必须有招标办、国资处、学院（处）用户等参加，并与厂商签订购货合同。对于国外订货，申请单位还要说明理由，认真填写中、外文订货物资品名、规格、数量，做到项目齐全、准确无误，如因粗心大意，错填、错订而造成经济损失的，视情节和损失大小追究有关人员的责任。

第九条　大型精密仪器设备的验收、安装、调试、退赔工作是保证大型精密仪器设备质量和正常运行的关键。对验收、安装、调试、退赔等工作规定如下。

（1）建立验收、安装、调试工作小组（以下简称验收小组）。由院（处）申请人为技术验收负责人，国资处为总验收负责人，验收时应组织有关高级职称的专业教师、工程技术人员、操作人员、管理人员、档案人员及采购经办人（必要时请商检部门人员）组成验收小组，明确验收、调试任务。

（2）仪器设备到货前，验收小组要做好各项准备工作，设计周密的验收方案，阅读消化技术资料，进行操作及维修人员的培训，准备好实验题目、检测仪器、试样、场地、环境及水、电、气、地线、专用工具等。

（3）仪器设备到货后在索赔期前20天内完成验收工作。到货后，应及时开箱，依据合同规定、招投标文件和装箱单进行清点检验，并观察外表有无锈蚀、受潮、霉变等。安装调试后，进行技术验收时应严格按合同条款及产品出厂的技术指标，逐项验收仪器设备的功能，并考核仪器运行的稳定性、可靠性。验收中若出现质量问题，国资处应根据合同等提出处理方案报校分管领导批准实施。

（4）验收结束后，验收负责人要详细填写《浙江海洋大学大型精密仪器设备验收报告》，并附检验原始记录和图表。凡数量和质量有问题的，应在退赔期内办理补充、退换、索赔等事宜。若是进口大型精密仪器设备应在索赔期前及时向商检部门申请出证，办理索赔事宜。

第三章 管理使用

第十条 验收合格半个月内，使用单位设备管理员应将仪器设备的有关资料，包括合同、装箱单、质量证明、说明书、电子线路图、验收记录、论证及验收报告等全部整理成册，把原版本交校档案室，复印件留国资处及使用单位各一份。

第十一条 大型精密仪器设备要定人操作和维护。使用单位应制定操作规程、安全规程及维护保养制度，精密仪器设备要逐台建立使用、维修记录本。管理人员必须做好日常维护保养工作，定期校验检修以保持仪器设备性能状态良好。

第十二条 使用单位应根据仪器设备的不同档次配备专职或兼职人员，并事先进行技术培训与考核，逐步实行持证上岗制度。取得合格证的人员名单，需报国资处备案。

第十三条 大型精密仪器设备和贵重设备要实行考核制度，对单台设备利用率、完好率以及综合效益进行考核。坚持实行"专管共用，资源共享"的原则，在完成教学、科研任务的同时，还要积极开展校内外"协作共用"。

第十四条 大型精密仪器设备在校内协作只收保证设备正常运行的维护管理费和材料消耗费。校外协作的收费应包括折旧费、材料消耗费、测试费、维修费、管理费、劳务费等（待制定），其中收取的折旧费纳入大型精密仪器设备的维护维修费。

第十五条　大型精密仪器设备发生重大事故或损坏时，应立即停用，并采取有效措施防止故障扩大，保护好现场，及时报告学院（处）及国资处，查清原因，妥善处理。

第十六条　大型精密仪器设备一律不得借出校外。特殊情况也要在有本单位专管人员负责前去指导、操作，并保证按期归还的前提下，经国资处审核，报校分管领导批准后，方可外借。

第十七条　确因超过使用年限、技术落后、损坏、维修或运行费用过高而没有修复使用价值的大型精密仪器设备要及时报废，收回残值纳入学校教学设备费。报损、报废工作按学校有关仪器设备管理办法办理。

第四章　考核与奖惩

第十八条　大型精密仪器设备的使用和管理要实行考核制度。通过考核，促使专职（兼职）使用和管理人员努力完成岗位职责，不断提高工作水平。考核和评估的主要内容如下。

（1）可行性报告是否属实。

（2）在教学、科研及社会服务等工作中的使用机时、利用率。

（3）培养不同层次人才的数量（包括培训人员）。

（4）取得科研成果及其理论价值和社会经济效益。

（5）原有功能的利用率和新功能开发的项目数。

（6）完好率、自修率和运行环境良好程度。

（7）操作规程和各种管理制度的制定和执行情况。

（8）技术档案的建立和完整情况。

（9）原材料、原器材、配件和附件的管理情况。

（10）维修、保养、安全、清洁卫生等工作情况。

第十九条　各实验室要切实做好使用登记、维护和维修的记录，每年9月份由各学院根据上述考核内容，将上一学年的情况上报国资处统计汇总，作为投入效益考核的原始资料。考核的实际情况将作为今后投资和调整仪器设备设置结构的依据。

第五章　附　则

第二十条　未尽事宜按照《浙江海洋大学仪器设备管理办法》执行。

第二十一条　本办法自公布之日起一个月后施行。

第二十二条　本办法由学校国资处负责解释。

五、实验室大型精密仪器设备消防管理规定

（1）对于购进的大型精密仪器设备，各使用单位应加强管理，要逐台建立操作规程和使用管理办法，确定专人进行管理。

（2）大型精密仪器设备的使用、维修、管理人员都必须经过培训与考核，并且保持相对的稳定。

（3）使用大型精密仪器设备时，须经有关人员批准，并严格按有关规程操作。如因教学、科研需要，让学生使用大型精密仪器设备时，必须经过老师培训合格，且要有实验室管理人员或指导教师现场指导。

（4）应妥善保存大型精密仪器设备的使用说明书等档案材料，如实做好大型精密仪器设备的使用、调试、维修、报废等记录。

（5）在使用过程中，如仪器设备出现故障，应立即停止使用，并及时向有关人员报告。

（6）大型精密仪器设备着火时必须使用二氧化碳灭火器灭火，不得使用干粉灭火器灭火。

（7）合理配置消防器材，做到定期检查，及时更换，保持灭火器的完好率。工作人员应熟练使用灭火器，会扑救初起火灾，会报警。

（8）室内严禁明火，禁止吸烟。必须保持室内卫生清洁，不得有任何易燃易爆物品。照明等电气设备及室内各种线材必须符合防火防爆要求，不得随意私拉线路。

（9）工作人员要有防火意识，加强消防巡查制度并做好记录。

第三节　教学中心家具使用管理

实验室家具是保证实验教学顺利进行的必备条件，为实现实验室家具的规范化管理，营造舒适的实验环境，保障实验教学和科研工作的顺利进行，特制定实验室家具管理和损坏赔偿管理细则。

一、实验室家具管理规定

（1）本管理规定中所涉及的家具指中心各办公室和实验室使用的桌、椅、仪器柜、药品柜、讲台、书架、书柜等。

（2）中心对各实验室领用、借用和使用家具的情况进行记录。

（3）对已做出安排和配置的实验室家具，任何人不得擅自挪用、搬移或改变用途，若确因使用需要进行调整，须经实验室管理人员同意并报中心批准。

（4）坚持"谁使用、谁保管、谁负责"的原则，使用者承担保管和维护责任，公用家具由管理人员负责保管和维护，不得擅自委托他人保管。

（5）管理责任人每年对所使用的家具进行清查，并将清查结果报中心，出现破损应定期进行维修。

（6）没有修理价值的家具，由管理责任人填写《实验室固定资产处置审批表》（附表 5-4），经中心鉴定审核后报学校处置。

（7）家具损坏或丢失，必须及时报告中心，填写《家具丢失、损坏赔偿表》（附表 5-5）。因管理原因造成的，由管理责任人赔偿；因使用原因造成的，由使用人赔偿。

（8）发生家具被盗或意外事故，应及时向学院和学校保卫处报告，保护好现场，事后向校资产管理处备案。

二、实验室家具损坏、丢失赔偿制度

为贯彻勤俭办学方针，提高师生员工爱护集体财产的责任心，确保中心实验教学家具正常使用和管理，保证实验教学工作顺利进行，特制定本管理制度。

（1）实验室管理人员是教学、科研和实验公共平台实验室公用家具管理的责任人，对家具的使用和管理负全部责任。

（2）由以下原因造成家具损坏、丢失的，应予以赔偿。

①违反操作规程，造成家具被腐蚀、烧损者。

②未经批准随意搬动造成家具损坏者。

③保管不当造成家具损坏或丢失者。

（3）由以下客观原因造成家具损坏或丢失的，经核实，可不承担赔偿责任。

①正常情况下，由不可预见的客观因素造成家具损坏或丢失。

②家具本身的质量问题（如缺陷、老化等）造成的损坏，当事人和管理人可不承担责任，但须追究销售商或生产商的责任。

③家具正常使用过程中的自然损耗。

附表5-1 浙江海洋大学实验室冰箱（冰柜）工作状况确认表

学院（中心）：　　　　　实验室：

序号	设备编号	型号规格	储藏类别	类型、改造	生产厂家	增置日期	使用人	存放地点	设备状态	确认人	电　话

注：①"储藏类别"：指易燃易爆化学品、其他物品。

②"类型、改造"的类型：指机械有霜、机械无霜、电子有霜、电子无霜、防爆，其中机械有霜冰箱和电子有霜冰箱必须注明是否已进行改造。

③"设备状态"：指正常（可继续使用）、需维修、须报废。

④"确认人"一般为使用人，也可以另聘技术专家，如果没有签名须作强制报废。

附表5-2 浙江海洋大学冰箱（冰柜）购置承诺书

学院（系）		实验室	
经办人		联系电话	
安放地址		数　量	
用　途			
冰箱型号		生产厂商	
类　型		容　量	采购人	

单价（元）		总价（元）		购买日期	
根据学校的有关规定，本人承诺不购买机械温控类有霜或无霜型冰箱用于储藏化学试剂等易燃易爆物品。如果为储藏普通（非危险性）物品而购买了机械温控类有霜或无霜型冰箱，则保证今后不改变其储藏用途（物品类型），否则将承担因此而引起的事故责任。 　　　　　　　　　　　　　　　承诺人（签字）： 　　　　　　　　　　　　　　　　　　　年　月　日					
实验室意见					
		负责人：　　　　日期：			
学院意见 （公章）					
		负责人：　　　　日期：			
实验室建设与设备管理处					
		负责人：　　　　日期：			

注：①学校购买冰箱者都必须事先填写本"承诺书"（请在实验室处网页下载），然后实施采购，否则实验室建设与设备管理处不予做固定资产增置。

②冰箱类型指机械有霜、机械无霜、电子温控有霜、电子温控无霜、防爆冰箱等，由采购人填写。

③由实验室建设与设备管理处审核无误后办理增置手续。

④本表一式两份，一份由实验室建设与设备管理处存档，一份由学院、中心备案。

附表5-3　浙江海洋大学实验室明火电炉使用审批表

学院、中心（章）：

实验室		
使用场所		
明火电炉数量	功　率	
责任人	电　话	
备　注	（1）本表需保存在明火电炉所在的实验室，任何单位和个人不得随意改变使用场所； （2）使用明火电炉时，必须要有人在场； （3）使用场所必须保持干净整洁，周围不得堆放易燃易爆物品； （4）凡涉及化学试剂的实验室原则上不得使用明火电炉，建议使用密封电炉、电磁炉、加热套等加热设备。		

注：本表一式三份，一份存放在实验室建设与设备管理处，一份存所在学院（中心），一份存所在实验室。

附表5-4　实验室固定资产处置审批表

申报单位：　　　　申报日期：　　　　　计量单位（元）：

资产名称		仪器编号		分类号		资金来源	
领用部门		规格型号		生产厂家			
出厂编号				购置年月		使用年限	
处置数量		处置单价		处置金额		残　值	
资产现状及处置理由	领用人：				经办人：		
						年　月　日	
使用部门意见	负责人： （公章）年　月　日			申报单位领导意见	负责人： （公章）年　月　日		
专家鉴定意见	专家签名： 　　　　　　　　　　　　　　　　　年　月　日						
国资处核实意见	经办人： 　　　　　年　月　日			处领导审批意见	负责人： 　　　　　年　月　日		
领导审批意见	负责人： 　　　　　年　月　日			备　注			

注：本表一式两份。

附表5-5　家具丢失、损坏赔偿表

家具编号	家具名称	单　价	生产厂家	购置日期	数　量	使用方向
事故原因					责任人：　年　月　日	
处理意见	使用单位				责任人：　年　月　日	
	主管部门				责任人：　年　月　日	
赔偿情况	赔偿金额（元）：					
	收款单位：				收款人：　年　月　日	

第六章　加强水产实验教学中心实验队伍建设

实验教学人员是实验室的主体，是构成实验室系统最基本和最重要的要素。加强对实验教学人员的管理和培养，是中心实验教师队伍建设和实验室建设的重要环节，是提高实验教学、实验室管理、经费管理、设备管理水平的基本保证。

随着教育教学改革的迅速发展，高等教育规模不断扩大，高等教育日益大众化，人才培养模式发生了巨大的变化。培养具有基础扎实、知识面宽、能力强、素质高、具有创新精神和实践能力的人才已成为高校新的目标，对实验教学也提出了更高要求。实验教学人员在高等教育中发挥的作用也越来越明显、越来越直接，加强实验教学人员的管理已成为推进实验教学创新的源头，是建设实验室并充分发挥其功效的根本保证。为加强实验教学人员的管理，中心特制定以下管理规定。

第一节　实验教学人员的岗位设置与职责分工

实验室是教学、科研、人才培养的重要基地，实验教学人员是实验室建设与管理的基本力量，是教学、科研、人才培养、学科建设队伍的重要组成部分。

实验教学人员应忠诚于党和人民的教育事业，爱岗敬业，忠于职守，刻苦钻研业务，积极完成本职工作，富有奉献精神，团结协作，为教学、科研、人才培养和科技创新服务；以身作则，为人师表，努力做到教书育人、服务育人、管理育人；教育学生遵守学校各项制度，爱护国家财产，严格遵守学校各项管理制度及实验室工作人员的岗位职责。实验室工作人员实行坐班制，并按实验室岗位职责进行年度考核。

一、实验教学人员的岗位设置

高校实验教学人员既是实验室的管理者，又是实验教学和科研工作的组织者和参与者，肩负着管理、教学和科研三重任务。实验教学人员履行岗位职责是教学活动正常运行的前提和保障。为了更好地调动实验教学人员的积极性，根据学校的相关政策和中心的实际情况，对中心实验教学人员的岗位设置和聘任规定如下。

（1）实验教学人员岗位设置包括：实验教学教师、工程人员、实验技术人员、管理人员及实验室工人岗位。

（2）实验教学人员聘用的基本条件：遵守国家政策法规和学校的各项规章制度，为人师表，要有明确的职责分工，认真履行岗位职责，团结协作，不断进取，争创优秀。

（3）中心主任聘用条件：具有较高的政治思想觉悟、良好的专业理论修养、丰富的实验教学工作经验、较强的组织管理能力和敬业精神，取得高级技术职称资格。中心主任由学院推荐，学校聘任。

（4）中心各岗位人员的职务聘任：根据学校设置的岗位，中心组织员工竞聘，学院岗位聘用工作小组按学校的有关规定执行。

（5）中心实验教学人员的编制：根据中心的实验教学时数、实验人数、实验准备难易程度、实验仪器设备状况、实验室建设情况和实验室总体工作量等因素综合折算后，由学校或学院确定。

（6）中心可根据教学需要设置流动编制，解决实验教学人员的不足。同时，引入竞争机制，调动各类人员的积极性。

二、教学中心工作人员的分工

实验室是进行实验教学、科学研究和技术开发的重要基地。为了加强学院实验室的建设和管理，保证完成实验教学任务，不断提高实验教学水平；保障学院的教学质量和科学研究水平，提高效益，加强科学管理，根据学校实验室管理办法的有关规定，制定水产学院实验室工作人员岗位分工。

学院由一名副院长主管全院实验室工作；实验室和设备管理处为全校实验室的主管部门，管理与协调实验室的各项工作。

实验中心实行中心主任负责制，各实验室设主任一名。

（一）高级实验师（高级工程师）

（1）掌握本学科的国内外学术与实验技术动态。

（2）主持或参与编写实验教学大纲、实验指导书。

（3）主持实验室建设、革新实验手段、开发实验项目、自制实验仪器设备。

（4）根据需要承担一门以上实验课或某些类型实验的讲授工作。

（5）组织本学科的重大实验工作，写出高水平的实验报告（或论文）。

（6）解决实验工作中出现的关键性技术问题。

（7）主持或参加科学研究、实验教学研究，指导毕业论文。

（8）协助实验室主任进行仪器设备选型、验收、报废鉴定等工作。

（9）负责仪器设备的安装、调试、维修、保养等工作。

（10）指导和培养中、初级实验技术人员。

（二）实验师（工程师）

实验师是在实验室主任、高级实验师指导下，完成实验教学及相关技术工作。

（1）实验师应熟悉本专业理论和本专业有关的各项技术、基础知识，掌握本实验室有关的专业知识和技能，了解国内外本专业技术发展动态。

（2）实验师应承担实验室建设工作，参加科学研究和实验教学研究。

（3）实验师应承担一门实验课或某一种类实验的教学工作，负责制定实验方案，设计实验方法，选定仪器设备，编写或参编实验教学大纲、实验教材或实验指导书，有丰富的专业技术知识。

（4）实验师应认真指导学生实验，记录实验教学和实验室管理等情况。

（5）实验师应独立拟订实验项目的建设方案，根据教学需要对实验提出设计、改进方案，经实验室主任及上级批准后组织实施。

（6）实验师应负责仪器设备的调试、维护、检修和故障的排除，确保仪器设备的完好，做到账、物、卡相符。

（7）实验师应负责实验室的清洁工作。

（8）实验师应做好有关资料收集、归档工作。

（9）实验师应写出较高水平的实验报告（或论文）。

（10）实验师应做好指导和培养初级实验技术人员的工作。

（三）助理实验师（助理工程师）

助理实验师是在实验室主任的领导下，协助高级实验师、实验师完成教学科研工作和辅助工作。

（1）助理实验师应基本掌握本实验室有关实验的原理和技术，较熟练地掌握本实验室各种仪器设备的操作方法，按实验大纲组织学生进行实验，具有独立准备实验的能力及承担部分实验教学的能力。

（2）助理实验师应承担部分实验教学工作，编写部分实验指导书。

（3）助理实验师应严格指导学生实验，批改学生实验报告，与任课教师共同评定学生的实验成绩。

（4）助理实验师应指导学生正确使用仪器，对所管设备定期检查，实验后及时清理实验场地，妥善保管仪器设备，能对一般仪器设备的故障进行诊断和维修。

（5）助理实验师应参加实验室建设和实验教学研究。

（6）助理实验师应负责清洁工作。

（7）助理实验师应做到账、卡、物相符。根据仪器设备的维护、维修、管理要求加强仪器设备管理工作。

（8）助理实验师应做好实验情况记录及有关资料的收集、归档工作。

（9）助理实验师应承担并较好地完成实验任务，写出实验报告（或论文）。

（四）实验员

实验员在实验室主任领导和上级技术人员的指导下，承担教学与科研实验准备工作和辅助工作。

（1）实验员应了解与本实验室有关的实验原理和技术操作规程，逐步掌握有关教学与科研实验的原理与技术知识，熟悉本实验室常用仪器设备的性能和操作方法，熟悉常用仪器设备、药品的性能与保管以及计划供应工作。

（2）实验员应做好实验的准备工作，准备好实验用的仪器设备及消耗材料。

（3）实验员应逐步掌握常规实验的工作方法和步骤。

（4）实验员应指导学生正确使用仪器，对所管设备定期检查，实验后及时清理实验场地，妥善管理仪器设备。

（5）实验员应负责实验室的清洁卫生工作。

（6）实验员应做到账、卡、物相符。根据仪器设备的维护、维修、管理要求做好仪器设备管理工作。

（7）实验员应做好实验情况记录及有关资料收集、归档工作。

（五）工勤人员

（1）工勤人员应协助实验技术人员做好有关实验的准备。

（2）工勤人员应负责实验室的清洁卫生与安全检查。

（3）工勤人员应做好仪器设备、低值品购置、验收等送审工作。

（4）工勤人员应协助维护和管理仪器设备。

（5）工勤人员应完成实验中心布置的有关任务。

（六）实验室保管员（兼职）

（1）实验室保管员应认真贯彻执行实验室仪器设备管理的有关规章制度。

（2）实验室保管员应加强低值耐用品的管理。

（3）实验室保管员应做到设备账、卡、物相符。

（4）实验室保管员应建立完善的消耗品进出库账目。

（5）实验室保管员应收集实验教学的有关资料并归档。

第二节　教学中心正副主任岗位职责

中心主任是中心的主要管理者和第一责任人，对中心的建设和发展负全面责任。为保证中心实验教学的顺利进行，完成各项建设任务和目标，加强实验队伍建设，进一步提高实验室建设与管理水平，特制定本岗位职责。

（1）实验室主任是实验室工作的领导者和组织者，全面负责实验室工作，应熟悉本学科的发展方向及相关的实验理论、实验技术，具有丰富的实验室工作经验。

（2）实验室主任须搞好实验室的科学管理，贯彻执行学校的规章制度，拟定实验室管理制度实施细则，并经常检查执行情况，负责实验室工作人员的聘任、考核、培训和进修等。

（3）实验室主任负责拟定实验室建设规划和年度实施计划，组织完成实验室教学、科研任务，制订每学期实验室的教学、科研工作计划。

（4）实验室主任须经常吸收教学和科研的新成果，充实、更新实验内容，改革教学方法，不断总结工作经验，提高实验室管理水平和实验人员的业务水平。

（5）实验室主任须做好实验室的仪器设备管理、定期维护和保养工作，提高仪器设备完好率、使用率和综合效益。

（6）实验室主任应开展学术、技术交流活动，在保证完成教学任务和科研任务的前提下，积极开展社会服务和技术开发工作。

（7）作为实验室安全第一责任人，实验室主任应督促与检查实验室各项安全措施的落实，负责对来实验室工作的师生进行安全教育，防止各类事故发生。

第三节 教学中心实验教师岗位职责

为确保实验教学工作的顺利进行，充分发挥实验教师在实验教学中的主体作用，加强实验教学改革的力度，提高实验教学的质量，努力培养21世纪水产生物科学发展所需的高素质创新人才，特制定中心实验教师的岗位职责。

（1）实验教师要热爱实验教学工作，努力实践，不断总结实验教学经验，提高实验教学水平。

（2）实验教师要认真备课，写好实验课教案或讲稿。做好试做实验，写出试做报告。

（3）实验教师要注意对学生进行实验室安全卫生、学生实验守则等方面的教育，督促学生严格遵守实验室各项规章制度和各种操作规程。

（4）实验教师在实验教学过程中，应加强巡视指导，不准吸烟、看书看报。

（5）实验教师要教育学生爱护仪器，节约材料，损坏的仪器按制度处理。

（6）实验教师要配合实验技术人员的工作，在实验过程中若仪器、设备等出现问题应及时与实验技术人员一起排除故障，确保实验教学不受影响。

（7）实验结束后，实验教师要督促学生做好清洗、整理工作，安排值日生打扫卫生。

（8）实验教师要认真批改实验报告，发现问题要在下次实验课时给予讲解和纠正，同时做好学生实验报告的质量分析。

（9）实验教师要增加和提高综合性、设计性实验的数量和质量，培养学生的创新思维和综合素质。

（10）实验教师要不断更新实验内容，及时修订实验大纲和实验指导书。

第四节 教学中心实验技术人员岗位职责

一、高级职称工作人员岗位职责

（1）高级职称工作人员应系统地掌握本学科的基础理论、实验技术，熟悉国内外本学科的学术和技术发展动态，提出实验室建设建议，协助制定实验室发展规划。

（2）高级职称工作人员应至少主讲一门独立设课的实验课程或作为第一指导教师承担一门实验课程的指导工作，主持并开设较高水平的实验理论及测试技术课程，指导青年教师、研究生进行专题实验及论文实验工作，不断进行实验教学改革，编写实验教材及教学参考资料，提高实验教学质量。

（3）高级职称工作人员应掌握先进的实验技术手段，承担重大科研项目或设计、研制项目，并解决其技术难点，组织和指导实验技术人员进行较高水平的实验技术开发和实验装置研制工作。

（4）主持大型精密贵重仪器设备的验收、功能开发工作，指导实验技术和工程技术人员的业务培训、技术考核。

（5）协助实验室主任做好实验室各项管理工作。

二、中级职称工作人员岗位职责

（1）中级职称工作人员要熟练掌握本学科的基础理论、实验技术，有比较丰富的实验经验或专长，能独立地组织与实施各项实验技术工作。

（2）中级职称工作人员要负责实验教学工作，指导本科生、研究生进行实验，研究实验教学方法，参与实验教学改革，编写实验教材，协助开设综合性、设计性实验。

（3）中级职称工作人员要承担实验室科研、生产技术测试项目，负责拟定实验方案、设计实验装置，负责实验室仪器设备的维护保养。

（4）中级职称工作人员要指导初级实验技术人员、工人的学习。

（5）中级职称工作人员要完成实验室主任交办的其他工作。

三、初级职称工作人员岗位职责

（1）初级职称工作人员要掌握本学科的一般基础理论和实验技术，配合高、中级职称工作人员从事有关实验技术工作。

（2）初级职称工作人员要正确使用实验室仪器设备，熟悉其技术性能操作要领，并能指导学生正确地进行操作，为新开实验做好准备工作。

（3）初级职称工作人员要参与实验室教学、科研、生产技术测试项目，协助拟定实验方案。

（4）初级职称工作人员要分工负责一般仪器设备保管、定期检查及保养工作，掌握初步的故障检查及修理技术，做好技术资料的积累和整理。

（5）初级职称工作人员要完成实验室主任交办的其他工作。

四、技师岗位职责

（1）技师要掌握本学科实验室工作的各种技能，负责实验室教学、科研、仪器设备、装置的加工、安装与调试工作；掌握实验室有关仪器设备的性能和结构原理，做好设备的安装维修与保养工作。

（2）技师要在技术上积累经验，具有一定专长，能解决某些关键性技术问题，能根据教学、科研人员的设想和原理图设计和加工特殊的实验设备。

（3）技师要努力学习科学技术，不断提高知识和技术水平，关心帮助青年工人成长，主持技工培训和传授技艺。

（4）技师要做好实验室日常管理和安全卫生工作。

（5）技师要完成实验室主任交办的其他工作。

第七章　水产实验教学中心不同类别实验室管理

为了促进水产生物的学科发展，水产实验教学中心根据专业教学需要设置了一些特殊类别实验室，如藻种培养室、药品室、海洋生物标本室等，这些特殊类别实验室可实现其特殊功能，在专业实验教学和科学研究中发挥重要的作用。为确保这些实验室高效、安全运行并实现开放共享，根据这些实验室的性质和特点，水产实验教学中心分别制定了相应的管理细则。

第一节　海洋渔业实验室管理

一、渔业 CAD 实验室管理制度及操作规范

（1）CAD 实验室是教师和学生进行教学和科研的场所，教师和学生进入实验室必须衣着整洁；使用 CAD 实验室计算机时要服从管理，做好使用登记。

（2）使用者应维护实验室的清洁卫生，严禁吐痰和乱丢废弃物；实验室内须保持安静，不得大声喧哗和打闹。

（3）为防止电线（插座）漏电、短路或失火，严禁使用者携带食品、饮料以及湿的雨具等进入实验室；严禁携带易燃易爆、辐射性、强电磁、腐蚀性等物质进入实验室；严禁吸烟；严禁使用明火；严禁乱拉接电线及其他充电设备。

（4）计算机使用者需正确操作和使用计算机，严格遵守开机和关机顺序。

①开机流程：先接通电源，然后打开显示器等外设，最后开主机。

②关机流程：退出所有程序，然后点"菜单"关闭计算机，最后关闭显示器。

（5）计算机在使用过程中，使用者不得晃动或搬运机箱及设备；未经许可不得随意插接、拔下或挪动各种连接线；不准频繁开关电源，关开机间隔在一分钟以上。

（6）使用者必须爱护计算机设备，不得私自拆开主机箱，如发现机器有异常现象请及时告知实验室负责人。

（7）使用者不得私自修改计算机的系统配置；不得在实验室计算机上进行游戏、网聊等娱乐活动或进行与教学无关的操作；不得通过本室机器传播病毒、攻击性程序以及有不健康内容的文件。

（8）使用者未经允许不得更换计算机硬件，不得随意安装或删除软件；通过数据线连接外部设备或使用光盘时需确保不携带病毒。

（9）使用者未经许可不得擅自挪动集群机柜、交换机等实验室设备；未经允许不得打开集群机柜，不得触按机柜中的服务器按钮。

（10）使用者使用完毕后应关闭计算机，摆放好鼠标、键盘及凳子，关闭日光灯，关闭电风扇、空调，拉下电源开关总闸，锁好机房门。

（11）使用者未经许可不得将实验室中的任何设备带出实验室。

（12）使用者需严格遵循此 CAD 实验室管理制度，如因操作不当或人为损坏导致设备故障，责任由操作者本人负责，按情节严重程度予以相应的处罚和赔偿。

二、海洋渔业实验室安全管理责任书

甲方：海洋渔业实验室

乙方：分室责任人

为了做好实验室安全工作，避免各类安全事故，依据"谁主管，谁负责"的原则，海洋渔业实验室（甲方）和各分室责任人（乙方）签订的安全工作责任书如下。

（一）目　标

（1）实验室杜绝因管理、操作不当造成的火灾、爆炸、人身伤害和财物损坏、丢失事故。

（2）实验室清洁整齐、规范有序，年度安全考核合格。

（3）不发生违法乱纪事件和影响校园政治稳定的非法活动。

（二）责　任

1.甲方责任

（1）实验室主任对实验室安全工作负全面领导责任，要及时传达上级有关文件和指示精神，指导各实验分室认真落实安全管理的各项制度和措施。

（2）实验室应定期对各实验分室进行安全检查，提出整改意见。

（3）实验室应及时回复各实验分室提出的问题，帮助他们解决安全工作中存在的实际问题。

2. 乙方责任

（1）各实验室应经常参加法制、安全教育，认真学习学校、水产实验教学中心以及本实验室的各种管理制度，不断提高安全防范意识、管理水平和自救互救能力。

（2）各实验室应根据实际情况制定本实验分室管理制度和操作规程，并严格执行。

（3）根据学校、中心及本实验室制定的有关实验室安全管理办法和规定，各实验室应加强内部安全管理，尤其是消防和危险品的管理，及时开展防火、防盗、防事故检查，消除安全隐患，按要求做好实验室财物登记和清洁卫生工作，确保实验仪器设备运行良好，确保化学试剂和水、电、油、汽、火管理使用规范，确保值班工作到位、记录完整，确保实验室账、物相符。

（4）各实验室应及时向实验室主任报告发现的安全隐患，认真落实主任提出的安全隐患整改意见。

（5）各实验室应每周排查安全隐患，年终做好总结，建立和完善管理台账。

（三）乙方责任人具体管理地点

陈某：负责30号楼103室，105室，102室，104室，204室，409室，611室。

臧某：负责30号楼608室。

郑某：负责30号楼610室。

马某：负责30号楼612室。

王某：负责30号楼613室。

此责任书自签订之日起生效。若责任人发生变更，则由接任负责人及时重新签订。

此责任书一式三份，实验室主任、实验分室安全责任人、学院办公室各存一份。

甲方：海洋渔业实验室（盖章）

　　实验室主任（签字）：　　　　年　月　日

乙方：实验分室责任人（签字）：　　　　年　月　日

第二节　水产养殖实验室管理

　　水产养殖是海洋生物的重要研究领域之一，是一门应用实践性非常强的专业。为此，水产养殖实验室是海洋生物实验不可或缺的实验室，其在水产生物实验教学中起着重要的作用。

　　水产养殖实验室必须保证合格的水源供应和贮水设备，以确保正常供水。养殖过程中需频繁换水，养殖室要有完善的排水排污系统，以便消毒清洁。养殖室须设置不同规格的水族箱、充氧设备、循环水设备、加温设备等基础设施。

一、实验药品使用管理规定

　　（1）实验室所有药品由专人负责保管。未经实验管理人员同意，任何人不得擅自进入药品室。

　　（2）实验管理人员必须及时做好新购药品的登记建账工作，同时将各类药品按规定分类合理存放。

　　（3）一般药品的使用建立流水账管理，由实验准备人员填写领用单后直接向药品管理人员领用，剧毒药品的使用严格按《水产养殖实验室剧毒药品使用管理规定》进行审批、领用手续。

　　（4）各类药品均应优先满足经审定的教学计划实验和开放实验，未列入药品采购计划的其他实验或科研需要原则上不予提供，用量较少时，经实验室主任同意可以领用。

　　（5）未经实验室主任批准，各类药品均不得外借。

　　（6）实验管理人员必须定期对药品进行清点，了解药品消耗情况，及时提出补充计划。

二、剧毒药品使用管理规定

　　（1）为加强对剧毒药品使用的安全管理，保证师生和国家财产的安全，保护环境，特制定本规定。

　　（2）剧毒药品使用者必须向实验室提交"剧毒药品领用申请单"。要求写明药品名称、级别，药品数量，药品操作方法、目的，废物液的灭毒（分解）措施，等等，剧毒药品领用申请单由实验室存档备案。

（3）剧毒药品领用申请单经实验室主任在"申请"上签定意见，经院主管领导批准后，由剧毒药品管理者在第三者存在的情况下，准确称量（mg级）药品、发货，同时使用者必须认真填写领料单。

（4）剧毒药品使用者必须做有好毒药品使用过程的详细记录（mg级），待工作结束后将使用详细记录交实验室存档备案。

（5）剧毒药品使用结束后，使用者应立即将废物、废液妥善处理，并在当天将剩余剧毒药品交还保管室。

三、精密仪器室使用管理规定

（1）水产养殖实验室精密仪器室原则上只对渔业学院教师开放使用，学生和外单位人员必须经实验室主任同意和院主管领导批准后方可使用。

（2）教师使用精密仪器室必须向管理人员办理登记手续，注明所使用仪器的设备型号、编号和用时数等，未经管理人员同意，不得擅自使用。

（3）未经管理人员同意，教师不得擅自开启或关闭室内的空调、除湿机等设备。

（4）未经管理人员同意，教师不得擅自动用或挪动精密仪器内存放的各种仪器设备，包括同型的其他仪器设备，如由此产生仪器设备损坏，按《水产养殖实验室实验仪器损坏、丢失赔偿制度》办理。

（5）教师使用有特殊操作要求的精密仪器设备采用持证上岗制，使用前必须先经该仪器设备主管技术人员的培训指导，合格后获取使用许可证，持证使用，使用中有疑问或发生故障必须及时联系主管技术人员。

（6）教师使用精密仪器前应首先与管理人员一起检查所用仪器设备的完损和性能状况，使用过程中如发现使用的仪器设备有损坏、操作失灵或有异常，应停止操作并报告管理人员。凡未做检查而直接使用，结束后发现有损坏情况，将做损坏处理，按《水产养殖实验室实验仪器损坏、丢失赔偿制度》办理。

（7）教师使用精密仪器必须按操作说明或步骤进行，未按操作规定进行操作而导致仪器设备损坏，按《水产养殖实验室实验仪器损坏、丢失赔偿制度》办理。

（8）教师使用精密仪器期间，应保持室内安静和卫生，不得吸烟，不得随地吐痰，不得大声喧哗。

（9）教师使用精密仪器结束后，应认真做好所用仪器设备的保养工作和桌面的清洁卫生工作，经管理人员检查后方能离开。未经管理人员同意，教师不得擅自打扫室内地面卫生。

四、生物操作室使用管理规定

（1）生物操作室是各班学生进行各种实验操作和生物培养的主要实验分室，使用频率较高，必须优先满足经审定的教学计划实验需要。未经实验室主任同意，任何教师或学生均不得在本室进行长期实验操作。

（2）学生以班级或组为单位使用本室时，实验指导教师和班长或组长均必须在本室使用记录本上登记。

（3）本实验室未装排气装置，不得在本室进行会产生或挥发有毒或有害气体的实验，不得在本室进行高压消毒实验，不得在本室进行有害菌或病原体实验。

（4）本实验室每个操作台用电不得超过2000W，2000W以上的电器必须在专用插座上使用。

（5）本实验室操作台柜内放置有常用的玻璃仪器和其他低值耐用品，未经实验管理人员同意，任何人均不得挪用或移动，违者将视情节处罚。

（6）在本实验室进行生物培养或多学时操作实验时，实验指导教师和实验管理人员必须指导学生按规定位置放置培养容器或长时间操作器具，每次实验课结束均必须保持桌面的整洁干净，不能影响其他实验操作或发生混淆。

（7）实验操作过程中若有有害废液或废渣等产生，必须用容器回收，不得倒入本室水槽，违者将视情节处罚。

（8）保持实验室内安静和卫生，实验室内不得吸烟，不得随地吐痰，不得大声喧哗。值日学生必须认真细致地做好清理和打扫工作，经检查合格后方可离开。

五、安全养殖实验室使用管理制度

（一）安全养殖实验室卫生制度

（1）实验室内要经常保持清洁卫生，每天应进行清扫整理，桌柜等表面应每天用消毒液擦拭，保持无尘，杜绝污染。

（2）实验室应井然有序，不得存放实验室外个人物品、仪器等，实验室用品要摆放合理，并有固定位置。

（3）随时保持实验室卫生，不得乱扔纸屑等杂物，测试用过的废弃物要倒在固定的箱桶内，并及时处理。

（4）实验室工作台面应保持水平和无渗漏，墙壁和地面应当光滑和容易清洗。

（5）实验室布局要合理，一般实验室应有缓冲间和无菌室，无菌室应有良好的通风条件，如安装空调设备及过滤设备，无菌室内空气测试应基本达到无菌。

（二）安全养殖实验室安全管理制度

（1）所有药品、标样、溶液都应有标签，绝对不要在容器内装入与标签不相符的药品。

（2）禁止使用实验室的器皿盛装食物，也不要用茶杯、食具盛装药品，更不要用烧杯等当茶具使用。

（3）实验室用的所有仪器都应严格遵守操作规程，仪器使用完毕后拔出插头，将仪器各部旋钮恢复到原位。

（4）实验人员进入实验室必须穿工作服，进入无菌室换无菌衣、帽、鞋，戴好口罩，非实验室人员不得进入实验室，严格执行安全操作规程。

（5）实验室内要经常保持清洁卫生，保持无尘，杜绝污染，不得乱扔纸屑等杂物，测试用过的废弃物要倒在固定的箱桶内，并及时处理。

（6）实验室应井然有序，物品摆放整齐、合理，并有固定位置。禁止在实验室吸烟、进餐、会客、喧哗，或作为学习娱乐场所，不得存放实验室外个人用品、仪器等。严禁在冰箱、温箱、烘箱、微波炉内存放和加工私人食品。

（7）进行高压、干烤、消毒等工作时，实验人员不得擅离现场，应认真观察温度、时间、压力等。

（8）使用易燃易爆物品的实验要严禁烟火，不准吸烟或动用明火，易燃易爆物品的储存必须符合安全存放要求。

（9）消防器材要放在明显位置，严禁将消防器材移作别用。发生事故，必须按规定及时上报有关部门，重大事故要立即抢救，保护好现场。

（10）实验人员做完实验后，应整理好器材、工具和各种资料，切断电源，关好门窗和水龙头。

（11）离开实验室前，尤其节假日应认真检查水、电、气和正在使用的仪器设备，关好门窗方可离去。

（三）安全养殖实验室学生实验须知

（1）实验人员应系统掌握实验方法和实验所依据的标准，了解实验过程。

（2）实验人员应做好实验的一切准备工作（包括仪器、设备、试剂、药品、标本等），并保证达到安全实验要求。

（3）对精密贵重仪器要加强管理，经常检查，要记录档案，明确责任。要熟悉实验室有关仪器、设备的功能、特点和操作方法，要具备维护、保养的知识，并能进行简单维修，因违反操作规程而损坏仪器者，应酌情处理。

（4）实验人员应遵守实验室制度，做实验时要认真负责。

（5）实验室人员要经常打扫和保持实验室的环境卫生，使用的仪器、药品要经常洗涤、擦拭，做到窗明几净，台面整洁，放置有序，标志分明，使用方便。

（6）实验人员严禁用湿手开启电闸和电器开关，凡漏电仪器不要使用，以免触电。

（7）实验人员移动、开启大瓶液体药品时，不能将瓶直接放在水泥地板上，最好用橡皮布或草垫垫好，若为石膏包封的可用水泡软后开启，严禁用锤砸、打，以防破裂。

（8）实验人员取下正在沸腾的溶液时，应用瓶夹轻摇后取下，以免溅出伤人。

（9）实验人员将玻璃棒、玻璃管、温度计等插入或拔出胶塞、胶布时应垫有棉布，两手都要靠近塞子，用甘油或水可以将玻璃导管很容易插入或拔出塞孔中，切不可强行插入或拔出，以免折断刺伤人。

（10）实验人员开启高压气瓶时应缓慢，并不得将出口对人。

（11）检验人员要本着节约精神，严格控制实验中各类药品的使用量，不得随意浪费，对损坏的仪器应酌情进行处理。

（12）实验人员要确保人身安全，防止触电、中毒、爆炸等危险事故发生，离开实验室时要认真检查各实验室门窗、水、电是否关好，发现有不安全因素要及时报告，废液要倒在统一指定的地方，及时销毁处理。

（四）安全养殖实验室仪器使用管理制度

（1）实验室仪器应安放合理，贵重仪器由专人保管，建立仪器档案，并备有操作方法、保养、维修、说明书及使用登记本。

（2）各仪器做到经常维护、保养和检查，精密仪器不得随意移动，若有损坏不得私自拆动，应及时通知相关人员。

（3）实验室使用的仪器、容器应符合标准要求，保证准确可靠，凡计量器具须经计量部门检定合格后方能使用。

（4）使用易被潮湿空气、酸液或碱液等侵蚀而生锈的仪器用应及时擦洗干净，放通风干燥处保存。

（5）易老化变粘的橡胶制品应防止受热、光照或与有机溶剂接触，用后应洗净置于带盖容器或塑料袋中存放。

（6）各种仪器设备（冰箱、温箱除外）使用完毕后要立即切断电源，旋钮复原归位，待仔细检查后方可离开。

（7）一切仪器设备未经同意，不得外借，使用时按登记本内容进行登记。

（8）仪器设备应保持清洁，一般应有仪器套罩。

（9）实验人员使用仪器时，应严格按操作规程进行，若违反操作规程和因保管不善致使仪器、器械损坏，要追究当事人责任。

六、水产营养与饲料实验室管理细则

（1）实验人员应准时到达实验室，实验室内需穿着实验衣（围裙）。

（2）实验桌上勿放置与实验无关的物品与课本。

（3）禁止从外面带食物进到实验室内食用，并严禁喧哗、打闹，以避免意外发生。

（4）实验室内各种仪器不可任意操作，且库房不得任意进出，实验前须经授课教师讲解或同意后再开始操作。

（5）实验人员应将实验之食物残渣、废弃物丢弃于指定场所，切勿置入水槽。

（6）气瓶、冷气、电扇、电灯等电器用品及自来水开关，不用时须关闭，而气瓶总开关则在实验完全结束后，立即关闭。

（7）实验后，加热炉灶上下均需擦拭，以免日久堆积污垢难除 。

（8）实验结束后，各组需自行清理实验桌及归还实验器材，如有损坏应立即报告老师，并照价赔偿。

（9）值日生应负责实验室的清洁，并确认器材、气瓶开关是否定位。

（10）实验人员在使用气瓶前，应确认炉圈是否定位，并应特别小心，请勿边做实验边嬉戏。

（11）实验人员在使用气瓶或加热挥发性溶剂时，勿将门窗紧闭，应适当的打开门窗以利通风。若遇气瓶漏气时，应马上关闭气瓶及总开关，并迅速告知老师检修。

（12）实验人员在使用各项电器用品时，应保持手部干净，以免触电。

（13）实验人员在使用刀具前，应确认刀具是否损毁，并在使用时格外小心。

（14）任何器具取拿或搬动前，实验人员在告知周边同学，以避免翻覆及烫伤别人，使用后应放于指定位置，不可随意置于桌面和地上。

（15）实验过程中，有任何食材或器具掉落地面，实验人员应立即清理，以免发生意外。

（16）实验过程中，实验人员若有事要离开，应先告知授课老师，不可径自离去。

（17）实验过程中，实验人员若有身体不适或任何问题，应立即通报老师。

七、水产养殖实验室三废处理规定

水产养殖实验一般不涉及废气处理，用于培养水生生物的培养废液无害，可直接放入下水道中，大多数废弃物是无害的，可以按民用垃圾分类处理。

部分实验若涉及有毒废弃物等必须按以下方法处理后，才可排入下水道或挖坑埋掉。

（1）对较纯的有机溶剂废液应回收利用。

（2）几种常见有害物质的处理方法如下：

①酚。高浓度的酚可用乙酸丁酯萃取、重蒸馏回收。低浓度的含酚废液可加入次氯酸钠或漂白粉使酚氧化为二氧化碳和水。

②氰。氰化物的稀溶液可加入氢氧化钠调至 pH10 以上，再加入几克高锰酸钾（约 3%）使 CN^- 氧化分解。如果 CN^- 含量高，可用碱性氯化法处理，先加入氢氧化钠调至 pH10 以上，再加入次氯酸钠，使 CN^- 氧化分解。

③汞。洒落金属汞后应立即用滴管、毛笔或用在硝酸汞的酸性溶液中浸过的薄铜片收集，然后用水覆盖，散落过汞的地方应撒硫黄粉或喷 20% 三氯化碳的水溶液，干后再清扫干净。如果室内的汞蒸气浓度超过 0.01 mg/m³，可用碘净化，即将碘加热或自然升华，碘蒸气与空气中和吸附在墙面、地面、器物上的汞发生作用生成不易挥发的碘化汞，然后彻底清扫干净。含汞盐的废液应先调 pH8 ~ 10，加入过量硫化钠，使其生成硫化汞沉淀，再加入硫酸亚铁作为共沉淀剂，生成硫化铁可将硫化汞微粒吸附沉淀。然后静止分离，清液可排放，残渣可用焙烧法焙烧沉淀回收汞或制成汞盐。

④铬。铬酸洗液如失效变绿，可浓缩冷却后加高锰酸钾粉末氧化。失效的废洗液可用废铁屑还原残余的 Cr^{4+} 到 Cr^{3+}，再用碱废液或石灰中和使其生成低毒的 $Cr(OH)_3$ 沉淀。

⑤砷。在含砷废液中加入氧化钙，调节并控制 pH8，生成砷酸钙和亚砷酸钙沉淀。有 Fe^{3+} 存在可起共沉淀作用，也可将含砷废液调节 pH10 以上，加入过量硫化钠，使其与砷反应生成难溶、低毒的硫化物沉淀。

⑥铅、镉。用消石灰将废液调 pH8 ~ 10，使废液中的 Pb^{2+}、Cd^{2+} 生成 $Pb(OH)_2$、$Cd(OH)_2$ 沉淀，加入硫酸亚铁作为共沉淀剂。

经以上处理后，上层清液直接排入下水道，残渣收集后埋入预定土坑。

八、水产养殖实验室安全事故应急处置预案

为有效预防、及时控制和妥善处置实验室突发安全事故，保证实验室正常的

教学科研秩序，保护实验人员的生命及财产安全，防止环境污染，提高师生应对突发事故的能力，最大限度地减少突发事故造成的损失，依据《中华人民共和国突发事件应对法》《国家突发公共卫生事件总体应急预案》等文件，结合本实验室的实际情况，制定本预案。

（一）处置原则

（1）先救人、后救物原则。
（2）先控制、后清理原则。
（3）先重点、后一般原则。
（4）统一指挥、分工协作原则。

（二）应急处置和工作职责

事故初起阶段，在实验室安全责任人、实验室主任、现场教师或实验技术人员的领导下，由实验室工作人员和学生协同处置突发事件。如果实验室主任或研究室负责人无法处置该安全事故，应立即通知学院领导，由学院应急处置工作小组负责指挥、协调。学院无法单独处置的突发安全事故，已造成人员伤亡或不及时处置可能导致人员伤亡及重大财产损失的突发安全事故，由学校安全事故应急处置指挥小组处置。

（三）运行机制

1. 预防

（1）实验室工作人员针对各种可能发生的突发事故，应完善预防、预警机制，开展风险评估分析，做到早防范、早发现、早报告、早处置。

（2）实验室应加强实验室标准化建设，对实验设备配置、个人防护、应急设备器具、实验室安全行为、安全操作规程等做出明确规定。

（3）实验室应建立有毒有害化学试剂储存室，对加热设备，压力容器，剧毒、高毒、强酸、致癌、易燃、易爆等危险品建立严格的管理制度和使用登记制度。

（4）实验室应增强师生的安全意识，落实安全管理责任，加强日常安全巡查，及时消除安全隐患。

（5）实验室应加强应急反应机制的日常管理，在实践中经常演练和完善应急处置预案。

（6）实验室应加强实验人员的培训教育，提高应对突发事故的实战能力。

2. 预警

（1）实验室应建立有效的预警机制，为各种危险品建立档案和使用记录，发现遗失、不当存放，立即处置。

（2）实验室应重视实验人员健康检查，发现与实验室生物安全有关的人员感染或伤害立即报告、处置。

（3）实验室应严格执行安全巡查制度，及时发现、消除隐患，对存在不安全行为的人员，有安全隐患的设备设施、用品用具及时发出书面预警通知，提醒相关人员提高警惕。

3. 安全状态监测

（1）在实验室日常工作中，与实验有关的所有人员均有义务对实验室安全状况进行监督、检查、举报，对举报有功人员由学院进行奖励。

（2）在实验过程中，实验室工作人员应注意监控实验室内的状况，包括仪器主机、附件，特别是气体贮存容器及其主要连接件（管路、阀门等）是否正常；水、电、气状态是否正常；实验室内有无异常气味、响声；有无（非正常）火苗、火花；空气中有无不明烟雾，地面上有无不明液体、固体等。

（3）仪器设备检查由实验操作人员定期进行，包括对仪器设备电气性能的评估；对装载易燃气体钢瓶或其他容器的安全检测；对化学试剂存放使用的安全性检查；对实验室水、电、气运行状况的检查，等等。

4. 信息报告

突发安全事故发生后，现场人员应在自救的同时立即向所在单位负责人汇报，及时启动应急预案。如经初步处理仍无法控制时，现场人员要立即通知学院领导、保卫处、实验室建设与设备管理处等，请求协同处理。事故基本控制后，及时对突发事故进行侦测、调查，综合评估，控制危害蔓延。

（四）部分安全事故应急处置措施

1. 火灾爆炸事故

（1）实验室按规定配备灭火器、消防栓等消防器材，实验室工作人员必须经常检查消防器材的有效性并熟悉其操作规范，清楚安全通道所在位置。

（2）局部起火，实验人员应立即使用灭火器灭火；发生大面积火灾，实验人员已无法控制，应立即报警，通知所有人员沿消防通道紧急疏散，同时立即向消防部门报警，向学院领导报告，有人员受伤时，立即向医疗部门报告，请求支援。人员撤离到预定地点后，实验教师、实验室工作人员、学生干部应立即组织清点人数，对未到人员尽快确认所在的位置。

2. 漏电触电事故

（1）切断电源，实验人员应将触电者脱离漏电源，如无法及时切断电源，则用干燥的座椅板凳、木材等绝缘体设施使触电者脱离漏电源，严禁直接用手或用其他导电体接触触电者。

（2）触电者脱离漏电源后，实验室工作人员应立即就近将其移至干燥与通风场所实施现场救护，同时立即拨打120急救电话或调度车辆送医院抢救。

（3）实验室工作人员应立即报告事故信息，指挥疏散事故现场人员，制止人员围观，等等。

（4）实验室工作人员应做好漏电源周边的警戒工作，防止人员进入漏电区域，全面查找漏电源，防止漏电范围进一步扩大。

（5）实验室工作人员应引导救援车及救援人员进入现场。

（6）实验室工作人员在必要时保护现场以便警方取证等。

3. 危化品泄漏事故

（1）实验室工作人员应在安全允许的范围内关闭泄漏源，转移泄漏源周边的易燃易爆品，如果搬运不便，则立即疏散人员。

（2）现场人员应先用湿毛巾捂住口鼻抢救中毒人员，并将其移到通风良好、空气新鲜的地方，注意保暖。若人身受到酸、碱或其他腐蚀性药品喷溅，现场人员应立即用大量的清水进行冲洗，冲洗后相应地用苏打（针对酸性物质）或硼酸（针对碱性物质）进行中和；若发生有毒气体中毒事件，应确保患者呼吸道通畅，对神志不清者应将头部偏向一侧，以防呕吐物吸入呼吸道引起窒息。

（3）实验室工作人员应立即拨打119、120报警电话或调度车辆送医院抢救。

（4）实验室工作人员应引导救援车及救援人员进入现场，配合做好抢救工作。

（5）实验室工作人员应做好泄漏区周边的警戒工作，疏散事故现场人员，防止人员进入污染危险区域，确保危害损失不进一步扩大。

（6）实验室工作人员应配合相关部门控制泄漏源并进行清理，阻止事态进一步恶化，防止泄露引起的火灾爆炸等。

（7）实验室工作人员应做好泄漏事故现场摄影、摄像以及信息报送和新闻发布等工作。

（8）实验室工作人员在必要时保护现场以便警方取证等。

4. 试剂操作安全事故应急处置

（1）强碱腐蚀。现场人员应先用大量水冲洗，再用2%醋酸或饱和硼酸清洗，然后用水冲洗。若溅入眼内，则用硼酸溶液冲洗。

（2）强酸腐蚀。现场人员应先用干净毛巾擦净伤处，用大量水冲洗，然后用饱和碳酸氢钠溶液（或稀氨水、肥皂水）冲洗，再用水冲洗，最后涂上甘油。若溅入眼内，先用大量水冲洗，再用碳酸氢钠溶液冲洗，严重者送医院治疗。

（3）液溴腐蚀。现场人员应立即用大量水冲洗，再用甘油或酒精洗涤伤处。

（4）氢氟酸腐蚀。现场人员应先用大量冷水冲洗，再以碳酸氢钠溶液冲洗，然后用甘油氧化镁涂在纱布上包扎。

（5）苯酚腐蚀。现场人员应先用大量水冲洗，再用 4 体积 10% 的酒精与 1 体积三氯化铁混合液冲洗。

（6）误吞毒物。常用的解毒方法有：给中毒者服催吐剂，如肥皂水；灌水或服鸡蛋白、牛奶和食物油等，以缓和刺激，随后用干净手指伸入喉部，引起呕吐。注意磷中毒者不能喝牛奶，可用 5～10 ml 1% 硫酸铜溶液加入一杯温开水内服，引起呕吐，然后送医院治疗。

5.仪器设备安全事故应急处置

（1）金属外壳的仪器设备要有充分的接地保护，如仪器设备漏电导致人员触电，首先切断电源，若来不及切断电源，可用绝缘物挑开电线，在未切断电源之前，切不可用手拉触电者，也不能用金属或潮湿的物品挑电线。触电者出现休克现象时，应立即进行人工呼吸，并通知医院治疗。

（2）仪器使用中的容器破碎及污染物质溢出，现场人员应立刻戴上防护手套，按照仪器的标准作业程序关机，清理污染物及破碎玻璃，再对仪器进行消毒清洗，同时告知其他人员注意。

（五）应急响应的终止

突发安全事故得到彻底控制后，经突发事故处理指挥小组确定，终止应急状态。

（六）善后处理工作

（1）在事故应急响应终止后，突发事故处理工作小组人员必须做好事故过程、损失及其他相关情况的整理、统计、记录工作。

（2）事故现场调查完毕，实验室工作人员即可对现场进行善后处理并恢复其正常状态。

（3）实验室工作人员应组织相关人员参加事故调查处理工作，认真总结经验教训，做好以后的防范工作。

（七）突发安全事故的应急保障

（1）通信保障。当安全事故发生时，实验室工作人员应立即启动应急预案进行现场处置，同时上报相关负责人和相关职能部门，做好记录，保证应急处理信息的畅通无阻。实验室相关人员及管理人员的手机应保证 24 小时开通。

（2）技术保障。实验室应聘请相关专业的专家，加强实验室规范化建设，提高师生的安全意识、防范意识，加强实验室安全监测与预警方面的业务培训，组织应急演练，提高突发安全事故的处理能力。

（3）预案管理。应急预案要定期评审，并根据重大事故的形势变化和实施情况及时发现问题，及时进行完善修订。

（八）本预案自发布之日起施行，由水产养殖实验室负责解释。

第三节　资源与环境实验室管理

一、资源与环境实验室管理制度

（1）实验人员应严格掌握并认真执行本室相关安全管理、仪器管理、药品管理、玻璃器皿管理制度等相关要求。

（2）实验人员进入实验室必须穿实验服，非实验室人员不得进入实验室，严格执行安全操作规程。

（3）实验室内要保持清洁卫生，每次实验后师生应进行清扫整理，桌柜等表面必要时应用消毒液擦拭，保持无尘，杜绝污染。

（4）实验室应井然有序，物品摆放整齐、合理，并有固定位置。严禁在实验室吸烟、进餐、会客、喧哗，或作为学习娱乐场所，不得存放实验室外个人用品、仪器等。严禁在冰箱、冰柜、温箱、烘箱、微波炉内存放和加工私人食品。

（5）随时保持实验室卫生，不得乱扔纸屑等杂物，实验使用过的废弃物要倒在固定的箱桶内，交由实验员统一及时处理。

（6）试剂应定期检查并有明晰标签，仪器定期检查、保养、检修。实验室应建立各种器材申请领用及消耗的记录，贵重仪器填写使用记录，破损遗失应填写报告，药品、器材等不经批准不得擅自外借或转让，更不得私自拿出。

（7）在进行高压、干烤、消毒等工作时，工作人员不得擅离现场，认真观察温度、时间、压力等。

（8）严禁用口直接吸取药品和菌液，进行无菌操作时，如发生菌液等溅出的情况，实验人员应立即用有效消毒剂进行彻底消毒，安全处理后方可离开现场。

（9）实验完毕，实验人员应及时清理现场和实验用具，对有毒、有害、易燃、腐蚀的物品和废弃物应按有关要求执行。双手用清水肥皂洗净，必要时用消毒液泡手，然后用水冲洗，工作服应经常清洗，保持整洁，必要时高压消毒。

（10）离开实验室前，师生应填写实验室运行记录。另外，应认真检查水、电、气和正在使用的仪器设备，关好门窗方可离去。

（11）实验室负责人督促本制度的严格执行，根据情况给予奖惩，出现问题应立即处理、上报。

二、资源与环境实验室卫生制度

（1）实验室内要经常保持清洁卫生，每次实验结束后，师生应及时清扫实验室卫生，实验员上下班应进行清扫整理，桌柜等表面应每天用消毒液擦拭，保持无尘，杜绝污染。

（2）实验室应井然有序，不得存放实验室外个人物品、仪器等，实验室用品要摆放合理，并有固定位置。

（3）随时保持实验室卫生，不得乱扔纸屑等杂物，实验用过的废弃药品和生物标本交由实验员统一及时处理。

（4）实验室应保持水、电、气等状况正常，实验台面、墙壁和地面应当保持清洁。

（5）实验室应保持良好的通风、气温和照明条件。

（6）严禁利用实验室做会议室及其他文娱活动和学习场所。

三、显微观察室使用管理规定

（1）显微观察室的基本功能是满足学生显微观察教学实验的需要，未经实验管理人员同意，任何个人均不得单独使用显微观察室。

（2）以班级或组为单位使用显微观察室时，实验指导教师和班长或组长均必须在显微观察室使用记录本上登记。同时，每个学生均必须在所使用的显微镜或解剖镜记录本上登记。

（3）显微镜或解剖镜均为精密仪器，实验指导教师或实验人员均有责任指导学生掌握正确的使用方法，取送时一定要一手握住镜臂，一手托住镜座，在任何情况下都不允许用一只手提着显微镜，移动时应轻拿轻放，避免碰撞。

（4）显微观察室应避免阳光直射、高温、潮湿、灰尘和酸碱气体的腐蚀。未经实验管理人员同意，任何人均不得擅自拉开或关闭窗帘，开启或关闭室内的空调、除湿机等设备。

（5）实验人员不允许拆卸仪器，特别是物镜、目镜和中间光学系统或重要的机械部件，不允许取下反光镜和目镜到处乱照。

（6）教师或学生使用显微镜前均应先检查其完整性和性能，发现问题及时报告实验管理人员，使用过程中如发生故障，必须及时报告实验指导教师或实验管理人员，经实验管理人员同意，可调换使用。未经实验管理人员同意，任何人均不得擅自掉换使用。

（7）实验人员在操作时应避免污物或手指弄污透镜、滤色片。在任何情况下，操作人员均不能用棉团、干布块或干镜头纸擦试镜头表面，也不能用水擦试镜头，由此造成的显微镜损坏，按仪器设备损坏制度处理。

（8）目镜和物镜平时放在显微镜箱内的专用盒内，课间可将目镜留在镜筒上，但必须用防尘罩将整个仪器罩住。

（9）仪器使用完毕，实验人员必须关掉电源，移走标本，将显微镜复原，盖上防尘后放回干燥的工作橱内。

（10）保持实验室内安静和卫生，实验室内不得吸烟，不得随地吐痰，不得大声喧哗。值日学生必须认真细致地做好清理和打扫工作，经检查合格后方可离开。

四、资源与环境实验室安全管理制度

（1）所有药品、标样、生物样品、溶液等都应有标签，绝对不要在容器内装入与标签不相符的药品。

（2）禁止使用实验室的器皿盛装食物，也不要用茶杯、食具盛装药品，更不要用烧杯等当茶具使用。

（3）浓酸、烧碱具有强烈的腐蚀性，切勿溅到皮肤和衣服上，使用浓硝酸、盐酸、硫酸、高氯酸、氨水时，均应在通风橱或在通风情况下操作，如不小心溅到皮肤或眼内，应立即用水冲洗，然后用5%碳酸氢钠溶液（酸腐蚀时采用）或5%硼酸溶液（碱腐蚀时采用）冲洗，最后用水冲洗。损伤严重时，立即去医院医治。

（4）易燃溶剂加热时，必须在水浴或沙浴中进行，避免使用明火。切忌将热电炉放入实验柜中，以免发生火灾。

（5）装过强腐蚀性、可燃性、有毒或易爆物品的器皿应由操作者亲手洗净。空试剂瓶要统一处理，不可乱扔，以免发生意外事故。

（6）实验人员在移动、开启大瓶液体药品时，不能将瓶直接放在水泥地板上，最好用橡皮布或草垫垫好，若为石膏包封的可用水泡软后开启，严禁用锤砸、打，以防破裂。

（7）实验人员在取下正在沸腾的溶液时，应用瓶夹轻摇后取下，以免溅出伤人。

（8）实验人员将玻璃棒、玻璃管、温度计等插入或拔出胶塞、胶布时应垫有棉布，两手都要靠近塞子，用甘油或水可以将玻璃导管很容易插入或拔出塞孔中，切不可强行插入或拔出，以免折断刺伤人。

（9）实验人员在开启高压气瓶、罐、锅时应缓慢，并不得将出口对人。

（10）使用易燃、易爆物品的实验要严禁烟火，不准动用明火，易燃易爆物品的储存必须符合安全存放要求。实验人员在使用酒精喷灯时，应先将气孔调小，再点燃。酒精不能加得太多，用后应及时熄灭酒精灯。

（11）严禁用湿手插或拔电源插头，严禁湿手开启或关闭电闸和电器开关，凡漏电仪器严禁使用，以免触电。

（12）消防器材要放在明显位置，严禁将消防器材移作别用。每个进入实验室做实验的师生都要事先学习消防知识，发生火灾时，要冷静、及时地采取消防措施。

（13）发生事故后，实验人员必须按规定及时上报院及有关部门，重大事故要立即抢救，保护好现场。

（14）实验结束，师生要做实验室系列运行记录。学生整理好器材、工具和各种资料，切断电源，关好门窗和水龙头，得到实验老师允许后方可离开实验室。

（15）实验结束后，废弃的化学药品和生物样品要集中收集处理，多余的药品和生物标本交由实验员统一收藏存放。

五、资源与环境实验室药品管理制度

（1）实验室工作人员依据本室实验任务制定各种药品、试剂采购计划，写清品名、单位、数量、纯度、包装规格等。

（2）各药品应建立账目，专人管理，定期做出消耗表，并清点剩余药品。

（3）药品试剂应分类陈列整齐，放置有序、避光、防潮、通风干燥，标签完整，剧毒药品加锁存放，易燃、易挥发、腐蚀品种单独贮存。

（4）剧毒药品应锁至保险柜，配置的钥匙由两人同时管理，两个人同时开柜才能取出药品。

（5）实验室工作人员称取药品试剂应按操作规程进行，用后盖好，必要时可封口或用黑纸包裹，不得使用过期或变质药品。

（6）购买试剂由使用人和主管院长签字，任何人无权私自出借或馈送药品试剂。任何人与本校兄弟院系或外单位互借时，需经院主管领导同意和签字。

六、资源与环境实验室仪器使用管理制度

（1）实验室仪器应安放合理，贵重仪器由实验室主任专人保管，建立仪器档案，并备有操作方法、保养、维修、说明书及使用登记本。

（2）各仪器做到经常维护、保养和检查，精密仪器不得随意移动，若有损坏不得私自拆动，应及时报告相关人员，经主管院长和学校主管部门同意后送仪器维修部门。

（3）实验室所使用的仪器、容器应符合标准要求，保证准确可靠，凡计量器具须经计量部门检定合格后方能使用。

（4）使用易被潮湿空气、酸液或碱液等侵蚀而生锈的仪器后应及时擦洗干净，放通风干燥处保存。

（5）易老化变粘的橡胶制品应防止受热、光照或与有机溶剂接触，用后应洗净置于带盖容器或塑料袋中存放。

（6）各种仪器设备（冰箱、温箱除外）使用完毕后要立即切断电源，旋钮复原归位，待仔细检查后方可离开。

（7）一切仪器设备未经实验室主任和院主管领导同意不得外借，使用记录按登记本内容进行登记。

（8）仪器设备应保持清洁，一般应有仪器套罩。

（9）使用仪器时，应严格按操作规程进行，如果因违反操作规程和保管不善致使仪器、器械损坏，要追究当事人责任。

七、资源与环境实验室安全事故应急处置预案

为防止重大安全事故发生，完善应急管理机制，迅速有效地控制和处置可能发生的事故，保护师生员工人身安全和实验室财产安全，保障实验室正常运转，实验中心特制定本应急预案。

（一）实验室安全隐患分析

分析实验室存在的安全隐患，易发生的事故类型有以下 5 种情况：

1. 火灾

火灾性事故的发生具有普遍性，几乎所有的实验室都可能发生：①实验人员忘记关电源，致使设备或用电器具通电时间过长，温度过高，引起火灾；②实验人员操作不慎或使用不当，使火源接触易燃物质，引起火灾；③供电线路老化、

超负荷运行，导致线路发热，引起火灾；④实验人员乱扔烟头，接触易燃物质，引起火灾。

2. 爆炸

爆炸性事故多发生在具有易燃易爆物品和压力容器的实验室：①实验人员违反操作规程，引燃易燃物品，导致爆炸；②设备老化，存在故障或缺陷，造成易燃易爆物品泄漏，遇火花而引起爆炸。

3. 中毒

毒害性事故多发生在具有化学药品和剧毒物质的化学实验室或具有毒气排放的实验室：①实验人员违反操作规程，将食物带进有毒物的实验室，造成误食中毒；②设备设施老化，存在故障或缺陷，造成有毒物质泄漏或有毒气体排放不出，酿成中毒事故；③管理不善，造成有毒物品散落流失，引起环境污染；④废水排放管路受阻或失修改道，造成有毒废水未经处理而流出，引起环境污染；⑤实验人员进行有毒有害操作时不佩戴相应的防护用具；⑥实验人员不按照要求处理实验"三废"，污染环境。

4. 触电

①实验人员违反操作规程，乱拉电线等；②因设备设施老化而存在故障和缺陷，造成漏电触电。

5. 灼伤

皮肤直接接触强腐蚀性物质、强氧化剂、强还原剂，如浓酸、浓碱、氢氟酸、钠、溴等引起的局部外伤：①实验人员在做化学实验时没有根据实验要求佩戴护目镜，眼睛受刺激性气体熏染，化学药品特别是强酸、强碱、玻璃屑等异物进入眼内；②实验人员在紫外光下长时间用裸眼观察物体；③实验人员使用毒品时没有佩戴橡皮手套，而是用手直接取用化学毒品；④实验人员在处理具有刺激性的、恶臭的和有毒的化学药品时，没有在通风橱中进行，吸入了药品和溶剂蒸气；⑤实验人员用口吸吸管移取浓酸、浓碱、有毒液体，用鼻子直接嗅气体。

（二）成立应急组织机构、明确职责

学院党政负责人为第一安全责任人，各实验室落实安全责任人和实验室安全员，学院成立实验室安全事故应急领导小组。

领导小组主要职责：

（1）领导小组应组织制定安全保障规章制度。

（2）领导小组应保证安全保障规章制度有效实施。

（3）领导小组应组织安全检查，及时消除安全事故隐患。

（4）领导小组应组织制定并实施安全事故应急预案。

（5）领导小组应负责现场急救的指挥工作。

（6）领导小组应及时、准确报告安全事故。应急电话：火警：119；匪警：110；医疗急救：120。

（三）实验室突发事故应急处理预案

1. 实验室火灾应急处理预案

（1）发现火情，现场工作人员应立即采取措施处理，防止火势蔓延并迅速报告。

（2）现场工作人员应确定火灾发生的位置，判断火灾发生的原因，如压缩气体、液化气体、易燃液体、易燃物品、自燃物品等。

（3）现场工作人员应明确火灾周围环境，判断是否有重大危险源分布及是否会带来次生灾难。

（4）现场工作人员应明确救灾的基本方法，并采取相应措施，按照应急处置程序采用适当的消防器材进行扑救。木材、布料、纸张、橡胶以及塑料等固体可燃材料的火灾可采用水冷却法，但对珍贵图书、档案应使用二氧化碳、卤代烷、干粉灭火剂灭火。易燃可燃液体、易燃气体和油脂类等化学药品的火灾可使用大剂量泡沫灭火剂、干粉灭火剂将液体火灾扑灭。带电电气设备火灾应切断电源后再灭火，因现场情况及其他原因不能断电，需要带电灭火时，应使用沙子或干粉灭火器，不能使用泡沫灭火器或水。可燃金属，如镁、钠、钾及其合金等的火灾应用特殊的灭火剂，如干砂或干粉灭火器等。

（5）现场工作人员应依据可能发生的危险化学品事故类别、危害程度级别划定危险区，对事故现场周边区域进行隔离和疏导。

（6）现场工作人员应视火情拨打"119"报警求救，并到明显位置引导消防车。

2. 实验室爆炸应急处理预案

（1）实验室爆炸发生时，实验室负责人或安全员在其认为安全的情况下，必须及时切断电源和管道阀门。

（2）所有人员应听从临时召集人的安排，有组织地通过安全出口或用其他方法迅速撤离爆炸现场（图7-1）。

图 7-1　人员撤离

（3）应急预案领导小组负责安排抢救工作和人员安置工作。

3. 实验室中毒应急处理预案

实验中实验人员若感觉有咽喉灼痛、嘴唇脱色或发绀、胃部痉挛或恶心呕吐等症状时，则可能是中毒所致。应急预案领导小组应视中毒原因施以下述急救后，立即送医院治疗，不得延误。

（1）应急预案领导小组应将中毒者转移到安全地带，解开领扣，使其呼吸通畅，让中毒者呼吸到新鲜空气。

（2）误服毒物中毒者须立即引吐、洗胃及导泻，患者清醒而又配合时宜饮大量清水引吐，亦可用药物引吐。对引吐效果不好或昏迷者，应立即送医院用胃管洗胃。孕妇应慎用催吐法救援。

（3）重金属盐中毒者应立即就医，不要服催吐药，以免引起危险或使病情复杂化。砷和汞化物中毒者必须紧急就医。

（4）针对吸入刺激性气体中毒者，应急人员应立即将患者转移离开中毒现场，给予 2%～5% 碳酸氢钠溶液雾化吸入、吸氧。气管痉挛者应酌情给解痉挛药物雾化吸入。应急人员一般应配置过滤式防毒面罩、防毒服装、防毒手套、防毒靴等。

4. 实验室触电应急处理预案

（1）触电急救的原则是在现场采取积极措施保护伤员生命。

（2）触电急救，应急人员应使触电者迅速脱离电源，越快越好，触电者未脱离电源前，救护人员不准用手直接触及伤员。使伤者脱离电源方法：①切断电源开关；②若电源开关较远，可用干燥的木棍、竹竿等挑开触电者身上的电线或带电设备；③可用几层干燥的衣服将手包住，或者站在干燥的木板上拉触电者的衣服，使其脱离电源。

（3）触电者脱离电源后，应急人员应观察其神志是否清醒。神志清醒者，应使其就地躺平，严密观察，暂时不要站立或走动；如神志不清，应就地仰面躺平，且确保气道通畅，并于5秒时间间隔呼叫伤员或轻拍其肩膀，以判定伤员是否意识丧失，禁止摇动伤员头部呼叫伤员。

（4）抢救的伤员应立即就地坚持用人工心肺复苏法正确抢救，并设法联系校医务室接替救治。

5.实验室化学灼伤应急处理预案

（1）强酸、强碱及其他一些化学物质具有强烈的刺激性和腐蚀作用，发生化学灼伤时，应用大量流动清水冲洗，再分别用低浓度的（2%～5%）弱碱（强酸引起的）、弱酸（强碱引起的）进行中和。处理后，再依据情况做下一步处理。

（2）溅入眼内时，在现场立即就近用大量清水或生理盐水彻底冲洗。每一实验室楼层内备有专用洗眼水龙头。冲洗时，眼睛置于水龙头上方，水向上冲洗眼睛，时间应不少于15分钟，切不可因疼痛而紧闭眼睛。处理后，再前往眼科医院治疗。

第八章 水产实验教学中心环境与安全卫生管理

实验室既是师生从事教学活动和开展实验活动的场所，又是教学与科研仪器设备和各种实验材料的存放场所，为保障师生人身安全和中心公共财产安全，务必做好实验室安全工作，营造整洁舒适的实验室环境。因此，实验室环境与安全卫生管理是实验室建设与管理的重要内容，是保证高校实验教学和科研工作顺利开展的关键环节。

第一节　教学中心实验室工作安全管理总则

一、实验室工作安全管理办法

实验室的安全工作、环境保护工作、消防工作是关系到人身和财产安全的头等大事。学校要经常对学生进行安全知识的教育，坚持"安全第一，预防为主"和"谁主管，谁负责"的原则。

在实验室建设和管理过程中，学校要始终把安全工作放在首位，要加强安全教育，提高师生的安全意识和自我保护意识，如准备实验时要提前做好安全防护措施，实验装置要牢固稳妥，实验操作要严格遵守操作规程；实验教师要学习和掌握实验室伤害救护常识，随时做好急救工作。同时，学校要把握实验室建设和管理的各个环节，消除事故隐患，营造安全舒适的实验教学环境。

（1）学校对压力容器、电工、振动等场所及其有关设备要制定严格的操作规程和相应的劳动保护措施。

（2）学校对易燃、易爆和剧毒等危险品要按规定设专用库房存放，并指定专人（2人）妥善保管。领用时必须经实验室主任签署意见，报分院批准，同时要有可靠的安全防范措施，剩余部分要立即放回仓库，并做好详细记录。

（3）各种压缩气瓶不可靠近热源，离明火距离不得小于10米，夏天要防止烈日曝晒，禁止敲击和碰撞，外表漆色要保持完好，专瓶专用，严禁私自改装它种气体使用。

（4）电器设备和电源线路必须按规定装设，禁止超负荷用电，不准乱拉乱接电线。有接地要求的仪器必须按规定接地，定期检查线路，测量接地电阻。停水、停电时要及时关掉水龙头、切断电源。

（5）实验室内不得明火取暖，严禁抽烟。有违反者，实验室工作人员有权制止。

（6）完备安全防范设施，各种安全设施不准任何人以任何借口借用或挪用，要定期检查，若发现问题要及时采取补救措施。实验室应配备必要的消防器材并放于明显位置以便使用；实验室全体人员应能正确使用灭火器，发现火险隐患及时报告处置，发生火灾主动扑救，及时报警，发现被盗或被破坏应保护现场并立即报告保卫处。

（7）实验室工作人员分岗负责：下班时清理好器材、工具，检查各室门、窗、水、电是否关好，发现破损或故障及时维修、报告。

（8）对违反操作、玩忽职守、忽视安全而造成的火灾、被盗、污染、中毒、人身重大损伤，精密、贵重仪器和大型设备损坏等重大事故要立即抢救并保护好现场，立即向院、学校报告。

（9）实验室主任要定期进行安全检查，检查结果应登记，发现问题及时整改。

（10）对于违反上述规定的，根据本人态度给予批评教育。对于造成事故者，视情节轻重，报请学校处理。

二、浙江海洋大学实验室安全管理规定

第一章　总则

第一条　实验室是进行教学科研的重要基地，为确保实验室安全，防止人员伤亡事故，使国家财产免遭损失，优化学校环境，保证教学、科研的正常进行，根据学校实际制定本管理规定。

第二条　校、院、室各级领导和工作人员必须从思想上重视实验室安全，做好防火、防水、防爆、防毒、防环境污染、防泄密、防盗窃工作，以防各种不测事故的发生，切实贯彻执行"安全第一，以防为主"的方针。

第三条　学校校长作为学校实验室安全管理的第一责任人，应成立由主管副校长、有关职能部门、学院负责人、专家等组成的实验室安全管理委员会，负责学校实验室安全制度、职责分工、监督检查工作。实验室建设与设备管理处代表实验室安全管理委员会负责开展学校实验室安全工作，以及监督检查各院、中心的

安全工作。保卫处、后勤服务处、教务处等部门协助开展安全管理工作，其中保卫处为防火、防爆、防盗的宣传、教育和演练等的归口管理部门，后勤服务处为防水、防大功率电器、公共设施安全管理工作的归口部门，教务处为师生进入实验室安全教育培训的归口部门。各归口管理部门根据工作情况制定相关安全管理制度。

第四条　各学院、中心要充分重视实验室安全工作，行政第一负责人是第一责任人，要坚持"谁主管，谁负责"的原则，认真贯彻落实国家的有关安全规定，提出确保安全的具体要求，落实各项安全防范措施，签订相关责任书，制定实验室安全工作奖惩制度。

第五条　实验室主任全面负责实验室的安全管理工作，是实验室安全第一责任人，对校、院负责。每一个实验室需设置一名兼职安全员，具体负责该室的安全工作。安全员对该室的安全负有检查、监督的责任，有权制止有碍安全的操作，纠正违章行为，对不听劝阻的师生及时向上一级责任人汇报。

第六条　所有在实验室工作、学习的人员要牢固树立"以人为本"的观念，统一认识，确保人身安全；要牢固树立安全意识，遵守实验室安全管理规章制度，掌握基本的安全知识和救助知识。

第七条　各实验室应根据各自的工作特点制定相应的安全条例和安全操作规程等，并张挂在实验室明显地方，严格贯彻执行。

第八条　实验室安全工作的检查坚持自查与抽查相结合的原则，定期（每学期最少进行一次）检查实验室的安全情况，及时排除隐患，及时向学校公布，并做好技术安全工作档案。

第九条　校长与归口部门、归口部门与各学院、学院与各实验室、实验室与实验室人员层层签订安全责任书，切实将安全责任落实到位，落实到人。

第二章　消防安全

第十条　各实验室必须配备适用的足量的消防器材，提请保卫处落实后置于明显、方便取用之处，并指定专人负责，妥善保管。各种安全设施不准借用或挪用，要定期检查，发现问题及时采取补救措施。

第十一条　经常保持实验室设备、设施、室内、室外环境清洁卫生。设备器材摆放整齐，排列有序，保持走道畅通。严禁在走廊堆放物品，阻挡消防安全通道。

第十二条　实验室工作人员应明了消防器材的放置地点，学习消防知识，熟悉安全措施，熟练掌握消防器材的使用方法。如遇火灾事故应及时切断电源，冷静处理。

第十三条　实验室要把安全知识、安全制度、操作规程等列为实验教学的内容之一，新进实验室人员必须先接受安全教育，掌握基本安全知识和技能。

第十四条　实验室应有严格的用电管理制度，对进实验室工作或学习的人员，应经常进行安全用电教育，严禁超负荷用电。

第十五条　电、水、气相关设施必须按有关规定规范安装，不得乱拉、乱接临时线路。定期对实验室的电源、水源、火源等方面的情况进行检查，并做好检查记录，发现隐患应及时处理。

第十六条　无须配备加热设备的实验室严禁使用电加热器具。实验室内严禁放置私人物品，如自行车、家具等。

第十七条　各实验室要建立安全值班制度。实验室值班人员或工作人员下班时，必须关闭电源、水源、气源、门窗，剩余的药品要保管好。当班实验教师要配合值班人员进行安全检查。

第三章　环境安全

第十八条　根据国家法律法规的规定，各实验室不得随意排放废气、废液、废渣和噪声，对"三废"要妥善处理，对噪声要积极采取措施，不污染环境。

第十九条　各实验室或使用单位必须指定专人负责收集、分品种存放有毒有害废液、固废及生物样品的管理工作。

第二十条　在新建、改造、扩建实验室时必须将有害物质、有毒气体的处理列入工程计划一起施工，并坚持竣工合格验收制度。

第二十一条　对实验动物、植物，要有专人负责，落实实验动植物管理措施。妥善处理实验动植物的尸体、器官和组织，对实验样品应集中存放，定期统一销毁，严禁随意丢弃。

第二十二条　对细菌、病毒疫苗要有专人负责，建立健全领取、储存、发放登记制度，领用时必须经实验室负责人批准。对实验剩余的部分要立即妥善保管，并做好详细记录；绝不允许乱扔乱放、随意倾倒或自行销毁处理。

第二十三条　细菌处理前应先消毒再集中收集，交由有资质的单位销毁处理。含有病原体的污水必须经严格消毒、灭菌处理，在符合国家排放标准后方能排放。

第二十四条　严禁在实验室内大声喧哗、抽烟、吃食物和乱丢果皮。不得带无关人员进入实验室。

第四章　化学危险品、放射性物品安全

第二十五条　使用危险物品的实验室要认真贯彻国家《化学危险物品安全管理条例》《放射性同位素与射线装置放射防护条例》和上级部门的有关规定，建立严格的危险化学物品和放射性物品登记、交接、检查、出入库、领取清退等管理制度，要建立账目，账目要日清月结，做到账物相符。

第二十六条　使用危险物品的实验室负责人要负责制定危险物品安全使用操作

规程，明确安全使用注意事项，经常对使用危险物品的教职员工、学生进行安全教育。实验人员只有配备防护装备才能参与有关放射性的实验。学生使用危险物品时，教师应详细指导监督，并采取必要的安全防护措施。

第二十七条 对易燃、易爆、剧毒、放射性及其他危险化学品，指定工作责任心强、具备一定保管知识的专人负责管理。对剧毒、放射性物品要加强安全措施，坚持两人管理、两把锁锁门、两人一起领用的制度。

第二十八条 针对剧毒品、放射性同位素及强酸等易发生重大伤害事故的化学危险品，要严防发生丢失、被盗和其他事故。存放地点要设防盗报警设施。

第二十九条 对存放中的危险物品要经常检查，及时排除安全隐患，防止因变质分解造成自燃、爆炸事故的发生。

第三十条 化学危险品的领用应凭化学危险品使用申请表和使用单位负责人签字的领料单到化学危险品仓库办理领料手续，并做好详细的领料和使用记录。

第三十一条 凡是使用放射性同位素和射线装置的实验室，入口处必须设置放射性危险标志和必要的防护安全连锁、报警装置或者工作信号。并做好安全使用放射性同位素和射线装置的宣传和教育工作，严格遵守放射性同位素和射线装置的操作规程和使用规定。

第五章 压力气瓶安全

第三十二条 制定压力气瓶使用登记管理条例，加强压力气瓶使用的安全管理工作，保护人民生命和财产的安全。

第三十三条 易燃气体气瓶与助燃气体气瓶不得混合放置。易燃气体及有毒气体气瓶必须安放在室外，并且放在规范的、安全的铁柜中。各种压力气瓶竖直放置时，应采取防止倾倒措施。

第三十四条 严禁使用超期气瓶，超过检验期的气瓶应及时退库，由实验室建设与设备管理处负责送检。

第三十五条 各种压力气瓶应避免曝晒和靠近热源，可燃、易燃压力气瓶离明火距离不得小于 10 米；严禁敲击和碰撞压力气瓶；外表漆色标志要保持完好，专瓶专用，严禁私自改装存放其他气体。

第三十六条 压力气瓶使用时要防止气体外泄；瓶内气体不得用尽，必须留有余压；使用完毕及时关闭总阀门。

第三十七条 经常检查易燃气体的管道、接头、开关及器具是否有泄漏，随时排除安全隐患。室内无人时，禁止使用易燃器具。

第六章 仪器设备安全

第三十八条 实验室的仪器设备应有专人负责保管维护，使仪器设备保持应有的性能和精度，经常处于完善可用状态，确保仪器设备安全运行。

第三十九条 实验室仪器设备管理人员必须密切注意学校物业管理部门停水停电的通知，注意贵重仪器设备的停水停电保护措施，减小、防止外界影响对仪器设备造成的损失。

第四十条 各类实验要严格按照安全操作规程进行，精密、贵重仪器和大型设备的操作流程必须上墙。上机前需制定切实可行的实验方案，并做好各种准备工作。上机时严格按使用操作规程进行，开机后必须有人值守，用完仪器要认真进行安全检查。不懂操作规程的人员不能动用仪器设备。对不遵守者，管理人员有权拒绝其继续使用。

第四十一条 精密、贵重仪器和大型设备的图纸、说明书等各种随机资料要按规定存放，设专人妥善保管，不得携出或外借。如有特殊需要须经领导批准，向管理人员办理出借手续，并按时归还。

第四十二条 贵重仪器设备不准随意拆卸与改装，一些备有安全装置的仪器设备不得随意拆除其安全装置，确需改装时，先书面请示院领导批准，并报请实验室建设与设备管理处备案。

第七章 保密安全

第四十三条 各实验室应定期清查本室承担的科研项目，会同科研部门合理划定密级；按照密级采取相应保密措施。

第四十四条 实验室承担的涉密科研项目的测试数据、分析结论、阶段成果和各种技术文件均要按科技档案管理制度进行保管和使用，任何人不得擅自对外提供资料。如发现泄密事故，应立即采取补救措施，并对泄密人员进行严肃处理。

第四十五条 涉密项目的实验场地一般不对外开放。确因工作需要必须安排参观的，需报科研处批准，并划定参观范围。

第四十六条 实验涉及经济保密和国防保密的要按有关部门的规定执行。

第四十七条 各单位应经常对实验室工作人员进行保密教育，定期对保密工作的执行情况进行认真检查，杜绝泄密事故。

第八章 事故处理与奖惩

第四十八条 发生事故时，要积极采取有效应急措施，及时处理，防止事态扩大和蔓延。发生较大险情时，应立即报警。

第四十九条 对违反本规定的实验室和个人，学校、院（中心）、保卫处、实验室管理部门有权停止其实验和作业，令其限期整改。凡被责令整改的实验室要采取相应的整改措施，经各有关部门检查合格后，方可恢复工作。

第五十条 针对玩忽职守、违章操作、忽视安全造成的被盗、火灾、中毒、人身重大损伤、污染、精密贵重仪器和大型设备损坏等重大事故，实验室工作人员要保护好现场，并立即逐级报告院（中心）、保卫处、实验室建设与设备管理处等有关部门和学校主管领导，不得隐瞒不报或拖延上报。对隐瞒或歪曲事故真相者，将予以从严处理。

第五十一条 学校有关部门对安全事故应及时查明原因，分清责任，做出处理意见。对造成严重安全事故的，应追究肇事者、主管人员和主管领导的责任；情节严重者，要给予纪律处分，追究刑事责任，触犯法律的交由司法机关依法处理。

第五十二条 学生违反本规定，造成严重后果的，按《浙江海洋大学学生违纪处分管理规定》给予纪律处分。

第五十三条 对于一贯遵纪守法，在保证设备安全运行及文明操作实验中有显著成绩者；发现重大事故隐患，积极采取措施补救，排除险情，避免伤亡事故发生或使国家财产免遭重大损失者；事故发生时，奋力抢救生命和国家财产有突出贡献者，学校将给予表彰和奖励。

第九章 附则

第五十四条 本规定由实验室建设与设备管理处负责解释。

第五十五条 本规定自公布之日起施行。

第二节　教学中心实验室常规安全管理细则

一、实验室辐射安全与防护管理办法

第一章 总则

第一条 为了加强放射性同位素与射线装置的安全和防护管理工作，保障师生、员工的健康和环境安全，根据《中华人民共和国放射性污染防治法》（主席令第 6 号）、《放射性同位素与射线装置安全和防护条例》（国务院 449 号令）、《放射性同位素与射线装置安全许可管理办法》（国家环境保护部第 31 号令）以及《浙江海洋大学实验室安全与环境卫生管理办法》等有关法律法规精神特制定本办法。

第二条 本办法适用于浙江海洋大学校内所有涉及放射性同位素与射线装置的人员和教学、实验、科研场所以及相关活动的安全监督与管理，包括购买、运输、存贮、使用、生产、销毁等过程的管理。

第二章 组织机构与许可登记

第三条 "浙江海洋大学辐射安全管理委员会"是学校辐射安全与防护工作的

管理、监督和技术指导的领导机构，负责日常事务的管理。

第四条 按照国家和学校有关规定，实行辐射工作许可登记制度。

第五条 根据有关规定和学校具体情况，浙江海洋大学、浙江省海洋水产研究所分别以主体身份向政府环境辐射主管部门申请许可证，其中浙江省海洋水产研究所主体为浙江海洋大学授权管理，浙江海洋大学主体负责其他各相关学院（中心）的辐射安全管理。

第六条 各涉源单位只有取得"许可登记"才能开展相关工作，其制度建设、人员培训、安全防护等被纳入学校统一管理。各单位根据所属实验室的放射性同位素或射线装置的具体情况制定相应的操作规程、辐射防护和安全保卫制度、人员岗位职责、辐射事故应急处理预案、辐射安全责任书（需盖学院公章）等，报学校辐射安全管理委员会备案，作为许可申请和环保部门检查的依据。

第七条 涉源单位购买、处置放射性同位素（新购源、同位素试剂）和射线装置时，应先向学校辐射安全管理委员会办公室提出申请，经审核批准后方可进入后续工作程序。

第三章 放射工作人员管理

第八条 本办法所称放射工作人员是指从事放射职业活动中受到电离辐射照射的人员。

第九条 根据卫计委第 55 号令《放射工作人员职业健康管理办法》，放射工作人员必须持证上岗。申领放射工作人员证的人员必须具备下列基本条件：

（1）学校正式聘任职工，年满 18 周岁，经职业健康检查，符合放射工作人员的职业健康要求。

（2）遵守放射防护法规和规章制度，接受职业健康监护和个人剂量监测管理。

（3）掌握放射防护知识和有关法规，经有资质单位举办的辐射安全培训，考核合格。

（4）放射工作人员必须持培训合格证、个人计量检测数据、健康体检结果参加上级卫生主管部门的定期审查。

第十条 对放射工作人员的具体管理要求：

（1）新参加放射工作的人员须填写《放射工作人员登记表》，在学校辐射安全管理委员会登记备案，统一在卫生部门指定的浙江大学医学院附属第一医院职业病科体检。

（2）体检合格后，参加地方环境主管部门举办的辐射安全与防护知识培训班，取得《放射工作人员证》后方能上岗工作，同时须每两年参加一次复训。

（3）放射工作人员必须佩带个人剂量计，定期接受个人剂量监测（3 个月一次）。

（4）放射工作人员须到指定医疗单位（目前浙江省只有浙江大学医学院附属第一医院）进行定期检查（每两年一次）。

（5）放射工作人员退休或调离学校时，必须到学校辐射安全管理委员会办公室办理手续，交回《放射工作人员证》及个人剂量监测计。

（6）学校不提倡学生从事此类性质的实验室工作，如果确实科研需要，其导师或课题组必须按照学校规定将其纳入统一管理。

第四章 辐射工作场所管理

第十一条 凡涉及新建、改建、扩建、退役辐射工作场所的项目或实验室内放射性装置退役、转让、调拨等项目的相关单位及主管部门，应及时向学校辐射安全管理委员会提交项目的辐射防护设施资料，以便对项目进行论证、审核、备案。

第十二条 新建、改建、扩建放射工作场所的辐射防护设施必须与主体工程同时设计审批、同时施工、同时验收投产；辐射防护设施设计方案及相关文件必须报上级环境保护等主管部门同意后方可实施。在放射源和射线装置类别有提升的情况下，须经政府环保主管部门环评审批。

竣工后须经环保、卫生、公安等有关部门验收同意，获得许可登记后方可启用。

第十三条 放射性工作必须在辐射工作场所进行，不得以任何理由在非辐射工作场所开展放射性工作。

第十四条 辐射工作场所必须安装防盗、防火、防泄漏设施，保证放射性同位素和射线装置的使用安全。同位素的包装容器、含放射性同位素的设备、射线装置、辐射工作场所的入口处必须放置辐射警示标志和工作信号，防止无关人员接近。工作人员进出辐射工作场所须登记。

第十五条 针对现有的放射性实验室，按工作场所级别严格控制核素的使用种类和操作量，确保辐射安全。

第十六条 当辐射工作场所改变工作性质不再用于放射性工作时，必须申请退役；退役辐射工作场所必须经专业检测单位进行污染检测，经上级环保主管部门批准，在学校辐射安全管理委员会备案后方可装修、拆迁或改作他用。

第五章 放射性同位素和射线装置的采购与使用管理

第十七条 各相关单位必须指定专人负责保管和管理放射性同位素和射线装置，并明确岗位职责。

第十八条 放射性同位素和射线类装置的采购实行归口管理。订购放射性同位素和射线类装置的具体程序如下：

（1）使用单位必须认真填写《同位素（射线类装置）使用申请表》（包括使用

人、使用场所、用途、用量、简单操作步骤和废物处理等），由学院（中心）安全负责人签字、盖公章后报辐射安全管理委员会许可审核、报保卫处备案同意后，向政府环境主管部门办理"准购证"。

（2）使用单位持手续齐全的申请表、"准购证"等到采购部门进行采购程序。

（3）采购部门根据物品采购到校后情况及时报保卫处和辐射安全管理委员会办公室确认备案。

第十九条　放射性同位素的转移和运输必须妥善包装，由专用运输工具转移、运输；不得将其随身携带乘坐公共交通工具。

第二十条　各涉源单位须根据实验室的工作需要编写《实验室放射性同位素安全操作规程》或《实验室射线装置安全操作规程》，并在辐射工作场所醒目地方张贴相应的规章制度和操作规程。实验过程必须小心谨慎，严格按照操作规程进行，做好安全保护工作。

第二十一条　各涉源单位应配备必要的防护用品和监测仪器，建立健全安全检查制度，定期对各实验室使用的放射性同位素、射线装置和辐射工作场所进行安全检查，并做好记录。相关实验室应经常性检查辐射表面污染状况，并做好记录。检测记录要妥善保存，接受学校实验室安全管理部门的检查监督。

第二十二条　各涉源单位要建立健全放射性同位素保管、领用和消耗的登记制度，做到账物相符。放射性同位素的管理必须单独建账，内容包括编号、核素名称、生产厂家（产地）、购进日期、所属部门、用途、使用情况、检查情况记录等。

第二十三条　应当建立放射性同位素安全保卫制度，指定专人负责，专人保管。放射性同位素应当单独存放，不得与易燃、易爆、腐蚀性物品等一起存放，其贮存场所应当采取有效的防火、防盗、防射线泄漏等安全防护措施。

第二十四条　各涉源单位每年年底向辐射安全管理委员会提交放射源和射线装置年度使用报告，内容包括放射源和射线装置的增加、使用、排污、销毁和监测记录等。

第六章　放射源及放射性废物处理

第二十五条　放射性废物处理需报学校辐射安全管理委员会，由国有资产管理处牵头，教务处、研究生处、科研处、保卫处、基建后勤管理处、后勤集团公司配合，提出处置方案，由基建后勤管理处联系专业机构（单位）组织实施。

第二十六条　涉源单位产生的放射性废源废物要及时送贮（一般要在3个月内送有资质的单位收贮），送贮前要存放在本单位原贮存地或学校放射性废源（物）暂存库中，经公安、环保等有关部门同意后，采取严密措施，统一处置。同时，须做好安全保卫工作。

第二十七条 同位素实验等产生的放射性废物（包括同位素包装容器）不得作为普通垃圾由使用单位擅自处理。各单位应按照规范要求将放射性废物集中进行处置，或转移到学校放射废源（物）暂存库贮存，然后请专业公司进行统一处置。

第二十八条 含放射性同位素装置的报废须经学校辐射安全管理委员会批准；在没有取出放射源的情况下，不得对废放射源以及含放射性的同位素装置进行任何处理。

第二十九条 各涉源单位须按照国家标准做好废物分类和记录，内容包括：放射性废物的种类、核素名称、数量、活度、购置日期、状态（气态、液态、固态）、物理和化学性质（可燃性、不可燃性）等。

第三十条 放射性废源、废物的处置费用原则上应由产生单位负责，对于历史遗留等特殊情况，学校予以个案处理。对于今后新购放射性物质需要足够的废弃处置准备费，具体办法另行制定。

第七章 辐射事故处理

第三十一条 学校制定"浙江海洋大学辐射事故应急处理预案"，各使用放射源和射线装置的单位必须根据各自的情况制定辐射事故的应急处理预案。

第三十二条 发生辐射事故（放射源被盗、丢失，放射源污染、超剂量照射，射线伤害事故等），事故单位必须根据情况启动"浙江海洋大学辐射事故应急处理预案"，立即采取有效的应急措施，同时向当地公安、环保、卫生等行政主管部门报告。

第三十三条 事故的发生经过和处理情况应详细记录并存档备案。

第三十四条 对发生辐射事故的单位和个人，依照国家相关法规和学校有关规定进行处理。

第八章 附则

第三十五条 辐射安全管理涉及的工作经费由校、院（或有关单位）两级分别负责，学校层面的工作经费由辐射安全管理委员会提出计划，报学校审批。

第三十六条 本办法由学校辐射安全管理委员会负责解释。

第三十七条 本办法自发布之日起实施。

二、化学危险品、易燃易爆化学物品的消防安全管理规定

第一章 总则

第一条 为加强校内化学危险物品、易燃易爆化学物品的消防安全管理，保障学校和师生员工及家属的生命财产安全，根据《中华人民共和国消防法》《国务院

化学危险物品安全管理条例》《公安部易燃易爆化学物品消防安全监督管理办法》及学校《关于印发学校消防安全管理规定的通知》的规定，特制定本规定。

第二条 凡在校园内生产、使用、储存、运输和销毁化学危险物品、易燃易爆化学物品的单位和个人必须遵守本规定。

第三条 本规定所指的化学危险物品、易燃易爆化学物品系指中华人民共和国国家标准 GB 6944—2005《危险货物分类与品名编号》及国家标准 GB 12268—90《危险货物品名表》规定的分类标准中的爆炸品、压缩气体和液化气体、易燃气体、易燃固体、自燃物品和遇湿易燃物品、氧化剂和有机过氧化物、毒害品和腐蚀品七大类及放射性物品。

第二章 领用、使用、保管

第四条 化学危险物品、易燃易爆化学物品要严格领用程序，领用、使用单位（部门）要严格保管制度，必须执行"五双"原则，并建立严格出入柜制度，做好相关记录。

第五条 使用化学危险物品及易燃易爆化学物品的单位应当根据化学危险物品及易燃易爆化学物品的种类、性能设置相应的通风、防火、防爆、防毒、监测、报警、降温、防潮、避雷、防静电、隔离操作等安全措施，并根据需要建立消防和应急机制。

第六条 使用化学危险物品及易燃易爆化学物品的单位和个人必须遵守各项安全管理制度和操作规程，严格用火、用电管理制度，必须配备安全防护措施和用具。

第七条 盛装化学危险物品的容器在使用前后必须进行检查，消除隐患，防止火灾爆炸、中毒等事故发生，并设有必要的防爆、泄压设施。同时，必须按照环境保护法的规定妥善处理废水、废气、废渣，不得随意堆放在走廊、通道等公用地方。

第三章 采购、运输、储存、回收、销毁

第八条 学校教学、科研、实验用的化学危险物品、易燃易爆化学物品由学校采购中心统一购买，校内任何单位和个人不得私自购买化学危险物品、易燃易爆化学物品。

第九条 储存化学危险物品、易燃易爆化学物品应当符合下列要求：

（1）化学危险物品、易燃易爆化学物品应当分类分项存放，不得超量储存。

（2）遇火、遇潮容易燃烧、爆炸或产生有毒气体的化学危险品不得在露天、潮湿、漏雨和低洼容易积水的地点存放。

（3）受阳光照射容易燃烧、爆炸或产生有毒气体的化学危险物品和桶装、罐装等易燃液体、气体应当在阴凉通风地点存放。

（4）化学性质或防护、灭火方法相互抵触的化学危险物品不得在同一仓库或同一储存室内存放。

第十条 化学危险物品、易燃易爆化学物品在入库前必须进行检查登记，入库后应当定期检查。

第十一条 储存化学危险物品、易燃易爆化学物品的仓库严禁吸烟和使用明火。室内应按消防法要求配备消防设施。

第十二条 从事化学危险物品、易燃易爆化学物品采购、运输、仓库保管的工作人员必须由政治素质过硬、业务素质高、工作责任心强的学校正式在编职工担任。

第十三条 校内所有过期、失效、报废的化学危险物品、易燃易爆化学物品、各类气体钢瓶由各学院、中心统一报实验室建设与设备管理处审核同意后，联系本地有资质的公司进行无害化处理。

第十四条 各类气体钢瓶应严格按照国家有关规定进行年度安全检验。

第十五条 校内任何单位（部门）和个人不得自行处理过期、失效、报废的化学危险物品、易燃易爆化学物品及自行对各类气体钢瓶进行冲换气、办理年审等业务。

第四章 处罚

第十六条 对违反本规定的单位和个人，视情节轻重给予单位主要负责人和当事人行政处分，构成犯罪的交由司法机关依法追究刑事责任。

第五章 附则

第十七条 本规定从公布之日起执行，由实验室建设与设备管理处负责解释。

第三节 教学中心实验室安全设施与环境建设

注重文化氛围的建设，实验室要求面积适宜，采光和通风良好，空间和结构布局科学合理，重要规章制度镶框上墙。

一、实验室设施与环境的情况

条件许可时，在实验大楼一楼的醒目位置（最好是入口处）设置各楼层的实验室分布图，必要时在每个楼层也可设置本楼层各房间的功能分布图；实验室要配有存放个人物品的专柜，保证实验室环境井然有序。实验室应配备通风橱、防火系统和防盗系统等安全保护设施；中心贵重仪器室配备仪器设备集中管理智能化系统。为确保实验教学的顺利进行，增强实验室安全环境卫生管理意识和氛围，应将实验室管理规章制度挂在醒目位置。要确保实验室通风、照明设施和消防设施完好，水电等管道布局合理、规范。开放实验室安装门禁系统和实时监控摄像系统，对实验室安全情况进行实时监控，并通过报警装置在出现异常时及时报警。

二、实验室安全与环境卫生管理办法

第一条 为加强学校实验室安全与环境卫生管理，保障师生员工人身及学校财产安全，维护教学、科研等工作的正常秩序，创造良好的实验教学及科学研究工作环境，根据《中华人民共和国环境保护法》《高等学校实验室工作规程》（原国家教委令第 20 号）、《机关、团体、企业、事业单位消防安全管理规定》（公安部令第 61 号）等法律法规的文件精神制定本办法。

第二条 实验室是学校开展教学科研工作的重要场所，创造安全、卫生的实验室工作环境是学校和各学院实验室以及广大师生员工的共同责任。

第三条 教务处为全校实验室安全与环境卫生管理工作（以下简称安全与卫生工作）的主管部门，负责日常的组织、协调、监督、检查、教育和管理工作。有关职能部门应积极配合主管部门做好实验室安全与卫生的监督、检查、教育工作。各学院（中心）、实验室应逐级落实实验室的安全与卫生工作，按照"谁主管，谁负责"的原则承担安全与卫生工作的责任。

各学院（中心）、实验室应认真贯彻执行国家有关法律法规和学校的规章制度，明确分管实验室安全与卫生工作的负责人，加强制度建设，坚持"安全第一，预防为主"的原则，采取有效措施，做好防火、防爆、防毒、防盗和防污染等安全与卫生工作。

第四条 主管部门、学院（中心）、实验室应加强对相关师生（特别是初次进入实验室的人员）的安全、环保教育，学习了解有关安全与卫生管理规章制度、安全与卫生知识以及紧急情况下的应急处理常识。

第五条 实验室应根据不同情况有针对性地做好各类安全与卫生工作：

（1）危险化学品的使用和管理。

①按照《化学危险物品安全管理条例》（浙海院办发〔2004〕6 号）的规定领取、保管和使用化学危险品。

②对于剧毒化学品、易制毒物品、民用爆炸物品的管理，应严格遵守双人保管、双人收发、双人使用、双人运输、双人双锁的"五双"制度，精确计量和记录上述物品的使用情况，防止被盗、丢失、误领、误用。如发现问题应立即报告

保卫处、教务处和当地公安部门。有关具体规定学校将另行制定。

③重视危险性气体（氢气、笑气、乙炔、乙烯、氨气、液化石油气、氯气、硅烷、一氧化碳等）的使用和存放场所的安全工作。高压钢瓶须有固定设施以防倾倒，易燃、易爆气体和助燃气体（氧气等）不得混放在一起，并应远离热源和火源，保持通风。不得使用过期、未经检验和不合格的气瓶，各种气瓶必须按期进行技术检验。

④使用和储存易燃、易爆物品的实验室应根据实际情况安装通风装置，严禁吸烟和使用明火，大楼和实验室应有"严禁烟火"的警示牌，配置必要的消防、冲淋、洗眼、报警和逃生设施，并有明显标志。

⑤化学药品存放室要安装防盗门窗，并保持通风。不同类别的试剂应分类存放，实验室不得存放大量危险化学品，走廊等不准存放危险化学品。

（2）生物类实验安全管理。

①要规范生化类试剂和用品的采购、实验操作、废弃物处理等工作程序，加强生物类实验室安全的管理，责任到人。

②有关病原微生物的研究工作应在生物一级、二级、三级和四级实验室（BSL-1，BSL-2，BSL-3，BSL-4）中进行。实验室须按照国家规定要求建设，其中生物三级和四级实验室须取得国家认可的资质，生物一级、二级实验室应向省级主管部门备案。

③开展高致病性微生物的研究工作须在有资质的生物三级和四级实验室中进行，所开展的项目须报省级卫生、农业主管部门审核批准。其他有关病原微生物的研究工作在一级、二级生物实验室中进行。

④生物类实验室废弃物（包括动物残体等）应用专用容器收集，进行高温高压灭菌后处理。生物实验中的一次性手套及沾染 EB 致癌物质的物品应统一收集和处理，不得丢弃在普通垃圾箱内。

（3）辐射安全管理。

①根据《浙江海洋大学辐射安全与防护管理办法》，各涉源单位应加强辐射安全管理工作，制定相应的规章制度和操作规程，加强教育。

②各涉源单位须取得"许可证"方能开展相关工作，放射工作人员必须参加指定医疗单位的职业病体检、政府环境主管部门举办的辐射安全与防护知识培训，定期接受个人剂量监测（3 个月一次），持证上岗。

③射线装置辐射工作场所需安装防盗、防火、防泄漏设施，保证放射性同位素和射线装置的使用安全，辐射工作场所的入口处应放置辐射警示标志和工作信号。

④购买放射源、同位素试剂和射线装置时，应先向学校辐射安全管理委员会

办公室提出申请，经审核并报保卫处备案同意后，向政府环境主管部门办理"准购证"，方能委托采购部门进行采购。

⑤各涉源单位要建立健全放射性同位素保管、领用和消耗的登记制度，做到账物相符。实验过程必须小心谨慎，严格按照操作规程进行，落实安全保护工作。

⑥涉源单位产生的放射性废源、废物要及时送贮（一般3个月内），按照规定处置，不得直接排入下水道或混装到普通垃圾中。

（4）信息安全管理。

①信息安全是指信息的保密性、完整性、可用性、抗否认性和可控性的保持和维护。各学院、实验室应增强信息安全的意识，注意保护教学科研活动中的实验技术参数、观测数据、实验分析结果及新的科学发现等资料。

②加强计算机的安全管理，建立病毒防护系统并不断加以更新，重要的数据资料应定期进行备份。

③有关涉密的文件、资料的制作、保管、使用、传输等须按照《浙江海洋大学科研保密工作条例》（试行）执行，不得在与互联网连接或未采取保密措施的计算机上制作、传输和存储秘密信息。

（5）用电安全管理。

①实验室内应使用空气开关并配备必要的漏电保护器；电气设备应配备足够的用电功率和电线，不得超负荷用电；电气设备和大型仪器须接地良好，对电线老化等隐患要定期检查并及时排除。

②实验室固定电源插座未经允许不得拆装、改线，不得乱接、乱拉电线，不得使用闸刀开关、木质配电板和花线。

③除非工作需要并采取必要的安全保护措施，否则空调、电热器、计算机、饮水机等不得在无人情况下开机过夜，化学类实验室内不得使用明火电炉。

（6）机械加工安全管理。

①重视冷加工机械（如车削、铣削、磨削、拉削、钻削等）和热加工机械（如锻造、锻压、焊接、热处理等）的操作安全，防止被局部卷入、夹伤、割伤、绞伤、烫伤、砸伤和摔伤等事故发生。

②制定各类机械加工安全操作规程，严格执行，杜绝违规操作。

（7）实验室废弃物排放管理.

①化学实验废弃物必须分类存放，定时向学校的化学废弃物临时中转站转移，由基建后勤管理处联系有化学废弃物处理资质的单位进行处置。

②产生有害废气的实验室必须按规定安装通风、排风设施，必要时须安装废气吸收系统，保持通风和空气新鲜。

③要加强排污处理装置（系统）的建设和管理，做到达标排放。实验废弃物不得倒入自来水下水道或普通垃圾箱。

（8）大型仪器使用安全管理。

①大型、贵重、稀缺的精密仪器应建立以技术岗位责任制为核心的管理制度，由专人负责保管、安装调试，以免影响仪器精密度或造成损坏。

②操作人员必须经培训上岗，并按照仪器操作规程使用大型仪器设备。学生上机实验等必须在实验室工作人员指导下进行。

③使用大型仪器必须按规定和格式要求填写"大型精密仪器使用登记本"，出现故障或仪器异常时应记录情况，以便检查和维修。

④注意仪器设备的接地、电磁辐射、网络等安全事项，避免事故发生。

（9）冰箱（冰柜）、烘箱与箱式电阻炉（马弗炉）等的安全管理。

各实验室应加强对烘箱、箱式电阻炉（马弗炉）和电炉等的使用与管理，经常进行安全检查，杜绝违规操作。用于化学类相关实验的加热设备严禁使用开放式电炉，应选用密封电炉、加热套（碗、板）、水浴锅、油浴设备等。严禁将易燃易爆物品和杂物等堆放在烘箱、箱式电阻炉、冰箱（冰柜）等附近，保持实验室通风。

第六条 严格按照各类实验的操作规程或实验指导书的规定进行实验操作，实验结束或离开实验室时，必须按规定采取结束或暂离实验的措施，并查看仪器设备、水、电、燃气和门窗关闭等情况，处理好实验材料、实验剩余物和废弃物，清除室内外的垃圾，化学废弃物不得丢弃在普通垃圾箱内。

第七条 加强实验室内务管理。

（1）每个实验室房间须落实安全与卫生工作责任人，实验室名称、责任人、联系电话等信息需统一制牌置于明显位置，便于督查和联系。

（2）实验室应保持清洁整齐，仪器设备布局合理，建立经常的清扫制度，不得在实验室堆放杂物。

（3）实验室必须妥善保管消防器材和防盗装置，并定期检查。消防器材不得移作他用，周围禁止堆放杂物。

（4）实验室钥匙的配发、管理由实验室主任负责，不得私自配置钥匙或给他人使用。使用电子门禁的大楼和实验室应对各类人员设置相应的级别，对门禁卡丢失、人员调动或离校等情况应及时采取措施，办理报失或移交手续。

（5）严禁在实验室区域吸烟、烹饪、用膳，不得让与工作无关的外来人员进入实验室，不得在实验室内睡觉过夜和进行娱乐活动。

（6）按规定配备必需的劳保、防护用品，以保证实验人员的安全和健康。

第八条 加强安全与卫生工作检查。

（1）主管部门、学院（中心）、实验室要根据实验室安全与卫生管理规定，结合自身实际情况，建立具体检查制度，认真落实。检查内容主要包括实验室布置、卫生、水电安全、冰箱与烘箱使用管理、危险品使用与保管、化学与生物废弃物（气、液、固态物）的处置、排污管理、气体钢瓶安全等。

（2）各学院（中心）每季度组织有关人员对实验室进行安全与卫生管理的例行检查，记录检查情况，提出存在的问题并限时整改。每次检查结束后须将检查结果形成报告上报教务处。教务处将检查结果予以网上通报，并组织不定期抽查。

（3）对于检查中发现的问题，各实验室要及时采取措施、积极整改，将整改报告报学院验收并签字，并由实验室统一保管，以备上级主管部门抽查和考核。各实验室使用教务处统一制作的"浙江海洋大学实验室安全与环境卫生检查登记本"，作为安全与卫生管理工作的台账。

第九条 实验室负责人、实验室如发现存在安全隐患，要及时向所在学院和保卫处、教务处报告，并采取措施进行整改。在安全隐患消除之前，不得开放使用实验室。对安全隐患隐瞒不报或拖延上报的，学校将对相关责任人进行严肃处理。

第十条 实验室如有盗窃和意外事故发生，应及时处置，保护好现场，报告保卫处及教务处。事故发生所在单位应写出事故报告，交保卫处及教务处，并配合调查和处理。

第十一条 学校对实验室安全与卫生管理工作先进单位和个人给予表彰和奖励，对工作不负责任或不遵守操作规程而造成事故的，根据情节轻重及责任人对错误的认识态度给予批评教育、经济赔偿、行政处分，直至提请司法机关追究法律责任。

第十二条 本办法自发文之日起执行。

第十三条 本办法由教务处负责解释。

三、实验室安全与环境卫生检查制度

为了加强学校实验室安全与卫生工作的制度化管理，将《浙江海洋大学实验室安全与环境卫生管理办法》要求的工作真正落到实处，根据学校领导指示和学校综合治理委员会的会议精神，为加强实验室的安全与环境卫生工作，在日常管理上消除实验室安全隐患、保证卫生健康的育人环境，打造平安、和谐、生态的校园，特制定如下检查制度：

（1）各单位要提高对实验室安全与环境卫生工作的认识，认真落实和完善实验室安全与环境卫生的检查制度；谁主管，谁负责；确定每个实验室的安全与环境卫生工作责任人，统一制牌悬挂门上，便于督查和紧急情况的联系。

（2）学校教务处统一制作《浙江海洋大学实验室安全与环境卫生检查登记本》，下发每个实验室（中心），用于记录日常管理中的安全与环境卫生检查工作。由各学院教学秘书向教务处实验与实践科统一领取，分发给各实验室安全与环境卫生工作责任人。

（3）学院主管实验室工作的领导负责组织有关人员对实验室进行例行检查，规定每年至少4次（每个学期2次），记录检查情况，提出存在的问题，并限时整改。实验室可以根据需要安排临时性检查。

（4）各学院对每一次实验室安全与环境卫生检查进行情况汇总（实验室安全卫生检查情况汇总表如附表8-1所示，添加学院实验室名称后打印装订成册并存档）。对于检查中发现的问题，各实验室须及时采取措施积极整改，将整改报告报学院验收并签字，并由学院、实验室各保管一份，以备上级主管部门抽查和考核。

（5）学院要将每次统一检查与整改落实情况形成书面报告，学院盖章后报学校实验室建设与设备管理处实验室管理科。

（6）实验室建设与设备管理处会同保卫处、教务处、研究生处、后勤服务处、校园建设管理处等部门将定期或不定期地组织抽查，对存在卫生问题与安全隐患的单位将发出"整改通知书"，要求限期整改，并将有关情况上网予以通报。

（7）检查内容以《各学院、中心实验室安全检查项目表》（附表8-2）为主要依据，各单位应根据本单位实验室的特性和具体情况制定实验室安全与环境卫生检查的内容和标准。

第四节　教学中心实验室特殊实验技术安全管理

一、实验室特殊实验管理办法

海洋生物实验室特殊实验技术是指海洋生物专业相关领域的特殊实验技术，包括生物类有毒化学试剂（致癌物质、强酸、强碱和高腐蚀性化学试剂等）的使用、病原微生物操作使用、高温高压灭菌技术、实验动物使用技术等。为了保证实验室的工作安全，应严格执行《高等学校实验室工作规程》，中心特制定如下规定，各实验分室参照执行。

（一）化学试剂管理细则

1. 实验室一般化学试剂管理细则

（1）为了加强中心化学试剂的管理，确保实验教学顺利进行，维护实验室的安全与环境，特制定本管理细则。

（2）化学试剂不得随意拿离实验准备室。

（3）严格按实验要求正确选用不同规格档次的化学药品（优质纯、分析纯、化学纯），既保证实验质量，又避免提高档次而造成浪费。

（4）使用化学试剂时要注意保护标签，不得随意撕毁、涂写或污损。

（5）节约使用化学试剂，对贵重和可回收利用的化学试剂要按要求实行回收。

（6）化学试剂用后应及时放回原处，摆放整齐。

（7）对危险化学试剂、易燃易爆化学试剂、剧毒化学试剂实行双人双锁、专人专柜管理的方式。

2. 有毒高危物品安全管理细则

为了加强中心的安全管理，确保实验教学安全顺利进行，保障师生员工和人民生命财产的安全，结合国家和学校对有毒高危物品的安全管理条例的有关规定，特制定本管理细则。

（1）本细则所指的有毒高危物品系指中华人民共和国国家标准 GB 6944—86《危险货物分类与品名编号》分类标准中的爆炸品、压缩气体和液化气体、易燃液体、易燃固体、自燃物品和遇湿易燃物品、氧化剂和有机过氧化物、放射性物品、毒害品和腐蚀品等。

（2）凡在中心使用、储存、运输有毒高危物品的单位和个人必须遵守本细则。

（3）有毒高危物品的采购须经中心分管负责人批准，按照需要购买。

（4）有毒高危物品随购随用。实验结束后，剩余的化学危险品须放入中心的药品专柜保存。原则上不允许放在实验室。

（5）有毒高危物品购入时必须认真组织验收，严格履行保管和使用手续。

（6）有毒高危物品的储存应符合下列要求：

①有毒高危物品库内只能储存同一类有毒高危物品，不同品种分开存放。不能超量储存，并保持安全距离和道路通畅。

②要安排好有毒高危物品库货位，避免混存。化学性质、防护或灭火方法相互抵触或相互有影响的有毒高危物品绝对不允许在同一库内储存。比如，放射性物品不得与其他化学危险物品同存一库；氧化剂不得与易燃易爆物品同存一库；

炸药不得与易爆物品同存一库；能自燃或遇水燃烧的物品不得与易燃、易爆物品同存一库。

③对于液化气体，遇水易爆以及遇高温、低温、暴晒会发生分解的化学危险物品，不得在潮湿、易积水、高温、低温、阳光直射或露天场地储存。若少量必须在露天临时存放时，一定要根据该物品的特性采取有针对性的安全防范措施。

（7）有毒高危物品的管理人员须做好以下工作：

①管理人员必须具备高度的责任心，工作认真负责，熟悉各种化学危险品的性能，做好每年两次的使用统计上报工作。

②根据需要做好化学危险物品的申购审批工作，做好入库领用记录。

③使用化学危险物品必须遵守各项安全操作规程；必须有安全防护措施和用具；教师应严加指导，注意学生的人身安全；按照环境保护法的规定妥善处理废水、废气、废渣。

④化学危险物品的领用必须经实验室主任及学院分管领导审批同意后，限量领用。使用后有多余的必须及时退还仓库保存。

⑤入库或发放化学危险物品时需有2人以上同时在场。

⑥盛装化学危险物品的容器在使用前后必须进行检查，消除隐患，防止火灾、爆炸、中毒等事故发生。

⑦实行每周一次定期安全检查，仓库内严禁吸烟和使用明火，配备消防灭火设施。

⑧其他未尽事项按照《浙江海洋大学实验室安全与环境卫生管理办法》实施。

（8）接触有毒高危物品的仪器设备和器皿必须有明确醒目的标记。使用后应及时彻底净化和保养，定期检查，严防事故发生。

（9）储存和使用有毒高危物品的地方应配备消防器材，管理人员应具备消防、急救知识，并定期检查和培训。

（10）严禁在有毒高危物品仓库内吸烟和使用明火。

（11）定期检查，严防事故的发生。

（二）实验动物管理实施细则

为加强实验动物管理，保证实验质量，满足教学与科研的要求，根据国家有关法律与规定，结合中心实际情况，特制定本管理细则。

（1）加强实验动物管理人员的安全防护意识，保护管理人员的健康与安全，每年组织管理人员进行身体检查，及时调整因健康状况不宜从事实验动物管理和动物实验工作的人员。

（2）管理人员应遵守实验动物的各项管理规定。实验动物生产和养殖的环境设施应当符合各等级标准要求。不同等级、不同品种的实验动物应当按照相应的标准在不同的环境设施中分别管理，使用合格的饲料、笼具、垫料等用品。

（3）采用国内、国际公认的品种、品系，为补充种源、开发实验动物新品种或者科学研究需要捕捉野生动物的，应按照国家有关法律、法规办理。

（4）根据实验动物繁育与养殖有关遗传学、寄生虫学、微生物学、营养学和生产环境设施方面的标准定期进行实验动物质量检测。各项操作过程和检测数据应有完整、准确的记录。

（5）利用实验动物从事科研、生产、检定、检验和其他活动的单位和个人应按照许可范围使用合格的实验动物。

（6）涉及放射性和感染性等特殊要求的实验应按照有关规定执行。

（7）根据实验目的和要求使用相应等级标准的实验动物。

（8）不同品种、不同等级和互有干扰的动物实验不得在同一试验间进行。

（9）申报科研课题、鉴定科研成果、进行检定检验和以实验动物为生产材料生产制品必须把应用合格实验动物和使用相应等级的动物实验环境设施作为基本条件。

（10）实验人员应当遵循替代、减少和优化的原则进行实验设计，实验过程及结束后应使用正确的方法处理实验动物。

（11）实验动物的预防免疫应结合实验动物的特殊要求处理。

（12）实验动物发生疫情时应按照国家和本地有关规定处理。

（13）对实验动物尸体和废弃物须进行无害化处理。

（14）管理工作人员应认真履行岗位职责，有玩忽职守、滥用职权或徇私舞弊的，由其所在单位或者上级主管部门给予行政处分；构成犯罪的依法追究刑事责任。

（15）在进行动物解剖学实验过程中产生的标本废弃物必须采取专用有盖容器存放，并集中管理。

二、实验动物突发事件应急预案

第一章 总则

第一条 编制目的。贯彻落实"以人为本、预防为主"的方针，有效预防、及时控制和消除实验动物突发事件的危害，指导和规范生物安全工作，及时妥善处置实验动物突发事件，保障工作人员的身体健康，维护校园的安全稳定和正常的工作秩序。

第二条 编制依据。编制依据《中华人民共和国传染病防治法》《中华人民共和国动物防疫法》《GB 14922.1—2001 实验动物寄生虫学等级及监测》《GB 14922.2—2001 实验动物微生物学等级及监测》《GB 14925—2001 实验动物环境及设施》《病原微生物实验室生物安全管理条例》《国家突发公共事件总体应急预案》《浙江省实验动物管理办法》《浙江省病原微生物实验室生物安全事件应急处置工作预案》《浙江海洋大学实验动物管理办法》等法律法规及学校规章制度。

第三条　适用范围。本办法适用于全校从事实验动物饲育、动物实验、实验动物尸体处置等场所中突发的与实验动物相关的生物安全事件。

第二章　应急机构与职责

第四条　领导机构。学校成立的实验室技术安全工作委员会是负责全校实验动物突发事件应急处理工作的领导机构。其下设的浙江海洋大学生物安全管理工作小组由职能部门、重要实验单位负责人和专家组成，负责学校实验室生物安全宏观管理、监督和技术指导。浙江海洋大学生物安全管理工作小组下设办公室，办公室设在教务处实验与实践科。

第五条　职责分工。一旦发生实验动物突发事件，学校立即成立实验动物突发事件应急处理指挥中心，相关成员部门组成和职责如下。

指挥中心总指挥：校实验室技术安全工作委员会主任。

副总指挥：两办主任、生物安全管理工作小组组长。

事务协调责任部门：党办、校办、教务处、科研处、研究生处。

安全保卫责任部门：保卫处、事发单位。

物资保障责任部门：国有资产管理处、基建后勤处、计财处、采购中心。

抢救责任部门：校医疗中心。

技术保障责任部门：海科学院、食药学院、医学院、校医疗中心、教务处。

第三章　应急工作原则与准备

第六条　应急工作原则：

（1）以人为本。凡出现有可能影响人员身体健康，甚至引起人员残疾和死亡的实验动物突发事件征兆时，应及时采取人员避险措施；实验动物突发事件发生后，应在避免事件扩大的前提下，优先开展抢救人员的应急处置行动，同时关注救援人员自身的安全防护。

（2）预防为主。建立实验动物突发事件预警和风险防范体系，强化监控和监督管理，及时消除隐患。

（3）分级负责。在学校实验室技术安全工作委员会的统一领导下，实行分级管理，各相关学院（系、直属单位）结合实际情况制定应急预案，同级各部门之间分工负责，相互协作。

（4）平战结合。各单位充分利用现有资源建立相应的实验动物突发事件应急组织指挥体系，做好人力、物力和技术准备，健全平时充分准备与应急有条不紊紧密结合的应急工作机制。

第七条　应急物资准备。

根据工作需要，校实验室技术安全工作委员会下设的校生物安全管理工作小组提出应急处理装备和物资专项计划报学校，落实经费后由相关部门负责配置到位，用于实验动物突发事件的应急准备与处理。

（1）应急设施：防护、洗消、排污和抢险救援器材，救治设备，采样、取证、检验、鉴定和监测设备。

（2）装备物资：手套、防护装、实验用鞋、口罩、帽子、面罩、应急药品、疫苗等防护和急救用品；生物安全柜、高压蒸汽灭菌锅、一次性接种环、螺口瓶、样本及废弃物运送容器、运输工具等安全设备。

第四章　实验动物突发事件分级

根据发生事件的实验室地点，涉及的传染病病型、动物例数，流行范围和趋势及危害程度，将实验动物突发事件划分为特别重大（Ⅰ级）、重大（Ⅱ级）和一般（Ⅲ级）三级。

第八条　有下列情形之一的，为特别重大实验动物突发事件（Ⅰ级）：

（1）实验室动物发生人兽共患传染病（一类传染病），并有扩散趋势。

（2）相关的实验技术人员或工作人员受到人兽共患传染病（一类传染病）感染并被确诊。

（3）发生患有人兽共患传染病或疑似患病动物丢失事件。

第九条　有下列情形之一的，为重大实验动物突发事件（Ⅱ级）：

（1）实验室动物发生人兽共患传染病（二类、三类传染病），并有扩散趋势，相关的实验技术人员或工作人员受到人兽共患传染病（二类、三类传染病）感染并被确诊。

（2）在1个实验室内发生1例以上动物烈性传染病。

（3）发生患有动物烈性传染病或疑似患病动物丢失事件。

第十条　有下列情形之一的，为一般实验动物突发事件（Ⅲ级）：

（1）实验室动物发生人兽共患传染病（四类传染病），相关的实验技术人员或工作人员受到人兽共患传染病（四类传染病）感染并被确诊。

（2）在1个实验室内发生一般动物传染病。

（3）发生患有一般动物传染病或疑似患病动物丢失事件。

第五章　实验动物突发事件应急响应措施

第十一条　事件报告程序。事发单位在积极组织现场应急工作的同时，应立即报本单位分管领导、保卫处和主管职能处室。由主管职能处室报校实验室技术安全工作委员会和党办、校办。保卫处须立即安排人员封锁事件现场、了解情况，相关职能部门人员应立即赶赴现场。

对于Ⅰ级、Ⅱ级突发事件，在确认后 2 小时内，由党办、校办负责向教育部、省政府等相关单位报送信息；由实验动物突发事件应急处理指挥中心负责向省疾病预防与控制中心及畜牧兽医局等相关部门报送信息。报告内容包括：事件发生的时间、地点，发病的动物种类和品种，动物来源、临床症状、发病数量、死亡数量，人员感染情况，已采取的控制措施，报告部门和个人，联系方式，等等。

Ⅰ级、Ⅱ级突发事件的防控进展情况须每天一报，直至解控。

对于Ⅲ级突发事件，确认后进行校内应急处置，防控进展情况不需每天一报，待应急状态结束后上报有关部门。

第十二条　应急处理

发生实验动物突发事件时，教务处在接到报告后牵头召开实验动物突发事件应急现场会议，核实相关情况，立即上报校实验室技术安全工作委员会。学校据此成立实验动物突发事件应急指挥中心，启动应急响应，召开专题会议，讨论、协调、布置相关工作；需要时召集相关专家进行突发事件的原因、现状、事件分级和趋势分析，并研究提出应急措施。

（1）如发生重大实验动物突发事件（Ⅱ级）和特别重大实验动物突发事件（Ⅰ级），由校实验动物突发事件应急处理指挥中心组织、协调，快速调集实验动物突发事件应急救援行动所需的技术力量、物资器材、装备设施，确保应急处置行动有序进行。实行 24 小时值班，确保指挥通信畅通，在卫生行政部门的统一组织、指导下，对确诊感染及疑似感染人员进行隔离、医学观察、治疗，对在相应潜伏期时间段内进出实验室及密切接触感染者的人员进行医学观察。

如发生人兽共患传染病、动物传染病事件，事件发生单位应立即关闭发生突发事件的实验室，对周围已经污染或可能污染的环境进行封闭、隔离，组织专业人员对相关场所、设施、物品、废弃物等进行消毒，核实在相应潜伏期时间段内进出实验室人员及密切接触感染者的人员名单，配合有关部门做好感染者救治及现场调查和处置工作，提供实验室布局、设施、设备、实验人员等情况。

（2）如发生一般实验动物突发事件（Ⅲ级），由校实验动物突发事件应急处理指挥中心副总指挥负责组织、实施应急处理工作。

如发生患病或疑似患病动物丢失事件，事发单位应采取临时应急措施，保护好现场。学校各有关单位要认真配合公安、卫生行政等部门进行调查、控制扩散等工作。

（3）处置动物。

①对Ⅰ级突发事件涉及的实验动物进行全面捕杀。

②对Ⅱ级、Ⅲ级突发事件涉及的实验动物进行检测，并根据检测情况酌情处理。

（4）实验动物突发事件控制区域的应急救援人员必须配备相应的防护装备，采取安全防护措施，严格控制人员出入突发事件的区域。

第六章　事件善后、调查、报告、处理程序

第十三条　组织专家查清实验动物感染的原因；对周围一定范围内的动物和环境进行监控，直至解除封锁。被隔离治疗、观察的人员经卫生部门确认无碍并不具有传染性后，方可解控。

根据事件的处置情况，在经省卫生厅、省畜牧兽医局和科技厅等相关部门确认许可的情况下，由学校实验室技术安全工作委员会宣布应急状态的终止。

第十四条　针对患病或疑似患病实验动物丢失、被盗的事件，由保卫处报公安机关依法立案侦查，由应急指挥中心报省卫生厅和畜牧兽医局。

第十五条　针对发生病原污染、扩散的事件，由应急指挥中心报省卫生厅和畜牧兽医局立案调查。

第十六条　应急状态终止后，由实验室、保卫处负责事件调查，学校相关单位积极配合，撰写调查报告。

第十七条　对于负有相关责任的部门和人员，将视情节轻重给予通报批评、经济赔偿、行政处分等处理；构成犯罪的，移交司法机关追究其刑事责任。

第七章　附　则

第十八条　本办法未尽事项按照国家有关法律法规执行。

第十九条　本办法自发布之日起施行，由学校教务处负责解释。

三、实验室生物安全管理细则

第一章　总则

第一条　根据《病原微生物实验室生物安全管理条例》（国务院令第424号）、《病原微生物实验室生物安全环境管理办法》（环境保护部第32号）、《人间传染的病原微生物名录》（卫计委卫科教发〔2006〕15号）、《动物病原微生物分类名录》（农业农村部令第53号）、《实验动物管理条例》（中华人民共和国国家科学技术委员会令第2号）、《农业转基因生物安全管理条例》（2001年国务院令第304号）

等有关法律法规和《浙江海洋大学实验室安全管理办法》，为了加强学校实验室生物安全管理工作，保障师生员工的身体健康和校园环境安全，特制定本办法。

第二条 学校成立实验室技术安全工作委员会，下设的浙江海洋大学生物安全管理工作小组由职能部门、重要实验单位负责人和专家组成，负责学校实验室生物安全的宏观管理、监督和技术指导。学校生物安全管理工作小组办公室设在教务处。

第三条 从事相关工作的各学院（系）、医院等学校二级机构须设立实验室生物安全管理领导小组，并落实具体管理人员。实验室主任、课题负责人为所在实验室生物安全管理的责任人。

第四条 各相关学院（中心）、实验室必须根据本学科和实验室的特点制定实验室生物安全管理的具体办法、操作程序和生物安全突发事件的应急预案，并报学校生物安全管理工作小组办公室备案。

第五条 进入实验室工作的人员必须经过有关生物安全知识的培训。

第二章 病原微生物实验室生物安全管理

第六条 病原微生物危害等级分类：根据中华人民共和国卫计委印发的《人间传染的病原微生物名录》和农业卫计委部印发的《动物病原微生物分类名录》将病原微生物分为四类。

（1）第一类：能够引起人类或者动物非常严重疾病的微生物以及我国尚未发现或者已经宣布消灭的微生物。

（2）第二类：能够引起人类或者动物严重疾病，比较容易直接或者间接在人与人、动物与人、动物与动物间传播的微生物。

（3）第三类：能够引起人类或者动物疾病，但一般情况下对人、动物或者环境不构成严重危害，传播风险有限，实验室感染后很少引起严重疾病，并且具备有效治疗和预防措施的微生物。

（4）第四类：在通常情况下不会引起人类或者动物疾病的微生物。

第七条 病原微生物实验室生物安全管理的重点对象是《人间传染的病原微生物名录》《动物病原微生物分类名录》中列为第一类、第二类的病原微生物和按照第一类、第二类管理的病原微生物；未列入上述《名录》但与人体健康有关的高致病性病原微生物和疑似高致病性病原微生物。

第八条 涉及高致病性病原微生物的实验研究工作必须在生物安全三级（BSL-3）或四级（BSL-4）的实验室中进行，其他涉及病原微生物的实验研究工作必须在生物安全一级（BSL-1）或二级（BSL-2）的实验室中进行。

生物安全三级、四级实验室的资质审批工作由中华人民共和国卫计委或中华人民共和国农业农村部负责；生物安全一级、二级实验室的资格审批工作由省级卫生或农业主管部门负责。

第九条 开展病原微生物实验研究的范围须通过校教务处上报审批。高致病性病原微生物实验活动（项目）的审批工作由中华人民共和国卫计委（农业农村部）或省级卫生（农业）行政部门负责，其他病原微生物实验活动（项目）的审批工作由省级卫生（农业）行政部门负责。各实验室必须严格按照申报批准的项目内容进行实验，严禁私自扩充实验项目。

第十条 实验相关人员须通过生物安全知识培训获取《生物安全实验室上岗证》。从事病原微生物实验的单位必须建立健全安全管理体系文件，并对执行情况进行记录；承担检查和维护实验设施与设备、控制实验室感染等职责。安全管理体系文件须上报校教务处备案，生物安全等级实验室向浙江省卫生厅（农业厅）的备案工作需通过教务处。生物安全管理体系文件至少应包括：

（1）实验室人员和项目准入制度。

（2）人员培训考核制度。

（3）人员健康监护制度。

（4）生物安全检查制度。

（5）实验室人员生物安全行为规范。

（6）事件、伤害、事故和职业性疾病报告制度。

（7）实验室生物危险标识使用规定。

（8）实验室内务管理制度。

（9）实验室菌（毒）种和生物样本安全保管和档案管理制度。

（10）实验室废弃物管理制度。

（11）实验室消毒隔离制度。

（12）实验室应急处置预案。

（13）实验活动生物安全标准操作规程。

（14）其他必要的管理性和技术性文件。

第十一条 高致病性病原微生物样本的采集人员在采集过程中应当防止病原微生物扩散和感染，并对样本的来源、采集过程和方法等做详细记录。采集病原微生物样本应当具备下列条件：

（1）具有与采集病原微生物样本所需要的生物安全防护水平相适应的设备。

（2）具有掌握相关专业知识和操作技能的工作人员。

（3）具有有效防止病原微生物扩散和感染的措施。

（4）具有保证病原微生物样本质量的技术方法和手段。

第十二条 高致病性病原微生物菌（毒）种或样本的运输。

（1）运输高致病性病原微生物菌（毒）种或者样本应当通过陆路运输；没有陆路通道，必须经水路运输的，可以通过水路运输；紧急情况下或者需要将高致病性病原微生物菌（毒）种或者样本运往国外的，在获得行政管理部门许可的情况下，按要求分装后可以通过民用航空运输。

（2）运输高致病性病原微生物的用途和接收单位应符合国务院卫生主管部门与兽医主管部门的规定。专用容器应当密封，容器或者包装材料还应符合防水、防破损、防外泄、耐高（低）温、耐高压的要求。不得通过公交车和城市铁路运输，护送人员不少于2人，并采取相应的防护措施。

第十三条 病原微生物菌（毒）种和样本的保管。

（1）保管机构应当依照国务院卫生主管部门与农业主管部门的规定，制定严格的安全保管制度，储存病原微生物菌（毒）种和样本，做好病原微生物菌（毒）种和样本进出、储存、领用记录，建立档案制度，并指定专人负责，做到"双人双锁、双人领用"。对高致病性病原微生物菌（毒）种和样本应当设专库或者专柜单独储存，分类管理、安全存放、随时监控，并有采购、使用和销毁记录等，严防丢失或被盗。

（2）实验室在取得从事高致病性病原微生物实验活动的批准文件后，方可进行相关实验活动。项目结束后，应依照国务院卫生主管部门与农业主管部门的规定及时将病原微生物菌（毒）种和样本就地销毁或者送交上级保管单位保管。对于需送交上级保管单位的病原微生物菌（毒）种和样本必须予以登记，并取回上级保管单位的接收证明。

第十四条 生物实验废弃物必须安全处置。

（1）涉及病原微生物实验的废弃物必须先进行高温高压灭菌处理。

（2）所有废弃物必须进行分类暂储，贴上标签，按规定的时间送学校生化废弃物中转站并进行登记，不得随意丢弃。

（3）由基建后勤管理处联系有资质的公司清运处置。

第三章 实验动物生物安全管理

第十五条 开展实验动物相关工作，实行许可证制度，包括实验动物生产许可证、实验动物使用许可证、实验动物从业人员上岗证、动物实验技术人员资格认可证等。

第十六条 从事实验动物饲育和动物实验的单位必须建立相关的管理制度及操作规程，加强安全管理，防止实验动物安全事故发生。

第十七条 实验动物必须来自具有实验动物生产许可证的单位，并附有动物质量合格证明书。不允许向无实验动物生产许可证的单位和个人购买实验动物。

第十八条 从国内其他单位引入的实验动物必须附有饲养单位签发的质量合格证书和当地政府相关部门出具的运输检疫报告，经隔离检疫合格后方可接收；从国外进口实验动物必须按照《中华人民共和国进境动植物检疫审批管理办法》的相关规定进行；不得从疫区引进动物。

需要引进野生动物时，应当遵守《中华人民共和国野生动物保护法》，由引进单位在原地进行检疫，确认无人畜共患病并取得当地卫生防疫部门的证明后方可引进。

第十九条 动物实验必须在具有实验动物使用许可证的设施中进行。原则上不允许在无实验动物使用许可证的设施内擅自饲养动物及进行动物实验，确有教学和科研工作特殊要求的，必须向学校生物安全管理工作小组提出申请，经审批许可后，方可在规定地点、规定时限内进行饲养和实验。

第二十条 进行动物实验应严格遵守实验室的规章制度和操作规程。相关单位欲从事涉及高致病性病原微生物的动物实验，必须通过教务处上报农业主管部门审批。欲从事涉及低致病性病原微生物的动物实验，须通过教务处向农业主管部门备案。

第二十一条 凡用于病原体感染、化学有毒物质或放射性实验的实验动物，必须在特殊的设施内进行饲养，并按照生物安全等级和相关规定分类管理。

第二十二条 对必须进行预防接种的实验动物，应根据实验要求或《家畜家禽防疫条例》的有关规定进行预防接种。

第二十三条 落实实验室设施及环境的清洁卫生和消毒灭菌制度，控制设施内物品、空气等达到洁净或无菌程度。防止昆虫、野鼠等动物进入实验室或实验室动物外逃，严防疾病传入动物饲养设施，杜绝人畜共患病发生。

第二十四条 实验动物饲育工作部门必须根据遗传学、微生物学、营养学、饲育环境方面的国家标准和要求定期对实验动物进行质量检测，各项操作和监控过程的数据应有完整、准确的记录，并建立统计汇报制度。

第二十五条 从事实验动物工作的人员必须树立疾病预防及控制意识，定期进行健康检查，平时不得与家养动物接触。对患有传染性疾病或其他不适宜从事实验动物工作的人员，应及时调换工作岗位。

第二十六条 实验动物设施内产生的废弃物须经无害化处理后才可排出，任何单位和个人不得随意丢弃实验后或正常死亡的动物尸体。实验动物尸体必须先就地进行无害化处理（如高温高压灭菌），包装好贴上标签后自行送校实验动物中心暂存，随后送有资质的公司进行处理。

第二十七条 从事基因修饰实验动物研究、饲育和应用等工作的人员必须严格遵照国家《基因工程安全管理办法》等有关规定。

第二十八条 如实验动物异常死亡，应及时查明原因，妥善处理，并做好记录。

第二十九条 发生实验动物突发事件时，应启动《浙江海洋大学实验动物突发事件应急预案》，将事故危害控制到最低水平。

第四章 基因工程生物安全管理

第三十条 本办法所称的基因工程包括利用载体系统的重组体 DNA 技术以及利用物理或化学方法把异源 DNA 直接导入有机体的技术，适用于在本校内进行的一切基因工程工作，包括实验研究、中间试验、工业化生产以及遗传工程体释放和遗传工程产品生产、使用等。但不包括下列遗传操作：

（1）细胞融合技术，原生质体融合技术。

（2）传统杂交繁殖技术。

（3）诱变技术，体外受精技术，细胞培养或者胚胎培养技术。

（4）常规质粒 DNA 构建及在大肠杆菌或酵母中扩增。

从国外进口遗传工程体，在校内进行基因工程研究和实验的，也应遵守本办法。

第三十一条 按照潜在危险程度将基因工程工作分为四个安全等级，由 4 种转基因生物安全等级和 3 种基因操作等级组合构成，具体参照《农业转基因生物安全评价管理办法》（2001 年 1 月农业部令第 8 号）。

安全等级Ⅰ，该类基因工程工作对人类健康和生态环境尚不存在危险。

安全等级Ⅱ，该类基因工程工作对人类健康和生态环境具有低度危险。

安全等级Ⅲ，该类基因工程工作对人类健康和生态环境具有中度危险。

安全等级Ⅳ，该类基因工程工作对人类健康和生态环境具有高度危险。

第三十二条 实验室控制措施。

（1）安全等级Ⅰ控制措施：实验室和操作按一般生物学实验室的要求。

（2）安全等级Ⅱ控制措施：

①实验室要求。除安全等级Ⅰ的实验室要求外，还要求安装超净工作台、配备消毒设施和处理废弃物的高压灭菌设备。

②操作要求。除安全等级Ⅰ的操作外，还要求在操作过程中尽可能避免气溶胶的产生；在实验室划定的区域内进行操作；废弃物暂存在具有特殊标志的防渗漏、防破碎的容器内，并进行灭活处理；基因操作时应穿工作服，离开实验室前必须将工作服等放在实验室内；防止与实验无关的一切生物，如昆虫和啮齿类动物进入实验室。如发生有害目的基因、载体、转基因生物等逃逸、扩散事故，应

立即采取应急措施；动物用转基因微生物的实验室安全控制措施，还应符合兽用生物制品的有关规定。

（3）安全等级Ⅲ控制措施：

①实验室要求。除安全等级Ⅱ的实验室要求外，还要求实验室应设立在隔离区内并有明显警示标志，进入操作间应通过专门的更衣室，室内设有沐浴设施，操作间门口还应装自动门和风淋；实验室内部的墙壁、地板、天花板应光洁、防水、防漏、防腐蚀；窗户密封；配有高温高压灭菌设施；操作间应装有负压循环净化设施和污水处理设备。

②操作要求。除安全等级Ⅱ的操作外，还要求进入实验室必须由实验室负责人批准；进入实验室前必须在更衣室内换工作服、戴手套等保护用具；离开实验室前必须沐浴；离开实验室不准穿工作服，工作服必须经过高压灭菌后清洗；工作台用过后马上清洗消毒；转移材料用的器皿必须是双层、不破碎和密封的；使用过的器皿、用具移送出实验室前必须经过高压灭菌处理；用于基因操作的一切生物材料应由专人管理并贮存在特定的容器或设施内。

（4）安全等级Ⅳ控制措施：除严格执行安全等级Ⅲ的控制措施外；对其试验条件和设施以及试验材料的处理应有更严格的要求。安全控制措施应经学校生物安全管理工作小组审核同意后向国家转基因生物安全管理委员会报告；经批准后按其要求严格执行。

第三十三条 中间试验、环境释放和生产性试验安全控制措施。所有试验必须由国家有关部门批准后方可实施。操作中还需注意以下情况。

（1）安全等级Ⅰ的控制措施：采用一般的生物隔离方法；将试验控制在必需的范围内。

（2）安全等级Ⅱ的控制措施：

①采取适当隔离措施控制人畜出入，设立网室、网罩等防止昆虫飞入。水生生物应控制在人工水域内，堤坝加固加高，进出水口设置栅栏，防止水生生物逃逸。确保试验生物10年内不致因灾害性天气而进入天然水域。

②对使用后的工具和有关设施进行消毒处理。

③采取一定的生物隔离措施，如将试验地选在转基因生物不会与有关生物杂交的地理区域。

④采取相应的物理、化学、生物学、环境和规模控制措施。

⑤试验结束后，收获部分之外的残留转基因生物应集中销毁，对鱼塘、畜栏和土壤等应进行彻底消毒和处理，以防转基因生物残留和存活。

（3）安全等级Ⅲ的控制措施：

①采取适当隔离措施，严禁无关人员、畜禽和车辆进入。根据不同试验目的配备网室、人工控制的工厂化养殖设施、专门的容器以及有关杀灭转基因生物的设备和药剂等。

②对工具和有关设施及时进行消毒处理。防止转基因生物被带出试验区，利用除草剂、杀虫剂、杀菌剂、杀鼠剂消灭与试验无关的植物、昆虫、微生物及啮齿类动物等。

③采取最有效的生物隔离措施，防止有关生物与试验区内的转基因生物杂交、转导、转化、接合寄生或转主寄生。

④采用严格的环境控制措施，如利用环境（湿度、水分、温度、光照等）限制转基因生物及其产物在试验区外生存和繁殖，或将试验区设置在沙漠、高寒等地区使转基因生物一旦逃逸扩散后无法生存。

⑤严格控制试验规模，必要时可随时将转基因生物销毁。

⑥试验结束后，收获部分之外的残留生物应集中销毁，对鱼塘、畜栏和土壤等应进行消毒和处理，以防转基因生物残留和存活。

（四）安全等级Ⅳ的控制措施：除严格执行安全等级Ⅲ的控制措施外，对其试验条件和设施以及试验材料的处理应有更严格的要求。

第三十四条 从事基因工程工作的单位应经学校向国家有关部门办理实验许可手续，实验必须严格遵守国家政策法规，应进行安全性评价，评估潜在危险，确定安全等级，制定安全操作程序（含应急措施和废弃物处理措施）。

第三十五条 从事基因工程实验研究时应对DNA供体、载体、宿主及遗传工程体进行安全性评价。安全性评价的重点是目的基因、载体、宿主和遗传工程体的致病性、致癌性、抗药性、转移性、生态环境效应以及确定生物控制和物理控制等级。

第三十六条 从事基因工程中间试验或者工业化生产时应根据所用遗传工程体的安全性评价对培养、发酵、分离和纯化工艺过程的设备和设施的物理屏障进行安全性鉴定，确定中间试验或者工业化生产的安全等级。

第三十七条 从事遗传工程体释放时应对遗传工程体安全性、释放目的、释放地区的生态环境、释放方式、监测方法和控制措施进行评价，确定释放工作的安全等级。

第三十八条 遗传工程产品应经过生物学安全检验，进行安全性评价，确定遗传工程产品对公众健康和生态环境可能产生的影响。

第三十九条 遗传工程体应贮存在特定设备内。贮放场所的物理控制应与安全等级相适应。安全等级Ⅳ的遗传工程体贮放场所应指定专人管理。从事基因工程工作的单位应编制遗传工程体的贮存目录清单，以备核查。

第四十条 转移或者运输的遗传工程体应放置在与其安全等级相适应的容器内，严格遵守国家有关运输或邮寄生物材料的规定。

第四十一条 有关转基因植物的构建、种植、繁殖应遵守《农业转基因生物安全管理条例》。

第四十二条 从事基因工程研究和实验工作的单位和个人必须认真做好安全监督记录。安全监督记录保存期不得少于10年，以备核查。

第五章 附则

第四十三条 如发生病原微生物或转基因生物意外扩散等生物安全事故，事故单位必须根据情况启动生物安全事故应急处理预案。

（1）高致病性病原微生物菌（毒）种或转基因生物样本在运输、储存中被盗、被抢、丢失、泄漏的，有关责任单位应立即安排人员封锁事故现场，采取必要的控制措施，防止病原微生物或转基因生物继续扩散。

（2）同时向学校教务处、党办、校办、保卫处和校医院等部门报告事故情况。学校根据事故情况报当地公安、环保、卫生、农业等行政主管部门。

任何单位和个人如发现高致病性病原微生物菌（毒）种或样本的容器或包装材料，应及时向当地卫生主管部门或农业主管部门报告。

（3）对周围已经污染或可能污染的环境进行封闭、隔离，组织专业人员对相关场所、设施、物品、废弃物等进行消毒，核实在相应时间段内进出实验室人员及密切接触者的名单，配合有关部门做好感染者救治及现场调查和处置工作。

（4）在卫生行政部门的统一组织、指导下，对确诊感染及疑似感染人员进行隔离、医学观察、治疗，对在相应潜伏期时间段内进出实验室的人员及密切接触感染者的人员进行医学观察。

（5）配合有关单位对扩散区进行追踪监测，至不存在危险为止。

（6）事故责任单位配合职能部门进行事故调查，详细记录事故的发生经过和处理情况，写出书面报告报学校主管部门存档备案。

第四十四条 责任追究

（1）对违反规定或造成生物安全事故的单位或责任人，将视情节轻重，给予通报批评、经济赔偿、行政处分等处罚；构成犯罪的，将提请司法机关追究其刑事责任。

（2）有下列情况之一的，视情节轻重分别给予警告、责令停止工作等处理：

①使用不符合规定的装置、仪器、实验室等设施的。

②违反生物安全、基因工程工作安全、动物实验操作规则的。

③违反本办法其他规定的。

（3）造成下列情况之一的，责任单位必须立即停止损害行为，并负责治理污染，赔偿有关损失：

①严重污染环境的。

②损害或影响公众健康的。

③严重破坏生态资源、影响生态平衡的。

第四十五条　本办法自发布之日起施行，由学校教务处负责解释。

第五节　教学中心实验室安全保卫管理细则

一、实验室安全保卫管理总则

（1）严格执行实验室大门钥匙集中管理制度。不能擅自将钥匙转借给他人，不得私自复制实验室大门钥匙。

（2）提高防范意识，克服麻痹思想，做好安全防患工作。

（3）严格看管好门户、水电、各种气瓶，做完实验后应检查仪器电源和自来水龙头等是否关闭；离开实验室时要关好窗户、锁好门。

（4）定期检查仪器设备和线路，及时保养，排除仪器故障，消除安全隐患。严禁仪器带故障工作，严防损毁仪器设备，确保仪器处于良好工作状态，如发现不安全因素应采取措施及时排除，重大问题应尽快向相关负责人报告。大型仪器设备要求有专人负责。

（5）各个实验室应严格按管理要求和操作规范使用与管理好药品，对易燃、易爆、有毒药品要谨慎操作，未用完的药品应严格按其性质注明标签，安全存放。

（6）分管安全的负责人为中心安全的总责任人，各实验室设安全责任人，加强安全管理。中心应定期或不定期对各实验室进行安全检查，及时排除安全隐患。

（7）因违反规定而发生责任事故，造成伤亡或重大经济损失的，追究当事人和有关管理人员的责任。

二、实验室借物制度

（1）实验室的仪器、设备、材料等物资的管理、使用必须依制度办事，科学管理。借用、注销一律凭证办理，管理人员变动应有交接记录。

（2）仪器借还单作为教师、学生等从实验室借用仪器设备、工具等的原始凭证，必须按规定填写，手续齐全。

（3）校内借用仪器，价值800元以内由中心主任审批，800元以上需经主管院长审批。

（4）本校教职工除教学需要可以个人名义借用仪器、工具外，非特殊情况，不得以个人名义借用仪器或挪作他用。

（5）仪器设备原则上不外借，如教学或外单位特殊需要，需经主管院长审批确定。高精度、贵重仪器设备不出借。

（6）仪器设备原则上不向学生出借，若毕业设计等需要，应由指导教师作担保才可以借用。

（7）借用人对仪器设备要爱护并及时归还。实验室对归还仪器必须进行验收，确定是否损坏。如有损坏、遗失，借用人负责修复或赔偿。

三、教学中心值日值班制度

"安全大于天，责任重如山"，安全教育工作是学院各项工作的首要工作，是一项常抓不懈、持之以恒的重要工作。在学院各种工作中，安全成为重中之重。学院一切工作都必须在安全得到保证的前提下进行。为了确保无安全事故发生，创建安全校园，特制定节假日学院值日值班制度。

（1）全体教师要提高认识，形成合力，把安全工作放在各项工作之首。严格履行值班职责，认真落实值班制度。

（2）值班时间为8：30～17：00，其他时间手机开通值班。

（3）值班人员要有强烈的安全意识，认真负责，勤于巡视，巡视地点包括学院的办公楼、实验室和学生宿舍。认真、负责、如实地填写值班记录本。

（4）遇有重要、突发信息和紧急情况，须第一时间报告学院领导，并妥善处理。

（5）注意通知下一班值班人员，并做好值班记录本的交接工作。

（6）如值班人员迟到、早退、空岗，则按照学校的考勤制度进行处理，值班期间因失职出现的问题，实行责任倒查，进行责任追究。

第六节　教学中心实验室环境保护管理细则

保护环境，人人有责。担负着教书育人重任的高等院校更应成为全社会爱护和保护环境的典范。"三废"（废气、残液、残渣）是实验室常见的污染物，并且由于各实验室的实验内容以及所使用的实验材料和药品不同，产生"三废"的数量、种类、成分及其毒性也不相同，大大增加了其管理和处理难度。为了防止实验室"三废"污染环境和危害实验人员健康，教师在设计实验内容时应尽量选择无害、无毒或低毒的物品，尽量减少实验过程中"三废"的产生量。实验室"三废"要尽量回收，"三废"处理和排放应遵守相关管理规定及国家环境保护法的有关要求。为了规范实验室"三废"、剧毒药品及过期药剂等废弃物的处理，中心特制定本管理细则。

一、对三废（废气、废液、废固）处理的一般规定

（1）废气。实验室应有符合通风要求的通风橱，实验过程中会产生少量有害废气的实验应在通风橱中进行，产生大量有害、有毒气体的实验必须具备吸收或处理装置。

（2）废液。一般的实验室废液可分为：①有机溶剂废液（如甲苯、乙醇、冰乙酸、卤化有机溶剂废液等）；②无机溶剂废液（如重金属废液、含汞废液、废酸、废碱液等）。

实验过程中，不能随意将有害、有毒废液倒进水槽及排水管道。不同废液在倒进废液桶前要检测其相容性，按标签指示分门别类地倒入相应的废液收集桶中，禁止将不相容的废液混装在同一废液桶内，以防发生化学反应而爆炸等危害。每次倒入废液后须立即盖紧桶盖。特别是含重金属的废液不论浓度高低，都必须全部回收。

（3）废固。不能随意掩埋，丢弃有害、有毒的废渣、废固，须放入专门的收集桶中。盛装过危险物品的空器皿、包装物等只有完全消除危害后才能改为他用或弃用。

二、实验用剧毒物品（麻醉品、药品）的处理规定

（1）实验用剧毒物品（麻醉品、药品）的残渣或过期的剧毒物品由各实验室统一收存，妥善保管，报有关部门统一处理。

（2）盛装、研磨、搅拌剧毒物品（麻醉品、药品）的工具必须固定，不得挪作他用或乱扔乱放，使用后的包装必须统一存放、处理。

三、过期药剂的处理

过期的固体药剂、浓度高的废试剂必须以原试剂瓶包装，需定期报学校实验室管理处回收，不得随便掩埋或并入收集桶内处理。

四、回收装置

各实验室须按规定设置收集桶，随时分级、分类收集有害、有毒废液、废固，定点存放，做到有专人负责安全保管。废液、废固收集桶的存放地点必须张贴危险警告牌、告示。

五、违反本规定应负的责任

对违反规定，随意倾倒废液、抛弃废固的当事人给予批评教育，直至追究责任人和当事人的相关责任。

第七节　教学中心实验室日常清洁管理细则

实验室是教师从事教学和科学研究的重要场所，是学生学习实践、培养动手能力的场所。为了保持实验室的良好环境，加强实验室的清洁卫生管理，为师生提供整洁舒适的教学、科研和学习环境，特制定以下管理细则。

（1）由专人负责实验室的日常管理和清洁卫生工作。保持实验室整洁，墙角、门窗、管道、线路、开关板上无积灰和蜘蛛网；保持地板、实验桌、实验台、仪器设备、仓库和走廊清洁，周围杂物要及时清理。

（2）由专人负责仪器设备的维护保养和清洁卫生工作。

（3）实验室要布局合理，仪器设备摆放要整齐、位置要适当，贵重仪器加罩或盖布。禁止存放与实验无关的物品。

（4）实验过程中，要注意保持室内卫生及良好的实验秩序。

（5）实验完成后，应将所用仪器设备复原，清理好现场。由班长安排值日生打扫实验室卫生，经实验教师或实验室管理人员检查合格后方可离开。

（6）实验室中有害气体和粉尘等的含量必须符合国家标准规定，对污染环境的有害物质要定期进行分析和监测。

（7）成立专门的卫生检查小组，每月检查一次，并做好实验室卫生检查记录。

附表8-1　浙江海洋大学实验室安全卫生检查情况汇总表

学院：　　实验室：　　实验室主任：　　　　　　　　　年　月　日

检查人员：
发现的问题：
整改意见：
落实情况：

附表8-2 各学院、中心实验室安全检查项目表

序号	检查项目	检查结果				问题说明
		符合	基本符合	不符合	不适用	
1	学校、中心的安全责任					
1.1	学院、中心层面的安全责任体系					
1.1.1	成立实验室安全领导小组，由党政一把手挂帅，研究所（实验室）负责人参加					
1.1.2	院系有专兼职实验室秘书或管理人员（非文科院系是兼职的填"基本符合"）					
1.1.3	建立研究所（实验）室层面的安全责任体系，所有房间（包括分布在主校区和其他校区的）都需明确安全责任人					
1.1.4	院系与下属单位或个人签订了实验室安全管理责任书					
1.2	经费保障					
1.2.1	有专项经费或自筹经费投入实验室安全建设与管理					
2	规章制度					
2.1	学院层面的安全管理制度					
2.1.1	具有学科特色的实验室安全管理制度					
2.1.2	有安全检查与值班日制度及相关记录					
2.1.3	有实验操作规程上墙（含安全注意事项，特别是关于危险性实验与操作的安全注意事项）					

序 号	检查项目	检查结果				问题说明
		符合	基本符合	不符合	不适用	
2.1.4	有仪器操作规程上墙（含安全注意事项）					
2.1.5	有体现学科特色的应急预案					
2.2	规章制度的执行					
2.2.1	建立安全检查台账和值日台账，且记录规范					
2.2.2	将有操作指导性的制度、规程上墙					
2.2.3	针对检查发现存在问题的，有合适的方式通知被查实验室，如网上公示、整改通知书等					
2.2.4	检查出的问题得到及时的整改，有记录					
3	学院、中心的安全教育					
3.1	教育培训计划					
3.1.1	学院、中心有年度安全教育培训计划					
3.1.2	学院、中心有安全教育和培训的记录，并存档					
3.2	活动组织与实施					
3.2.1	学院、中心开展了教职工安全教育与培训					

序号	检查项目	检查结果				问题说明
		符合	基本符合	不符合	不适用	
3.2.2	学院、中心开展了研究生安全教育与培训					
3.2.3	学院、中心开展了本科生安全教育与培训					
3.2.4	学院、中心开展了结合学科特点的应急演练					
3.3	宣传					
3.3.1	在本单位主页门设立专门的板块进行安全宣传、报道					
3.3.2	设有本部门的安全教育宣传窗，或有宣传画、标语、提示等					
3.3.3	通过短信、网络等途径定期对师生进行安全方面的温馨提醒					
4	实验室环境与管理					
4.1	场所					
4.1.1	每个房间门口挂有安全信息牌，信息包括安全责任人、涉及危险类别、防护措施和有效的应急联系电话等，并及时更新					
4.1.2	特殊实验室应张贴相应的安全警示标识					
4.1.3	实验室消防通道通畅					
4.1.4	不安装额外的铁栅栏门（特殊情况除外）					
4.1.5	除一楼之外不安装防盗窗（特殊情况除外）					

续表

序号	检查项目	检查结果				问题说明
		符合	基本符合	不符合	不适用	
4.1.6	公共场所、通道无堆放仪器、物品现象					
4.1.7	所有房间的钥匙有备用，存放在单位办公室或传达室内，由专人管理					
4.2	卫生与环境					
4.2.1	实验区与学习区明确分开，布局合理					
4.2.2	实验室物品摆放有序，卫生状况良好					
4.2.3	不存在门开着而无人的现象					
4.2.4	无废弃物品（如纸板箱、废电脑、破仪器、破家具等）					
4.3	场所其他安全					
4.3.1	实验室内不放无关物品，如电动车、自行车等					
4.3.2	实验室内不烧煮食物、用餐					
4.3.3	不在实验室内睡觉过夜					
4.3.4	实验室内无吸烟现象					
4.3.5	化学、生物类实验室不得使用可燃性蚊香。其他实验室如需使用，其底盘必须是金属的					
5	安全设施					
5.1	应急设施					

序号	检查项目	检查结果				问题说明
		符合	基本符合	不符合	不适用	
5.1.1	灭火器配备数量合理，无灭火器过期现象，摆放位置利于取用					
5.1.2	重点部位有防盗和监控设施，包括剧毒品、病原微生物和放射源存放点等					
5.1.3	检查应急喷淋装置水管总阀处于常开状态，喷头下方无障碍物（应急喷淋配置后）					
5.1.4	有应急喷淋和洗眼装置的巡检记录					
5.1.5	为每个研究实验室内部配置和更新应急药箱；及时替换和更新公共楼道内的应急药箱					
5.2	通风系统					
5.2.1	配备符合要求的通风系统；排放有毒有害废气的实验室有吸收过滤装置					
5.2.2	通风系统运行正常					
5.2.3	有通风设备进行风速测定等维护、检修记录					
5.2.4	换气扇使用正常					
5.2.5	风机固定无松动，无异常噪声					
6	水电安全					
6.1	用电基础安全					
6.1.1	无插头插座不匹配或私自改装的现象					

序号	检查项目	检查结果			问题说明
		符合	基本符合	不符合	不适用
6.1.2	无乱拉、乱接电线现象				
6.1.3	无电线老化，使用花线和木质配电板的现象				
6.1.4	无多个大功率仪器使用同一个接线板的现象				
6.1.5	无多个接线板串联，接线板直接放在地面的现象				
6.1.6	无电源插座未固定，插座插头破损现象				
6.1.7	大功率仪器（包括空调等）有专用插座				
6.2	用水安全				
6.2.1	下水道畅通，不存在水龙头、水管破损现象				
6.2.2	检查各类链接管无老化破损现象（特别是冷却冷凝系统的橡胶管接口处）				
6.2.3	无自来水龙头开着时人离开的现象				
7	化学安全				
7.1	化学试剂存放				
7.1.1	有房间内化学品的动态台账				
7.1.2	有序分类存放，放置位置便于查找取用				

序 号	检查项目	检查结果				问题说明
		符合	基本符合	不符合	不适用	
7.1.3	强酸与强碱、氧化剂与还原剂等分开存放					
7.1.4	固体与液体分开存放（如在同一试剂柜中，液体需放置在下层）					
7.1.5	化学品不存在叠放现象					
7.1.6	腐蚀溶剂配有托盘类的二次泄漏防护容器					
7.1.7	化学试剂标签无脱落					
7.1.8	存放点通风、隔热、安全					
7.1.9	无存放大桶试剂现象					
7.1.10	无大量存放化学试剂现象（用量较大的试剂存量应控制在一周计划用量之内）					
7.1.11	无试剂药品过期现象					
7.1.12	无试剂瓶、烧瓶等开口放置的现象					
7.1.13	易泄漏、挥发的试剂应存放在具有通风、吸附功能的试剂柜内					
7.2	易制毒品等特殊药品管理					
7.2.1	易制毒品购买前须经公安部门审批，并凭证向具有经营许可资质的单位购买					

续　表

序　号	检 查 项 目	检查结果				问题说明
		符合	基本符合	不符合	不适用	
7.2.2	易制毒品分类存放、专人保管，做好领取、使用、处置记录。其中，第一类易制毒品实行"五双"管理制度					
7.2.3	易制爆品购买前须经公安部门审批，或按照政府管理的规定要求采购，并向具有经营许可资质的单位购买					
7.2.4	易制爆品分类存放、专人保管，做好领取、使用、处置记录					
7.2.5	麻醉药品、精神药品等购买前须向食品药品监督管理部门申请，报批同意后向定点供应商或定点生产企业采购					
7.2.6	麻醉品和精神类药品储存于专门的保险柜中，有规范的领取、使用、处置台账					
7.3	实验气体管理					
7.3.1	有气体钢瓶台账，钢瓶颜色和字体清楚，有状态标识牌					
7.3.2	可燃性气体与氧气等助燃气体不混放					
7.3.3	涉及剧毒、易燃易爆气体的场所配有通风设施和监控报警装置等					
7.3.4	危险气体钢瓶存放点通风、远离热源					
7.3.5	无气体钢瓶放在走廊、大厅等公共场所的现象					
7.3.6	气体钢瓶已正确固定					

序号	检查项目	检查结果				问题说明
		符合	基本符合	不符合	不适用	
7.3.7	气体管路材质选择合适，无破损或老化现象					
7.3.8	气体连接管路连接正确，并时常进行检漏					
7.3.9	有气体管路标识，存在多条气体管路的房间张贴了详细的管路图					
7.3.10	实验结束后，气体钢瓶总阀已关闭					
7.3.11	独立的气体钢瓶室有专人管理					
7.3.12	无废旧气体钢瓶，无大量气体钢瓶堆放现象					
7.4	化学废弃物处置					
7.4.1	与有资质的处理单位（企业）签约处置化学废弃物					
7.4.2	配备了实验废弃物分类容器，学校有统一的化学实验废弃物标签					
7.4.3	对化学废弃物进行了分类存放、包装（应避免产生剧烈反应的物品混放），并贴好标签，及时送学校中转站或收集点					
7.4.4	无大量存放化学实验废弃物的现象，定时清运化学实验废弃物					
7.4.5	无实验废弃物和生活垃圾混放现象					
7.4.6	无向下水道倾倒废旧化学试剂等现象					
7.4.7	无实验室外堆放实验废弃物现象					

续 表

序号	检查项目	检查结果				
		符合	基本符合	不符合	不适用	问题说明
7.4.8	对于产生有毒和异味废气的，有气体吸收装置					
7.4.9	锐器废物已盛放在纸板箱等不易被刺穿的容器中					
7.5	其他化学安全					
7.5.1	配置试剂、合成产品等不得无盖放置					
7.5.2	无使用饮料瓶存放试剂、样品的现象（如确需存放，必须撕去原包装纸，贴上专用标签纸）					
7.5.3	无在原标签未撕去的空试剂瓶中存放其他化学品的现象（除非将原标签撕去、重新贴上专用标签纸）					
7.5.4	用于浸泡玻璃皿的酸缸、碱缸等有盖子盖上					
8	生物安全					
8.1	实验室与人员资质					
8.1.1	开展病原微生物相关实验和研究的实验室须具备相应的安全等级资质和生物危害因子实验活动资格					
8.1.2	开展病原微生物相关实验和研究的人员经过专业培训，并取得相应的"证书"					
8.1.3	开展病原微生物实验须向卫生或农业主管部门申报备案					

序 号	检 查 项 目	检查结果				问题说明
		符合	基本符合	不符合	不适用	
8.1.4	开展未经灭活的高致病性病原微生物（列入一类、二类）相关实验和研究，必须在BSL-3/ABSL-3、BSL-4/ABSL-4 实验室中进行					
8.1.5	开展低致病性病原微生物（列入三类、四类），或经灭活的高致病性感染性材料相关实验和研究，必须在 BSL-1/ ABSL-1 及以上等级实验室中进行					
8.1.6	饲养实验动物的场所应有资质证书					
8.2	设施与场所					
8.2.1	实验室安全防范设施达到安全要求，对 BSL-2/ABSL-2 及以上等级实验室需有门禁和准入制度					
8.2.2	配有符合相应生物安全级要求的生物安全柜，定期检查生物安全柜的风速及高效空气微粒过滤器性能，并做好了记录					
8.2.3	储存病原性微生物的场所或储备有防鼠设施，并安装监控报警装置					
8.2.4	有高压灭菌器，并能正常工作					
8.2.5	安装了防虫纱窗，入口处有挡鼠板					
8.3	操作与管理					
8.3.1	高致病性病原微生物采购前须经行业主管部门批准，有记录					
8.3.2	实验室自行分离的高致病性病原生物须报卫生或农业主管部门批准，方可保藏					

续 表

序 号	检 查 项 目	检查结果				问题说明
		符合	基本符合	不符合	不适用	
8.3.3	有病原微生物保藏、实验使用、销毁的记录					
8.3.4	在合适的生物安全柜中进行实验					
8.3.5	对病原微生物的操作具有相应的个人防护措施					
8.3.6	在BSL-2/ABSL-2及以上等级实验室开展病原微生物的相关实验活动应有风险评估和应急预案					
8.3.7	禁止戴实验防护手套操作未受潜在感染性生物材料污染的设施设备（包括门窗、开关、仪器、冰箱、电脑等）					
8.4	生物实验废弃物处置					
8.4.1	涉及病原生物的实验室废弃物必须进行高温高压灭菌或化学浸泡灭菌处理，并有处置的记录。高致病性生物材料废弃物处置要实现溯源追踪					
8.4.2	配备了生化固废分类容器（一般生化固废使用黄色塑料袋存放，但刀片、移液枪头等尖锐物应使用纸板箱外包装以避免穿透伤人、学校有统一的生化废弃物标签					
8.4.3	对生物实验废弃物进行了分类收集，并贴好标签，及时送学校中转站或收集点					
8.4.4	无实验废弃物和生活垃圾混放现象					
9	辐射安全					
9.1	实验室资质与人员要求					

序 号	检查项目	检查结果				问题说明
		符合	基本符合	不符合	不适用	
9.1.1	取得"辐射安全许可证",并按规定在放射性核素种类和用量许可范围内开展实验					
9.1.2	放射性操作人员经过了专门培训,有辐射安全与防护培训学习合格证书					
9.1.3	涉辐人员按时参加职业体检					
9.1.4	涉辐人员佩带个人剂量计,并按时进行剂量检测(3个月一次)					
9.2	场所与设施					
9.2.1	辐照设施设备具有能正常工作的安全连锁装置					
9.2.2	放射源储存库双门双控,并有安全报警系统(与公安部门110联网)和视频监控系统					
9.2.3	涉辐实验场所(放射性物质、X射线装置)有安全警示标识、警戒线和剂量报警仪					
9.2.4	涉辐实验场所配备各种辐射防护器材和表面污染监测仪器设备					
9.2.5	有专门存放放射性废弃物的容器和暂存库					
9.2.6	非密封性放射性实验室有衰减池					
9.3	采购、转让转移与运输					
9.3.1	放射源和放射性物质的采购和转让转移有学校及政府环保部门的审批备案材料					
9.3.2	放射源和放射性物质的转移和运输有学校及公安部门门的审批备案材料					
9.3.3	放射源和放射性物质变更有及时登记台账					

续 表

序号	检查项目	检查结果				问题说明
		符合	基本符合	不符合	不适用	
9.4	辐照装置、射线探伤仪和非密封性放射性实验操作					
9.4.1	辐照装置有符合国家相关规定的操作规程、安保方案及应急预案，并遵照执行					
9.4.2	电子加速器辐照装置有符合国家相关规定的操作规程、安保方案及应急预案，并遵照执行					
9.4.3	射线探伤仪有符合国家相关规定的操作规程、安保方案及应急预案，并遵照执行					
9.4.4	非密封性放射性实验操作有符合国家相关规定的操作规程，并遵照执行					
9.5	放射性实验废物的处置					
9.5.1	报废含有放射源或可产生放射性的设备，须报学校管理部门同意，并按国家规定进行退役处置					
9.5.2	中、长半衰期核素固液废弃物有符合国家相关规定的处置方案或回收协议，并有处置记录					
9.5.3	短半衰期核素固液废弃物放置10个半衰期经检测达标后作为普通废物处理，并有处置记录					
9.6	激光安全					
9.6.1	有激光器的安全使用方法					
9.6.2	功率较大的激光器有互锁装置					

序　号	检　查　项　目	检查结果				问题说明
		符合	基本符合	不符合	不适用	
9.6.3	操作人员穿戴防护眼镜等防护用品					
9.6.4	操作人员不戴手表等能反光的物品					
9.6.5	激光照射方向不会对他人造成伤害					
10	仪器设备安全					
10.1	常规管理					
10.1.1	建立了设备台账					
10.1.2	高功率的设备与电路容量相匹配					
10.1.3	仪器设备接地良好					
10.1.4	仪器设备使用完后，及时关闭电源					
10.1.5	有仪器设备运行、维护的记录					
10.1.6	高温、高压、高速运动、电磁辐射等特殊设备有安全警示标识，并配备相应安全防护设施（如防护罩、防护栏等）					
10.1.7	无电脑、空调、饮水机等随意开机过夜现象					
10.1.8	对不能断电的特殊仪器设备采取了必要的防护措施（如双路供电、不间断电源等）					
10.1.9	特种设备（锅炉、高压正压车、吊车、行车等）需有资质单位出具的检定证明，操作人员需自行组织人员到舟山市特种设备检测院进行培训					

续　表

序　号	检查项目	检查结果				问题说明
		符合	基本符合	不符合	不适用	
10.2	冰箱管理					
10.2.1	贮存危险化学品的冰箱为防爆冰箱或经过防爆改造的冰箱					
10.2.2	冰箱内存放的物品必须标识明确（包括品名、使用人、日期等），并经常清理					
10.2.3	冰箱内的储存试剂必须密封好					
10.2.4	无冰箱超期服役现象（一般使用期限控制为 10 年）					
10.2.5	不在冰箱周围堆放杂物，影响散热					
10.2.6	实验室冰箱中不放置食品					
10.3	烘箱与电阻炉管理					
10.3.1	烘箱、电阻炉无超期服役现象（一般使用期限控制为 12 年）					
10.3.2	不使用有故障、破损的烘箱、电阻炉					
10.3.3	不在烘箱等加热设备内烘烤易燃易爆化学试剂、塑料等易燃物品					
10.3.4	不使用塑料盒盛放实验物品在烘箱等加热设备内烘烤					
10.3.5	烘箱、电阻炉等附近不存放气体钢瓶、易燃易爆化学品					
10.3.6	不在烘箱、电阻炉等加热设备周围堆放杂物，影响散热					

序 号	检 查 项 目	检查结果				问题说明
		符合	基本符合	不符合	不适用	
10.3.7	使用烘箱、电阻炉等加热设备时有人值守（或 10～15 分钟检查一次）					
10.4	明火电炉与电吹风管理					
10.4.1	未经学校管理部门许可不使用明火电炉					
10.4.2	有许可证使用明火电炉的，其使用位置周围无易燃物品，并配备了灭火器、沙桶等灭火设施					
10.4.3	不使用明火电炉加热易燃易爆溶剂					
10.4.4	明火电炉、电吹风等用毕及时拔除电源插头					
11	个人防护与其他					
11.1	正确选用防护用品					
11.1.1	学院给相关实验室配备必要的防护用品					
11.1.2	按需要佩戴防护眼镜（如进行化学实验、有危险的机械操作等）					
11.1.3	涉及化学和高温实验时，不得佩戴隐形眼镜					
11.1.4	特殊场所按需佩戴了安全帽、防护帽，无长发飘散在外的现象					
11.1.5	按需要佩戴防护手套（涉及不同的有害化学物质、病原微生物、高温和低温等），并正确选择不同种类和材质的手套					

续　表

序　号	检 查 项 目	检查结果				问题说明
		符合	基本符合	不符合	不适用	
11.1.6	在特殊的实验室使用呼吸器或面罩（如有挥发性毒物、溅射危险等），并正确选择种类					
11.2	其他					
11.2.1	危险性实验（如高温、高压、高速运转等）时必须有两人在场					
11.2.2	实验时不能脱岗，通宵实验须两人在场					
11.2.3	实验室内无穿拖鞋、短裤等现象					
11.2.4	非实验区（如电梯、办公室、休息室、会议室等）无穿戴实验服、实验手套等现象					
11.2.5	操作机床等旋转设备时，不穿戴长围巾、丝巾、领带等					
11.2.6	手机、银行卡等不带入高磁场实验室					
11.2.7	有规范的实验记录					

参考文献

[1] 陈行表，蔡凤英.实验室安全技术 [M].上海：华东化工学院出版社，2006.

[2] 李勇.实验室生物安全管理体系的构建与实施 [M].北京：军事医学科学出版社，2009.

[3] 滕利荣，孟庆繁.高校教学实验室管理 [M].北京：科学出版社，2008.

[4] 蔡嘉宾，姚思敏，张娴琦.关于高校实验室用电问题及其节约用电措施 [J].科技风，2019（2）：28-29.

[5] 沈善瑞，赖晓芳，陈静.高校微生物教学实验室安全管理的思考 [J].科教文汇（上旬刊），2019（1）：82-83.

[6] 贺花，韩嘉航，黄永震，等.高校本科教学实验室管理工作中存在的问题及改革措施 [J].高校实验室工作研究，2018（4）：80-82.

[7] 李娇，林春榕，杨颖，等.创新型人才培养模式下高校实验室开放管理与建设研究 [J].高校实验室工作研究，2018（4）：83-85.

[8] 李娟.实验室工作存在的问题及其综合管理措施分析 [J].农产品加工，2018（24）：91-94，96.

[9] 弓伟，曹东，门韶洋，等.基于创新实验室的学生实践能力培养探讨 [J].科技与创新，2018（24）：68-69，71.

[10] 申龙章，邱长军，李必文.高校实验室废弃物的再利用及大学生创新能力培养研究 [J].实验技术与管理，2018，35（12）：255-258，273.

[11] 沈微微.实验室安全智能化管理系统研究 [J].物联网技术，2018，8（12）：61-63.

[12] 陈芳.高校本科实验教学中心体系建设与探索 [J].电脑编程技巧与维护，2018（11）：40-42.

[13] 王兴强，曹梅.高校水产养殖专业《动物生理学》教学改革初探 [J].考试周刊，2018（79）：7-8.

[14] 郭显久，程罗德，张菁，等.高校水产特色资源数据库建设与开发应用研究 [J].农业图书情报学刊，2018，30（3）：42-47.

[15] 胡秀彩，吕爱军，孙敬锋，等.浅谈水产学实验室安全管理建设 [J].科教导刊（中旬刊），2017（12）：176-177.

[16] 安振华，孙龙生，张易.高校水产养殖专业培养方向的拓展与思考 [J].教育教学论坛，2017（50）：237-238.

[17] 刘俊鹏.转型背景下水产类高校实践教学改革路径探析 [J].湖北函授大学学报，2016，29（11）：96-97，127.

[18] 孟晓林，朱国超，米佳丽，等.河南省高校水产优质培训资源共建共享体系研究 [J].河南水产，2016（3）：31-33.

[19] 管雪婷，杨雨虹.农业院校水产养殖专业开放实验改革与实践 [J].畜牧兽医科技信息，2016（3）：11-12.

[20] 肖俊生.水产生态与养殖专业实验教学示范中心的创新与实践 [J].实验技术与管理，2015，32（11）：150-152，155.

[21] 江新琴，俞存根，陈志海，等.突出特色 发展优势培养创新型水产人才 [J].实验室研究与探索，2015，34（09）：161-163，215.

[22] 张旭光，郭弘艺，邵露，等.浅析水产实验动物的伦理与福利 [J].中国校外教育，2014（S3）：458.

[23] 杨道兵，陶鹏，杨秀芹.水产养殖实验教学中心的建设与探讨 [J].实验技术与管理，2013，30（1）：126-129.

[24] 俞政，江敏，殷曦明，等.地方高校国家级水产科学实验教学示范中心的建设与实践 [J].实验室研究与探索，2012，31（1）：93-96.

[25] 师尚丽，周银环.高校生物实验室管理——以广东海洋大学水产学院实验教学中心为例 [J].中国现代教育装备，2012（1）：35-37.

[26] 陈雪芬，郭伟良，周永灿.海洋生物实验教学中心建设与发展 [J].高校生物学教学研究（电子版），2011，1（2）：49-53.

[27] 李振龙.提高检测技能 确保首都水产品安全——北京市第二届水产实验操作技能大赛成功举办 [J].中国水产，2011（01）：34-34.

[28] 姚海富. 从发展需要谈水产养殖专业实验技术队伍建设 [J]. 科技风，2009（17）：58.

[29] 周文峰. 高校实验教学中心信息化运行管理系统设计与应用[J]. 现代经济信息，2018（20）：396.

[30] 薛东，罗婉丽. 基于"信息流"重构地方高校实验教学中心管理流程 [J]. 科技视界，2018（27）：142-143.

[31] 徐红伟. 公共基础实验教学中心档案建设与管理的探索 [J]. 档案，2018（9）：61-63.